SJPC

# 教养儿女的秘诀

# Biblical Secrets in Good Parenting

苏绯云 著 杨爱程 编

上海三联书店

要殷勤教训你的儿女，无论你坐在家里、行在路上，躺下、起来，都要谈论。也要系在手上为记号，戴在额上为经文，又要写在房屋的门框上，并你的城门上。

——申命记6章

# 目录

# 作者序

得蒙加拿大《真理报》主编杨爱程的过爱和信任，邀我从《真理报》发行之初就担任撰写“教养儿女”一栏。想不到，在近十年被“逼”交稿的情况下，我竟写了数十万字！

有读者告诉我，他们每期会将“教养儿女”一栏剪下，寄给亲友。因此，当《真理报》同仁告诉我希望集稿成书的时候，我也十分赞同。但是，因为实在没有时间整理，就以最简单的办法：把每期的稿件收集，不加编辑修饰，只修改错字和稍为更正些句子，汇成《教养儿女的秘诀》一书。

我开始写专栏的时候，小儿子还是少年，还在上大学（他十二岁考进大学，十三岁就读），现在，他已在完成他的博士论文。那时四位儿女都是单身，现在，不但三位已婚，而且两位女儿也开始做母亲了。我自己也一定在变“老”，希望是愈来愈“老练”，而不是容颜单单变“老”而已！当时，四位儿女是“陪伴”我们到各地演讲，如今他们都已可以独自发挥所长。

现在，我们不能像以前常在一起，每年全家团圆都要预约时间。他们的生命进入不同阶段，我们的生命也在经历不同阶段，更加看见上帝是信实可靠的，祂的话不但不改变，而且在人生的每一阶段都是真理。只要照着祂的话——圣经——实行祂的话，就会“无往不利”。上帝是超时空、超文化的，祂是永不改变的真理；“惟独遵行上帝旨意的，是永远常存”（约壹 2）。

由于在写作教育专栏之初，是一期一期来写，没有大纲，没有整体的计划，因此各位在阅读的时候，请以此事实为念。希望能抛砖引玉，得到各位的指教、建议和更正。

苏绯云

2003 年 7 月于美国加州

# 编者序

终于编完了苏绯云博士的《教养儿女的秘诀》书稿，心中充满感激。可以毫不掩饰地说：我是近水楼台先得月，首先得了苏博士著作的大好处。因为在我教导两个女儿时，苏博士所写的东西给了我很大的启发和帮助。虽然我自己是所谓的“教育学博士”，但我所学的教育学理论是完全建基于无神论的基础之上。若不是上帝的怜悯，我如今实在只是一个误人子弟的所谓的“教育工作者”。

当我们把创造主从人生的视野中完全移开，排除了一切超自然的、超越性的观念之后，其实也就是我们彻底放弃教养儿女的道德权柄的时候。假如我们的孩子提出一些挑战性的问题：“爸爸妈妈，你们以什么标准来要求我们呢？你们的标准是以哪些原则为根基的？这些原则是你们任意的选择，还是社会的硬性规定呢？我们为什么必须要遵循这些标准和原则呢？”请问，在这样一个高举“道德相对主义”的时代，你我应该如何应对这样的挑战呢？

作为一位教养儿女的“能手”，苏博士和她的夫婿何仲柯医生一道，把自己的四个孩子都培养成了聪敏好学、爱人如己的有用之材。她告诉我们，教养儿女是有秘诀的，而这秘诀，就在圣经里面。她之所以能成为一位教养儿女的“能手”，就因为她能下功夫去认识隐藏在圣经中的秘诀，并把它用在教养儿女的实践当中。

因着苏博士的辛勤努力，如今我们也可以更方便地从她的著作中得到这秘诀！当然，并不是说有了她的书我们就不必再去读圣经，而是说因为有了她的书，我们就可以更容易进入到圣经中有关教养儿女的那些道理中去。所谓“老马识途”，就是这个意思。我不是说苏博士“老”，而是说苏博士先我们一步，走过了教养儿女和探索圣经有关教训的双途程，这就使她成为了一位合格的“向导”，可以带领我们少走一点自我摸索中难免会走的弯路。

苏博士从《真理报》刚刚创办的 1993 年开始，就为“教养儿女”

专栏写稿，每月一篇，极少脱期。没有对上帝毫无保留的委身和对千千万万“别人家的”儿女深切的关爱，有谁能这样十年如一日，坚持不断地把自己的经验和对圣经真理的感悟，原原本本地奉献给我们大家呢？苏博士写了十多年的专栏，却从未拿过一分钱的稿酬，在这世界的眼光看来，她岂不“傻”到了极点。

苏博士和她的夫婿何仲柯医生在繁忙的工作中还能按时为《真理报》写专栏，积累成这样一本数十万字的书稿，我对他们真是由衷地敬佩。同时，作为本书的编者，欣为之序。

**杨爱程**

2004 年 4 月于加拿大温哥华

# 第一章　每一个孩子都是独特的

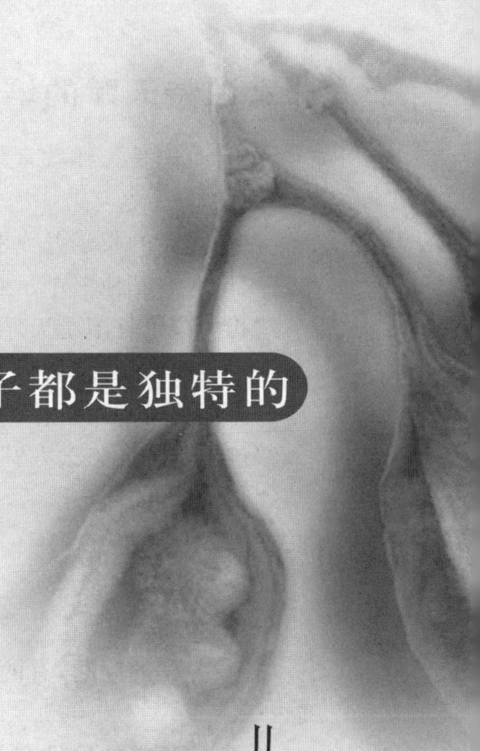

儿女独特天赋的培养

观察认识儿女的表现

让儿女知道自己是谁

别用欺骗方法教小孩

顺从创造者才算真聪明

言教、身教与真理

把孩子带到上帝面前

爱的真谛

## 儿女独特天赋的培养

“请问，您是怎样教育您的儿女，才能叫他们年纪轻轻的就都进了大学？”

（按：作者的长子九岁考进美国西雅图华盛顿大学，十岁入读，十三岁毕业。其他三个子女也在九至十二岁考进该大学。）

“我的孩子是不是天才？”

“请问胎教有效吗？”

“你怀孕时服用了什么中草药？”

“孩子不听话怎么办？”

“我的女儿不听我话，她说她十二岁了，为什么不可以有男朋友？”

“我女儿出走了。”

…… ……

各式各样的问题，有的是轻松，有的是无奈，有的带着满怀伤痛……

每一位正常的父母亲，都疼爱自己的儿女，尽自己所能，照自己所知的最好的方法来养育儿女。但是，不论在加拿大、美国、欧洲、澳洲或是东南亚各地，都遇见许多的父母，他们感到彷徨、无奈、失望、混乱、愤怒、伤心，甚至绝望。他们常常自问：“到底我做错了什么？”

我大胆地藉此篇幅，以一位平凡的母亲——不是专家（我的博士学位只是生物化学）——的经历，与大家交换教养儿女的经验，以期抛砖引玉，对有关教养儿女的问题提供一点启发。

经验告诉我们，不论从事任何事，必先研究有关该事的真理，然后照着这些真理来进行。例如：建造房子必先研究有关房子的结构、材料坚固度的比例等，然后依照图纸计划打地基、建墙壁、盖屋顶等。这就不至于花了时间、心血、金钱之后才发现房子不合理想，甚至建立不稳，倒塌了！那就太可惜了！

教养儿女也同是一理，要先研究有关儿女的真理，然后依照这些真理来教养。这样的教养有原则、有方向、贯彻始终，而不是用“反射作用”——随着当时的感觉来行动：没有一贯的原则可遵循。如果我们为人父母的没有方针、没有原则、没有目标，换句话说，没有清楚的真理可依据，难怪我们的儿女也会盲目混乱，不知何去何从了。

所以，我们首先要知道：“何为儿女”。科学告诉我们：儿女是属于“人类”。科学上没有任何证据支持人是从似猿类进化而来的，相反的，科学自古以来的每一观察都支持圣经创世记所说的“各从其类”——古今每一个人都是从人而生（所谓古代猿人只是某些科学家的见解，所谓亿万年也只是根据某些假设的猜想，限于篇幅，此不赘述）。从来没有人见过猿变成人。所有的观察只有人从人而来，没有一个例外。圣经记载：“上帝（造物主）照着自己的形像造人，乃是照着他的形像造男造女。”这是教养儿女要依从的第一项真理。

因此，每一儿女都是独特的，都是一个独特的人，不是一个小的我。我们尊重造物主，也尊重照祂形像被造的每一位。我们不偏心，不重此轻彼，也不重男轻女或重女轻男。每一个人都有造物主给他的独特的个性、体质、天资等。我们要细心研究他们的天赋，顺着造物主所给予他们的来养育栽培。就像不同的花有不同的栽培法。

## 观察认识儿女的表现

近百年来，有一些人认为，人是从似猿的动物进化而来的，但是一直没法找到科学证据来支持这种理论（假设）。因为，不但没有人见过似猿类进化成人，而且也没有找到进化论所要求的千千万万“过渡生物”的化石。相反，圣经所述的“各从其类”却是有目共睹的事实。

儿女既是造物者(上帝——能力的源头)所创造的,而且是“照着祂自己的形像造男造女”,那么我们为人父母的就有圣经造物者的真理可跟从,可以照着圣经所启示的真理来教养儿女。

上帝造人的过程与造其他生物有所不同。上帝造人是单造一个人,但造其他生物是“上帝说地要生出活物来,各从其类,牲畜、昆虫、野兽各从其类。事就这样成了”。这叫我们了解到,上帝看每一个人是独特的,是祂精心创造的。我们的儿女每一位自然也是独特的,在上帝心目中极其宝贵。所以,父母要尊重每一位儿女,照着造物者所赐予的天赋来启发和栽培。

西方科学之所以猛飞突进,正是因为中世纪宗教改革之后,圣经成为欧洲(特别是德国和英国)一般人可以研读的书,不再是某些人的专利。彼时的人发现原来造物者是要人“治理这地,也要管理海里的鱼,空中的鸟,和地上各样行动的活物”。既然人有责任管理,那么必须先认识我们要管理的,才能管理得好。同样,我们既然有养育儿女的责任,我们也必须要先认识他们。儿女既然是个个不同而独特的,我们也要个别地认识他们。感谢上帝,在祂的计划中,孩子绝大多数是逐个出现的(不常有一胎数婴),父母可以有分别认识他们的好机会。如果您有不止一个小孩的话,您一定会同意:他们是不同的。最近我有机会观察几对双胞胎,发现他们也不一样。常常内在的差别比外在的差别还要大。

就如科学一样,要认识某一事物,总要先观察。要观察就要用心思和时间,所以奉告为人父母的,我们要做的第一行动就是要花时间来观察认识我们的儿女。从呱呱坠地,每一个婴儿就有不同的表现,好像要告诉我们:“我不是爸爸,我不是妈妈,不是哥哥也不是姊姊,我是我。请看,这是我,世上只有一个我!”但是我们却常常听见父母亲所作的“婴儿比较”:

“您的 BABY 好胖啊! 怎么我们的那么瘦!”

“您的儿子四个月就出牙! 我的儿子还没有呢!”

“我的孩子九个月就会走路了!”

“我的女儿十一个月就会讲话了，您的呢？”

“怎么搞的，人家一岁半就认得字了！”

这种比较延伸下去，不是活出自己的生命，而是尝试着要活出幻想中的自己。但是因为那只是幻想，不是事实，所以，要么是活不出来，要么是活了出来也不是自己，空得挫折和失望。有多少人一生就在追求实现一个幻想，满足那不是自己的幻影！

一位医生希望他的长子做医生，自小就告诉他：“你当医生最好。”不知不觉，孩子也以为他是要当医生的。你问他兴趣为何，他只会回答他要当医生。问他医生的工作是不是他喜爱的，他也不知道。有一位女孩在大学攻读化学，问她兴趣为何，她说不知道，只知道妈妈要她读化学。还有一位小孩，自小喜欢画图，他父母常骂他，不许他画，要他念书，幸亏后来他离开父母到美国求学，得到发挥自己潜能的机会，成为一位成功的建筑师。

我女儿小的时候，我观察她喜用左手。我于是试验她到底是否左手方便。我将餐具放在她右手那边，她就用右手拿起来，交给左手使用，屡试不爽；我便知道，她生来是左手方便的。但有不少父母，不让孩子用他生来方便的手，而强迫他用不方便的手。用意虽好，但是忘记了创造的真理，没有照着孩子的独特性来启发栽培，结果常是引致不健康的自我形象。

## 让儿女知道自己是谁

怎样建立健康的自我形象呢？那就先要接纳真正的我，接纳自己在宇宙中的地位和角色。我们已经提到科学的观察，世世代代都无例外地显示，每类生物都是“各从其类”，正如圣经创世记所记载的。人世世代代生的都是人，从无例外。人不是时间和机遇碰出来的。圣经的许多记载，如地球悬在虚空，全球性的洪水，陆地分开，万物如外衣渐渐变旧等，都与科学的观察相吻合。过去二十多年的生化学研究，叫我愈来愈惊叹圣经的奇妙和智慧，知道圣经真实可信。那么,这位全能的造物主给我们关于人的启示也是真智慧了。

造物主既然照着自己的形象样式造男造女,照着祂荣耀的形象样式造男造女,所以人人有价值,而且人的价值不是自己或其他的人来肯定的,而是造物主所肯定的。因为是祂造的,祂才有权柄肯定人的价值。所以,人人有价值是客观的事实。创世记第2章告诉我们,造物主赋予人有自由意志,可以自由选择,而不是机器人。人使用自由意志所做的不同选择,带来不同的后果。真可惜,人的始祖选择自我中心,离开造物主生命的源头(今天仍有许多人做了同样的选择)。于是带来败坏的后果——离开生命的源头,死亡就进来了。可慰的是,创世记第3章中造物主已经告诉人脱离败坏死亡的计划。

依照造物主的启示,我是谁呢?我是:

1. 有价值:造物主所赋予和肯定的。

2. 有自由意志:倾向选择自我中心,以致败坏。

3. 可得拯救:造物主有拯救的计划。

当我们的儿女知道自己是谁——有价值,有自由意志,可以拣选自我中心,也可以拣选得到拯救——就容易接纳自己,且能够看自己合乎中道了。

第一方面:有价值。

古人说:“天生我才必有用”,正说明造物主造每一位都有计划,必定有用。只是所谓“才”、“计划”、“用”都必须是造物主定义而不是人定义的。就像一辆汽车或一部机器,它的“特点、功能、用法”等都是设计制造者定下的,也只有按照设计者定下的方法来保养和使用,才能发生应有的功能和效力;反之,则不能发生应有效力,甚而得到相反的效果,轻者浪费,重者损坏!

为人父母者应以身作则,肯定造物主赋予儿女的价值:是人,就有价值,因为人是照着造物主的形象样式被造的。在日常生活中,要以尊重造物主的心态来养育儿女。有了这种心态,我们就会小心自己的一言一语，一举一动。不会当儿女为附属品，随意呼唤，毫无尊重和礼貌。我曾造访某家，为父的主人厚意款待我们，大声叫儿子："拿块布过来擦桌子！"孩子匆忙遵命。为父的没有一声道谢。"给我倒杯茶来！"茶来了，也是没有道谢，连笑一笑的表示也没有。另一家，为母的正在生气，指着孩子鼻子痛骂"贱人"、"无用"、"我打死你"……可怕至极！我想，这位母亲是否借题发挥，把自己一肚子的不满，一肚子的气愤，倾在这无力反抗的可怜的孩子身上？是否大人自己觉得无价值、无用、生不如死又不能死呢？这位母亲还说："我妈也是这样对我。"多可怜，一代传一代，谁来中止这种恶性循环呢？——就是你！

## 别用欺骗方法教小孩

在候机楼，一位小孩放声大哭，那和孩子一道儿的女士束手无策。突然妙计涌上心头："你再哭，警察来抓你了！"

小孩东张西望，可能是看见穿制服的工作人员吧，一下中止了哭声。皆大欢喜，女士松了一口气。

百货公司，跟着妈妈购物的孩子腿酸了，"妈，我要抱！"

妈哪里有力气抱他，自己都快累死了。"你别吵，圣诞节快到了，乖小孩圣诞老人会送他好的礼物啊。你要礼物吗？那就要做乖小孩，不能吵啊！"

小孩在客厅跑来跑去，忽然间，头碰到桌子了。这下不得了，哭声震耳。看护小孩的人早有预备，跑过来就打桌子，"哎呀，桌子不乖，碰到弟弟的头了。我们一起来打桌子啊！"又是妙法，立刻见效！

这类常见的教法，真正收到什么结果呢？有一天，在候机楼的小孩长大了，发现警察并不抓哭的小孩，他会心里不平，觉得被骗吗？可能他对父母的话不再信任了。他青少年时期的表现可能因此常常会反对父母所讲的，对父母怀疑，或是以为父母什么都不懂。做父母的还糊里糊涂:“怎么搞的,我这一向听话的小乖乖怎么忽然变了一个人?”最后的结论是:“时代不同了,现在的年轻人都是反叛性的。”或者:“这只是青少年反叛期吧。挨过了这段时期就好了。”

另一孩子后来发现礼物都是父母买的,根本就不是什么圣诞老人送的。设身处地,你记不记得被骗过,你的感受如何?不好受吧!可能一方面有被出卖的创伤,一方面又气自己当时怎么那么傻瓜,信任错了人。

我哥哥曾经告诉我这么一件事:他小时候很喜欢看泰山的电影;其中有一部是三十年后才在电视上看到。因为三十年前他带了钱去戏院买票,人很多,他个子又小,在人群中拥挤着要买票。忽然有一个大人伸了一只手过来:“孩子,孩子,我替你买票。”哥哥就把钱给了他。你当然猜想得到,那只手一去不回。哥哥等了好久,只好垂头丧气地回家,又不敢告诉家人。三十年后,当他在电视上看到那部电影之后,才把旧事重提。我听了之后,好像看见当时情景:比气球飞上天,冰淇淋掉在地上更让人难过。你可能会说:世上哪有这种人,骗取小孩子的钱,真是没有良心。是的,这种欺骗,显而易见,立刻会引起公愤,成为千夫所指。但是,其实所有的非真理都是欺骗。那人是故意的,但不是故意的非真理仍是非真理,仍是一种欺骗,同样会带来不良的结果。违反真理,不论是否故意,结果同样是可悲的。就如从摩天大厦掉到路上,不论是故意自杀或是不小心掉下来,同样是悲剧,因为都是违反了“地心引力”的真理。

那位打桌子的孩子又怎样呢?难怪有不少兄弟姊妹吵架时,总是对方不对;书读得不好,责怪老师或环境;工作不顺利,责怪老板同事;婚姻有问题,责怪配偶!

记得小时候,有一次我在家中的走廊绊倒了,我顺口埋怨:“谁把椅子放在走廊中间?”

我爸平心静气地回答:“谁把椅子放在走廊不要紧,你要自己看路。”这一言，叫我大悟：原来责任不能旁贷。

我想起创世记第 3 章的记载：造物主问亚当：“莫非你吃了我吩咐你不可吃的那树上的果子吗？”亚当说：“你所赐给我，与我同居的女人，她把那树上的果子给我。”夏娃也一样：“那蛇引诱我。”原来人有推卸责任的本性。但造物主并没有任他们推卸，他们最终被赶出伊甸园；自作自受，各自要承担。这是造物主定下的真理，愿共勉之。

失望的父母问：“我错在哪里？”可能他们首先需要自问的是：我是否照真理教养儿女？是否为了达到眼前暂时的目的而牺牲真理？

## 顺从创造者才算真聪明

我们一直强调真理，因为真理是至终的事实，是永恒的事实。而真理是造物主定的。正如一部机器，必须照着设计者的规定来操作，同样的，一个人也必须照着设计者的规定来做事。所以，让我们温习一下有关人的基本真理：

首先，人是宇宙的创造者照着自己荣耀的形象样式来造的。每一位都是独特的，尊贵的。

其次，创造者赋予人自由意志，也尊重人的自由意志。人可能选择顺从创造者的设计（真理），也可能选择违反真理。自从人类始祖以来，人常会选择不顺从真理。

第三，创造者因为爱人，不愿意一人沉沦，乃愿人人都悔改，所以在祂永恒的计划中，已经立下唯一的救法，人可以靠着得救。

第一点我们已经提过。现在看第二点：人的自由意志，要自己选择。

我们身为父母的责任是帮助儿女选择正确的，选择真理，不要违反真理。因为违反真理只有自己受苦。正常的父母，绝不会让孩子随便吃东西，一定会教他什么可以吃，什么不可以吃。如果发现他吃不应该吃的东西，我们还会抢下来呢！我的大女儿一岁左右时，常常把东西放进口中。有一次，我把她放在推车上，推到前院跟盛开的花儿拍一张照片。拍完了，发现她不知何时采了一片叶子，放进口里。另一次，我们在后院烤牛肉，一块块的牛肉，串成一串串，在炭火上烤。忽然看见她在吃什么。我心里想，牛肉还未烤熟，她在吃什么呢？结果，爸爸从她口中挖了一条蜗牛出来，卷成一块，真有点像牛肉！幸亏这两次都不是什么大不了的事情；但是，要是放进口中或是喝下的是毒药，该怎么办？

所以，我们要教孩子什么是对的，什么是错的。那么，我们岂不是要先知道何谓对错，才能传授吗？

“真不公平，亚当夏娃吃了禁果，我们就有罪了！”

“不是吗？亚当吃了苹果，就是犯罪了？”

“其实亚当只咬了一口，还没有吞下去，还在喉头呢！”

“这都是无稽之谈，我才不信呢。我嘛，一生凭良心做人。要是真有上帝，祂一定会让我进天堂。”

“我们服从大多数，多数人认为对的就是对了。”

“我说，你还是问问专家好，专家说对的就是对了。”

让我们回头看历史：创世记第1章，六日创造之后，“上帝看着一切所造的都甚好”。创造者为人预备的一切都“甚好”，意思是：极好。第2章讲到各样悦人眼目的果子都给人做食物。“园中各样树上的果子，你可以随意吃，只是分别善恶树上的果子，你不可以吃，因为你吃的日子必定死。”

前面几段对话我们可以更正了：不可吃的果子不是叫禁果，更不是叫苹果；男人喉咙隆起之处（英语叫 Adam's Apple，亚当的苹果）也不是吞了一半的苹果。创造主告诉亚当、夏娃不可吃的是“分别善恶树上的果子”，“因为你吃的日子必定死”。第3章魔鬼撒但（敌挡者）却说：“你们不一定死，因为上帝知道你们吃的日子眼睛就明亮了，你们便如上帝能知道善恶。”于是，“女人见那棵树的果子好作食物，也悦人的眼目，是可喜爱的，且能使人有智慧，就摘下来吃了，又递给跟她在一起的丈夫，她丈夫也吃了。”

## 言教、身教与真理

天下父母心都大同小异：希望儿女成龙成凤，起码成器。我们也不惜牺牲自己，投资在儿女身上。但是多少父母到头来失望颓丧，正如多少次在讲座之后就有听众表示"相逢恨晚"。其实，教养儿女的目的、内容、人选、方法等原则早就记载在圣经上，可惜多少人未曾细读。这本智慧的书是宇宙的设计者、人类的创造者所给我们的人生手册，叫我们知道真理，在人生的道路上有指南，不需碰得焦头烂额。圣经是一本奇妙的书，世上唯一没有修改、不需修改也不能修改的书。因为其中所说的是历久不变的真理，不论从科学、历史、考古、道德、伦理等观点来看，都发现这是一本真理的书，是超越时代、空间和文化的。让我们略举其中一小段为例：

"要殷勤教训你的儿女，无论你坐在家里、行在路上，躺下、起来，都要谈论。也要系在手上为记号，戴在额上为经文，又要写在房屋的门框上，并你的城门上。"（申 6）

用谈论的方式，有谈有论，有理性的沟通，有思想的交流，不是命令式的，也不是用高压手段。殷勤教训，不是随随便便；不但有谆谆教诲，反复叮咛之意，更有磨炼之意，即是磨砺儿女，成为合用之器。这种谈论不是像上课，有固定的时空，而是"无论你坐在家里、行在路上，躺下、起来"。很明显，这是表明随时随地。所以，我们与儿女谈论要很自然，很轻松，无所不谈。报章杂志、电影电视、新闻旧故、人物事件，都可以谈论。这段圣经的上文（以后会再谈）告诉我们，为父母的要先把圣经上的话记在心中。我们有创造者的真理在心中，谈论就有智慧，有标准；这样才能磨炼儿女的思考和判断力，做出合乎真理的选择。

一般来讲，儿女最多也只有二十年光阴在我们身边，所以要把握机会，在这段时间里训练他们成为有思想、有判断力，知道何为善（合乎真理）、何为恶（不合真理）。磨炼他们成为成熟、不容易被欺骗的人，不致重演始祖的悲剧——离弃创造者的真理，自以为是，自己来决定何为善恶，违反创造者的定律，离弃生命的源头，以致死亡。你爱你的儿女吗？你一定会随时谈论可吃不可吃、可摸不可摸、可做不可做的事物，以免孩子受伤害。因为这世上是有定律的，这些定律不是你我定的，是创造者已经定下的，不会因时代变迁或文化不同而改变，也不是"信它，它就存在，不信它，它就不存在；而是，不论信不信，违反者必定吃亏"。例如：饭可吃，米不可吃；墙可摸，插电处不可摸；可以从椅子上跳下去，但不可以从摩天大厦上面跳下去。

教养儿女，成功的秘诀是依从真理。圣经一书，即是创造宇宙万物者所给我们的"人生手册"，把人生的真理陈明给我们，其中也包括了教养儿女的真理。

（一）教养的方法

1. 言教：随地取材，随时谈论，以真理磨砺儿女成器，不致被假真理欺骗。

2. 身教：为人父母言行合一，以身作则，遵从真理。

3. 思想：脑海中充满创造者启示的真理，自然流露于言行中。

4. 私人生活："写在你房屋的门框上"。我们的住家要有创造者的话语，家中以上帝的话为标准。写得一手好字的人，可以把自己心爱的圣经句子抄写下来，做为家中的装饰，天天看，天天学。这些句子常常更换，无意中我们就可以学会很多金句。儿女在家中长大，也会耳濡目染，深受影响。

上帝的话在家中，有这么重要的地位，成为导航者，也成为镜鉴，引领家人实行真理。比如，墙上挂着"爱是恒久忍耐"，我们就得到提醒："上帝啊，你是多么的爱我，我常常顶撞你，偏行己路，你仍然爱我，仍然忍耐着等我回头！求你帮助我以你的真爱来爱我的家人，帮助我恒久忍耐。我为大儿子祷告，求你教导我爱他。"（以后会与各位谈到"爱的沟通"）

5. 公家生活："并你的城门上"。城门是人群出入的地方，也是古代做买卖、订立盟约、召开会议、施行审判的处所。可以说是现代的办公室、商店、市场、法庭等处理社会人群交易往来的地方。上帝的话在公家生活中一样占有中心地位。在我们待人接物、办公贸易时,也要以上帝的话为标准、为中心。

换言之,圣经所给我们教养儿女的方法是:凡事以上帝的话为中心,不论是言谈、行为还是思想上。在家、在外都无不以上帝的话为我们生活的中心。也就是说,我们要整天顺从上帝的话。如果我们了解上帝的话是要叫我们为人处世有聪明智慧,免得我们受到亏损,我们就会乐意顺从而得好处,我们的儿女也因此得到最有智慧的教育。

(二)教养的人选

我们常常听见很多父母埋怨说:“我的孩子从小就在主日学,怎么长大了竟成了这个样子?”“我的孩子上了最有名的学校,怎么会学到这些不良习惯?”“我们辛辛苦苦赚钱,就是为了在最好的学区买房子,怎么孩子……?”“我儿子本是好孩子,只是上了大学被坏朋友影响了。”毫无疑问,圣经告诉我们,教养儿女是父母的责任。这责任不是交给学校、教会、政府或社会,父母责无旁贷。这不是说学校、教会、政府、社会等没有责任,或不能帮助父母教养,而是说责任是交给父母的。父母要负责使自己、学校、教会、社会等达到教养儿女的目的。

## 把孩子带到上帝面前

教养儿女的学问实在很大。常有人花许多年预备做某一行业,但很少有人花时间预备做父母。难怪“荣升”为父母之后会束手无策,不知如何是好。加上每个孩子又不肯等待,立刻要爸妈尽责,害得做爸妈的只好东拉西扯,问这问那,希望得到一点救急妙方,药到功成。多盼望尚未为人父母者先预备,先学习。教养儿女比其他行业都重要,因为教养儿女是直接与人有关,而其他行业是间接与人有关。困难,是因为每个儿女各自是独特的,需要个别处理;加上每个小孩子自己又每天在长大,天天不同,不能老用对待婴儿的方法对待一岁或更大的孩子。

所以,要教养得正确,必须了解儿女。前面与各位论到儿女有位创造者的事实和服从创造者的必要性。祂给了我们一本手册,叫我们得到智慧。这本宝书几千年来历久不衰,这就是超空间、超时间、超文化、超地域的圣经;圣经是世上唯一不须修改的书。以圣经为人生手册者,不论是国家、民族或个人,都有益无损。

（三）教养的目的

"以色列啊,你要听,耶和华我们的上帝是独一的主,你要尽心、尽性、尽力爱耶和华你的上帝。"(申 6)

首先,建立个人的关系。这位创造者耶和华(意即自有永有,生命从祂而来)必须成为我们的主,也成为我们儿女的主。每一个人都要与祂建立个人的关系。有时父母埋怨:我在家儿子就依从吩咐,我不在他就不做了,我怎能整天看着他呢?如果我们带领儿女从小就与创造者建立正常关系,儿女与上帝有生命的联系,他就会自动听从上帝。

相信耶稣基督的父母要首先明白所信的不是人为的宗教,而是那位创造宇宙者,然后介绍主耶稣给儿女,带领他们亲自邀请耶稣基督为个人的救主和生命的主人,并且告诫我们的儿女:

1. 唯一的上帝(只有一位创造者),降世成为人,为了要告诉世人祂爱我们,要我们得永远的福乐。祂就是划分历史纪元的耶稣。

2. 但我们偏行己路,自以为是,知善不行,违背上帝的命令,因此人生不理想,没有达到创造者造我们的目的,这是圣经"罪"字的本意。所以圣经说,"世人都犯了罪,亏欠了上帝的荣耀"。罪将我们与圣洁的上帝隔绝,人不论靠什么人为的(包括人认为的善行,人的哲学,人造的宗教,苦行等)方法都不能与上帝和好，因为祂的标准是十全十美。唯有十全十美才不会朽坏，不会死亡。

3. 唯一的救法是这位创造者为我们设立的办法：祂降世为人，替我们承担罪的后果——死亡。祂在十字架上（历史事实）为我们而死，只要我们认罪悔改，祂必赦免我们的罪。祂从死里复活（历史事实），证明祂已胜过罪的权势（死亡）。我们承认祂为我们而死，又为我们而复活，这是唯一得救的办法。

4. 接受并相信祂的，因此得以称义，就是算为达到上帝的标准。接受耶稣就是移交生命的主权，承认耶稣为我死而复活，祂的宝血可以洗净我一切的罪。认罪悔改就是承认自己的自我中心，任意而行，没有凡事遵从祂的旨意，求祂赦免，决志回转遵从祂的话，让祂成为我们生命的主。信，不是口讲，而是行动。

相信耶稣不是一种哲学、信念、观念或人为的信仰，也不是心理或精神上的寄托，乃是遵从造物主所指示的真理。祂是全能全知的，祂又是爱我、为我舍己的，我们可以放心信靠、顺服祂。祂向我们"所怀的意念，是赐平安的意念，不是降灾祸的意念，要叫你们末后有指望"。

"耶和华我们的上帝是独一的主"，每一字都是必需的——生命之赐予者，与我们有个人关系，是全能者，独一无二的造物者，宇宙万物之主，我的主人。

其次，建立爱的关系。建立爱的关系——"你要尽心、尽性、尽力爱主你的上帝"。

我们都爱自己的儿女，问题是：爱是什么？爱的源头在哪里？如何建立爱的关系？从何处得能力来建立？要得到这些问题的正确答案，还是要回去问爱的创造者，只有祂才知晓何谓爱。

## 爱的真谛

每一位正常的父母亲都是爱儿女的，但是何谓爱呢？正如其

因此，爱儿女必须认识儿女，不把自己的愿望投射在儿女身上。认识儿女，才能引导他们照着造人的上帝美好的旨意去认识自己，发现他们的天赋和才干，与他们一同感谢天父的赐予，欣赏上帝奇妙的作为，帮助他们以感谢、谦卑的心态来栽培天父所赐的才干，以达到荣神益人的快乐目的。

8.“爱是不轻易发怒”。这句话的意思是：爱是不被激怒。发怒实在是件可怕的事情，多少悲剧都是因为人发怒而演出的。发怒是自我中心的表现。当一个人发怒的时候，他只想到自己，觉得自己不高兴，或是自己的意见被否定，或是自己所要的没有得到。因此发怒的出发点完全是自己，没有为对方设想，所以一定会破坏人际关系。记得吗？罪就是自我中心；人的罪破坏了人与上帝的关系。我曾经在某地作客，当地的邻居从早到晚只有喊叫与哭声，真让人难受。大人如此，小孩也如此！（当然了，大人喊，小孩也喊！）

有人说他是“直肠直肚”的人，生气么，一定发作，但一发即完，一下子就没事了。不像某些人，有气不发，闷在肚子里，闷得人都病了；或是闷了好久，不能忘怀。他说一发就完，不闷在肚子里，不是更好吗？当然，有气闷在里面是不好，但是气发出来就好吗？让我用一个比喻给这“直肠直肚”的人去思想：

我一肚子不舒服，可能是今天吃的食物不对劲，一肚子闷气，要一吐为快；我吐出来了，觉得舒服多了。但是在我前面的人被我吐得满头满脸！我是舒服了，但是对方呢？

父母爱儿女，是否可以将一肚子的苦闷吐到儿女头上？然后怪孩子常常不敢亲近父母，不信任父母，对父母缺乏亲情的表达。请细想：被吐了满头满脸之后，要花多少时间精力去清洗？外面清洗之后，还留下多少臭味，需要多少时间才能去掉？臭味去掉之后，还留下多少痕迹？这些痕迹，叫人想起欲吐！请问，需要多久才能除去呢？可不可能完全除去呢？

发怒就是这样。因为是极其自私和自我中心的表现，所以于人际关系的破坏力也极大。如果能“快快听，慢慢说”，我们就可以“慢慢的动怒”了，“人的怒气并不成就上帝的义”（雅1）。

在某次讲座后，一位母亲告诉我说：她女儿很喜欢听我讲，“她还记笔记呢！”我问女儿：“这么好，你还记笔记？！”她打开笔记簿给我看：“妈妈不可以生气。”真的，这是女儿的心声。

你说：生气原来这么可怕，我生了那么多年气，难怪我和儿女的沟通有问题，跟配偶的沟通也有问题；那现在怎么办？因生气而导致的创伤又怎样才可以得到医治呢？“在上帝没有难成的事”，在人难以挽回或不能挽回的情形，在基督里是可以挽回的，因为：“上帝就是爱，上帝差祂独生子到世间来，使我借着祂得生，上帝爱我们的心，在此就显明了，不是我们爱上帝，乃是上帝爱我们，差祂的儿子，为我们的罪作了挽回祭，这就是爱了。”（约壹4）

既然耶稣作了我们的挽回祭，我们就可以遵从祂的方法得到医治，得到挽回。挽回祭就是赔偿损失的意思：我们有创伤，有损失，现在因耶稣基督为我们付上了代价，赔偿了损失，我们就可以得到医治了。

饶恕的爱与喜欢真理——许多父母告诉我：我们是爱儿女，可惜爱错了，因为不知道何为真爱。多可惜！真爱，只有造爱者——我们的创造者才知道。

让我们继续吧：

9. “爱是不计算人的恶，不喜欢不义，只喜欢真理”。不计算人的恶，原意是不计算，爱是不计算。我对你错，你得罪我多少次……爱是不计算，是饶恕进而忘怀。不要把儿女的恶行、错处，如数家珍般地拿旧账出来：“你总是……你永远……你就是不……你昨天……上周……上个月……去年……”记性好得不得了！爱是不计算。

饶恕是件轻而易举的事，因为不需要买什么，不需要去哪里，不需要做什么工夫，只要意志决定饶恕就行了。但饶恕又好像是件极难的事：“我想饶恕，但是做不到。我不看见他还好，一见到又怒火重燃，旧事回来缠着我，挥之不去！”是的，我们常陷在“我真是苦啊！”的情境之下。立志为善由得我，只是行出来由不得我！幸亏上帝的话有应许：“谁能救我脱离这取死的身体呢？感谢上帝，靠着我们的主耶稣基督。”（罗 7）

饶恕别人对你很难吗？靠你的主耶稣基督吧！第一，耶稣要成为你的救主，你要接受祂为你的救主，救你，管理你，求祂赦免你的罪，就是你自作主张，没有顺服祂的罪——你顺服祂，祂必叫你能够饶恕。不但饶恕儿女，也饶恕其他人。当你自己来到完全圣洁的耶稣基督面前，你必会发现自己的污秽。就像粉刷墙壁一样：看看四壁还不错，只有一小块脏，那就粉刷这一小块好了。但是当你粉刷了那一小块墙壁之后，你会发现你不能停下来，因为新漆的旁边看起来显得好脏。靠近圣洁的标准，必定显得污秽。你如果肯谦卑，放下自己，求上帝赦免，祂必照祂的应许赦免。当你自己经历了上帝的饶恕，你也就能饶恕人了。进天国的，必须罪得赦免，不能带一点点罪进去。试想一下，要是每人带一点罪恶过犯去天堂，那么天堂也就不是天堂了。所以，耶稣教导门徒祈祷：“免我们的债，如同我们免了人的债。”然后加上解释：“你们饶恕人的过犯，你们的天父也必饶恕你们；你们不饶恕人的过犯，你们的天父也必不饶恕你们的过犯。”（太 6）多么严肃，多么清楚。要得天父饶恕，就必须饶恕人。“必”，“如同”，这是上帝的话，不能讨价还价。就像你的车子，车厂指定要用无铅汽油，你能否说：“好啦，差不多啦，我用百分之九十五汽油，只有百分之五是牛奶。”这样做的后果可想而知。

当我们继续学习真爱的时候，我们也发现，爱是“凡事包容，凡事相信，凡事盼望，凡事忍耐，爱是永不止息”。

10. “爱是凡事包容”。包容之意是接纳，也含有保护之意。真的爱是要接纳对方，保护对方，不让埋怨、不满和毒恨伤害到爱的关系。今天有多少夫妻，因为不能凡事包容，导致家庭破碎，儿女承受伤害。人，自从选择离开那完美的造物主，就不再是完美的了；夫妻结婚之前早应知道这事实，当时你觉得那不要紧，因为你只看重美好的一面。那时你“沉迷”在爱情之中，你包容得好好的，你接纳他。但结婚后，儿女接踵而至，曾几何时，你眼睛“明亮”了，同一特点，你却越看越不顺眼。如果你看到另一位，没有这特点，你可能如获至宝，以为这另一位才是你所想望的，于是移情别恋，多可怜！这悲剧每天都在重演！我们的社会也越来越多问题了，离婚再婚再离婚，因为不知道爱是凡事包容。用初恋的心情来看老婆老公，爱就常新。你看结了婚四五十年的老夫妻，发白齿摇，背弯腹凸，但是，他们还手牵着手一起散步，不时四目相投，做个会心的微笑，彼此接纳，彼此包容。我们不是已从创造的真理中看到人人是独特的吗？外表、性格、资质都不同；但因为都是照着创造者的形象样式而被造的，所以都有独特的价值。创造主也要我们彼此尊重。

“我的儿子要竞选学生会主席，我应不应该让他去呢？去年他选上了，我已经很不高兴。”

“为什么？”

“因为我不喜欢这种引人注意的事情。”

“为什么？”

“因为我喜欢安静。”

“那你先生呢？”

“他也喜欢安静。我常常问：我们怎么会生出这么一个儿子来呢？”

这位妈妈，不了解儿子不是她的复本，而是另一单位。她和先生可能性格内向，喜欢安静，但是儿子外向，喜欢活跃。我问她，儿子参加竞选，有没有不择手段？学生会主席一职有没有违反真理？是否令他远离神？功课不尽责？他的目的是否自高自大？如果职分本身及竞选过程没有不义，只要他功课仍然尽责，与神更亲近，你想上帝的意思如何？如果是遵从真理，发挥造物主所赋予的才干，以谦卑的态度服事他人，与人合作，造福人群，不论是动是静，能够发出基督耶稣的馨香，那么，是否应该禁止？爱，在真理的大前提之下是凡事包容，彼此接纳。

11.“爱是凡事相信”。最近在一次父母儿女沟通会中，儿女们很不满意的就是父母不信任他们：拿儿女的信来看！父母说是因为爱他们，不想他们碰到危险、被骗或交了不妥当的异性朋友。儿女们认为他们已经长大了，可以自己照料自己。看他们的信是不信任、不尊重他们。“我们是你们教出来的，为什么不信任我们呢？”

父母回答：“如果你们证明是可信任的，我们当然信任你们。”

这里我们学到几样功课：

第一，是的，爱是凡事相信；不信任，传递了“不爱”。

第二，是的，儿女是父母教出来的。教儿女的时间好短，十至十二岁之前必须确定了稳固的根基，行善避恶。

第三，儿女在青少年时期或之前都已经处处表现出成熟负责任，远离恶事，叫父母有历史的事实可以根据，才能信任。

第四，一般家庭父母及儿女沟通甚有问题，只有当圣经所启示的真爱被实行在家中时，那爱才会是凡事相信。

12.“爱是凡事盼望”。真的爱因为是从上帝那里来的，所以不会绝望，因为上帝就是爱，在祂没有难成的事。常常在讲座的问题解答时有人问：“你所讲的错误的教法我曾经都做过，现在我们的孩子已经十九岁了，还有没有希望？”有，但是，就像汽车放了牛奶，有问题了怎么办？回去看造车厂给你的手册，把错的拿掉，照着设计者的指示，按部就班。回去看圣经——创造者给你的手册，悔改过错，谦卑地照着设计者的指示，一步一步去做。当然，不能担保车子一定如新，孩子一定归正。但是，希望却是有的。爱是凡事盼望。

13.“爱是凡事忍耐”。这忍耐的意思是经得起压力，有持恒性，可以耐久，在重压之下可以持守下去。

一位太太说：“我忍了廿年了，不能再忍了。”

七十五岁的老太太离婚了："我忍了一生，不想再忍了。"

世上哪里没压力？俗话说："家家有本难念的经"。人生快不快乐不是取决于有没有压力，而是在于处理压力的态度。圣经的应许是："应当一无挂虑，只要凡事借着祷告、祈求和感谢，将你们所要的告诉上帝。上帝所赐出人意外的平安，必在基督耶稣里，保守你们的心怀意念。"（腓 4）上帝就是爱，祂能加给我们力量，凡事忍耐。

14."爱是永不止息"。上帝既然是爱，而上帝是永存的："昔在今在以后永在的全能者"，所以爱是永不止息。这也含有永不跌倒、永不失败、永不无用。一直到天国见主面，爱仍存在。那时，信已完成了，因为信是所望之事的实底，是未见之事的确据。在天国，我们会看到这未见之事，所以无须信了；所望之事也已得到了，所以也无须望；但爱却是充满天国，上帝与人同住——以马内利。祂擦去了一切的眼泪，不再有死亡，也不再有悲哀、哭号和疼痛。

这是圣经中关于真爱的一段，让我们学习沟通这真爱，也教导儿女与这位爱他们的造物主建立爱的关系。爱必须自动自发，造物主已自动地发出爱——"惟有基督在我们还作罪人的时候为我们死，上帝的爱就在此向我们显明了。"（罗 5）当我们自动接受祂的爱，回应祂的爱，我们就借着耶稣的死"得与上帝和好。既已和好，就更要因祂的生得救了"。不但如此，我们也借着耶稣"以上帝为乐"。活在上帝的爱中，真是快乐。祂向我们所怀的意念是赐平安的意念，叫我们有前途，有盼望。这是我们教导儿女的目的——爱上帝，一切福乐从祂而来。

# 第二章　从十诫谈教养

从十诫开始

六日创造其意义何在？

慎思明辨之道

培养孩童求真

当孝敬父母

不可杀人

如何消除怒气？

不可奸淫

不可偷盗

不作假见证

不可贪恋

得福秘诀

贪念与行动

## 从十诫开始

我们继续申命记教导儿女的指南。看到教导的内容:“耶和华我们上帝是独一的主……我今日所吩咐你的,都要记在心上,也要殷勤教训你的儿女。”

这里直接提到的就是摩西所传上帝的一切律法、诫命、律例、典章。也就是说,造物者一切的吩咐“要听、要学、谨守、遵行”。从十诫开始,从个人以至社会。个人的生活(衣食住行)要如何分别为圣,社会要如何公义公平,井井有条,丰衣足食,人们得享平安。“我今日呼天唤地向你作见证,我将生死祸福,陈明在你面前,所以你要拣选生命,使你和你的后裔都得存活,且爱耶和华你的上帝,听从祂的话,依靠祂,因为祂是你的生命,你的日子长久,也必在乎祂”(申 30);“我今日所吩咐你的诫命不是你难行的,也不是离你远的”(申 30);“所以你们要谨守遵行,这就是你们在万民前的智慧、聪明”(申 4)。所以诗人说:“以耶和华为上帝的,那国是有福的”(诗 33);“以别的代替的,他们的愁苦必加增”(诗 16)。

让我们从十诫开始。因为这是要教导的最基本内容。就像我们要教导儿女牛奶可以喝,但汽油不能喝;后院里可以跑跑跳跳,但大路上不可以;可以从沙发椅跳到地板上,但不可以从屋顶跳下来。教他们这些是基本的常识,因为不然的话,他们会遭殃。所以教他们是为了爱他们,不愿意他们受苦,愿意他们得福。

创造主吩咐说:祂是耶和华上帝(生命和能力的源头)。

第一诫:“除了我以外,你不可有别的神。”只有造物主是我们敬拜的对象,是我们的主宰,不可有别的敬拜对象。我们要完全顺服这位全能全知、昔在今在永在、公义圣洁慈爱的造物主,这位以永远的爱来爱我们的救世主。唯有祂是万王之王,万主之主,祂掌管一切。

第二诫:“不可为自己雕刻偶像,也不可作什么形象,仿佛上天、下地和地底下、水中的，不可跪拜那些像，也不可事奉它。”既然造物主是唯一我们敬拜的，祂吩咐以色列人十诫时又特别不给他们任何形象观看，然后吩咐不可雕刻偶像，我们就清楚知道，不能有任何偶像。我们敬拜的唯一对象既然是创造我们的那一位，而偶像是我们所造的，当然就不是造我们的。

第三诫：“不可妄称耶和华你上帝的名。”我们的言语要分别为圣，今天社会上有人以上帝和耶稣的名字用来做口头禅，咒语，惊叹语或其他无意义的话，没有尊重上帝。上帝说祂必不以这种人为无罪。我们的孩子在学校同学中，有时会学了这种话，我们为人父母的听到时，千万不要立刻骂他，因为多数时候他们是无知，人云亦云，不知道是妄称上帝的名。我们要温柔地问他们，再解释给他们听。我有亲友的孩子，学了这种话，当我听见时，我笑着问他知不知道那是什么意思，因为不是来势汹汹，他不觉得我不高兴或要说他不好，他就不会跑掉：“你知道 Gosh 何意吗？”他说不知道。然后，我可以很自然和善地解释那是 God 之意（Gee 是 Jesus），知道之后他当然不愿意妄称上帝的名字。

第四诫：“当记念安息日，守为圣日。六日要劳碌作你一切的工，但第七日是向耶和华你上帝当守的安息日，……因为六日之内耶和华造天、地、海和其中的万物，第七日便安息，所以耶和华赐福与安息日，定为圣日。”

这一诫命特别提醒我们耶和华是造物主，祂在六日之内造了天、地、海和其中万物。因为祂是造物主，祂造了一切，祂也造了我们，祂的智慧当然比我们高。在我研究科学的经验里，每读到新发现——特别是人体的生物化学方面——我总是惊叹造物主的伟大奇妙。祂的智慧高不可及。祂造了我们这奇妙的身体，每一细胞里的每一部分，是多么的高明精致，奇妙莫名。我们每一个人，都是从一个细胞开始，这一个细胞里所藏的信息多么复杂，多么精细，不但会自动复制另一个同样的细胞，也会在适当的阶段制造不同的细胞，分别成为不同器官手足，有些长成头发，有些长成指甲，也会自动停止复制，也会自动修补。我们的眼睛，包括多种奇妙细胞，有的做眼角膜，有的做眼珠，有的感光，有的传递信息给大脑。这些不同细胞都是从开头第一个细胞来的。眼睛自动感光，不停地眨动，不停地矫光，矫焦点，看远看近，又快又准，又能知道一件东西的距离。我自己略知一点科学，已经叹为观止。难怪知道更多的那些最伟大的科学家，对造物主都是那么赞叹，那么敬畏，用崇拜的心来研究科学，因为他们知道所研究的是这位智慧极高的创造者的杰作，集一生的心血也不能洞察其万一。他们都是存着谦卑的心来作研究，而把研究事工做为感恩的祭献与造物主。

## 六日创造其意义何在？

造物主既然造了人，祂也为人定下作息。因祂知道人需要休息，所以祂以创造的史实来给我们一个模范，六日创造，第七日休息。造物主无限的能力，眨眼之间就可以造成万物，“祂说有就有，命立就立”；论能力，祂不必要六日来创造。祂之所以故意用六日，是为要给我们一周七日周期，叫我们每一天都纪念祂是造物主。叫我们的生活以祂为中心，不偏离祂的诫命，过一个有福乐的生活。

这休息日是如何休息的呢？“称安息日为可喜乐的，称耶和华的圣日为可尊重的，而且尊敬这日。不办自己的私事，不随自己的私意，不说自己的私话，你就以耶和华为乐，耶和华要使你乘驾地的高处。”(赛 58)这是什么意思呢？不以自己为中心，而以造物主为中心。仰望祂，调整你我的心态。有人认为难得礼拜天不用上课，让孩子睡个懒觉，看看电视，轻松轻松。或是：难得礼拜天可以迟些起床，做礼拜上主日学，迟到一点不要紧(上课却不能迟到)。或是：“快起来，快穿好，今天我在教会要做主席，不能迟到的，赶快赶快！真气人，怎么还没预备好。”“喂，我的皮包哪去了？谁把我的皮包拿去了？”“快上车，快、快！”“你们怎么总是那么慢，气死我了！”

我们已经谈了造物主知道我们有休息的必要，所以用创造的事实来给我们七日的周期。我们也谈了休息是不以自我为中心，乃以造物主为中心；以能够专心亲近祂为可喜乐的。此外，这诫命更讲到全家敬拜主，以祂为家庭的中心。所以我们为父母者要培养儿女从小喜欢做礼拜，做礼拜不是一个重担，不是一件不得已的事；我们要想办法叫敬拜上帝在儿女心目中成为可喜乐的事。当然，如果我们自己不以敬拜上帝为可喜乐的，那就很难叫儿女喜乐。你自己是否享受到敬拜创造主的喜乐？是否享受与爱你的上帝亲近的喜乐？

礼拜天的你还是你，所以礼拜天的喜乐应该是平常的喜乐。我们不是“精神分裂”，所以不能是个“礼拜天的基督徒”。礼拜天要喜乐，其他每天也要喜乐；不然的话，我们的喜乐不是真的，儿女会看出是假冒为善。喜乐是耶稣应许的：“这喜乐也没有人能夺去”。向耶稣求吧！给儿女一个喜乐的生活环境，以上帝为乐吧！

礼拜天要以敬畏的态度朝见上帝，不要随随便便，认为迟到无所谓。但是，又怎样避免赶时间呢？问题是在乎我们的心态，不是身体。因为，如果有敬畏的心态，我们星期六就开始预备，不要太迟睡觉，时间上要安排好。礼拜天要用的衣物也先预备好，奉献也先预备好，要带的东西可以星期六晚上先放进车子里。早餐要简单，可以带上车吃的（如果到教会需一段时间，可以在车上吃轻便早餐，如面包，免得多一件要“赶快”的事）。

尽量使礼拜天成为全家高高兴兴在一起的日子，口中常有感谢和赞美的话，让全家活在轻松喜乐的气氛中。

有客来怎么办？请再读第四诫：“寄居的客旅”。有客来，带他们一起去敬拜上帝。或说，“他们只来一天，我要带他们去玩”，你可以做完礼拜再去玩。“要去的地方较远，要开几个钟头的车子，要一大早出发。”你也可以在目的地来个家庭式的礼拜，我家去度假时常在郊外做礼拜：有诗歌、有祷告、有读圣经、有简短讲解圣经;每人有份,以上帝为中心,这也是十分喜乐的事!

孩子们的活动也要有计划,今天的社会不尊重上帝,有好些活动常在敬拜上帝的时间举行,如球赛、音乐课程、舞蹈等活动。我们要让小孩从小了解尊敬上帝的重要性,因为上帝说:“尊重我的,我必重看他;藐视我的,他必被轻视”(撒上 2)。让儿女知道拣选不与敬拜上帝的时间冲突的活动,孩子不需要什么活动都参加,帮助他们用长远的眼光来选择活动:这活动五年后有什么价值,十年后有什么价值。慢慢训练他们以永恒的眼光来审核各样事务,那么,他们才能选择有永恒价值的事情来做。

如果你是老板的话,这一诫命也叫你知道如何安排员工的工作时间。一般来讲(除了救命之类的工作),员工也要安息,也要敬拜。所以最好主日他们也放假,商店或餐馆等类的生意不必礼拜的时间营业。只要我们照着造物主的旨意,祂必祝福,不要怕收入不够用,上帝会补足,祂是宇宙之主。

造物主在这一诫命中也特别告诉我们安息日的来源和定为圣日的缘由。这一方面对父母也非常重要,特别是对科学和科学家的学说有兴趣的人更是如此;或者儿女问你说:上帝是否真的在六天之内造了万物?或是,有没有人见过活的恐龙?或是,有没有外星人?下面我们会谈到如何教育儿女不迷信,且有分析能力,能分辨真假,不盲从,能慎思明辨,审核信息。

## 慎思明辨之道

当我们照着主的教训和警戒而教养儿女的时候,我们要尽所能地以言语、行动和态度来说明这位造物主的教训都是为我们得益处,而且是完全合理的。

教儿女第四诫的时候是一个好机会来讲到这一原则,造物主特别告诉我们安息日的来源和定为圣日的缘由:“因为六日之内耶和华造天、地、海和其中的万物,第七日便安息。”这一点在今天的社会用来教养儿女也是非常重要的。十诫是上帝自己写的:“因为六日之内耶和华造天地,第七日便安息舒畅。耶和华在西乃山和摩西说完了话,就把两块法版交给他,是上帝用指头写的石版”(出31);“耶和华吩咐摩西说……其上的字我要写在这版上”(出34)。既然是上帝用指头写的,绝对不会错,而且祂一再说明是因为祂六日创造,才有安息日和七日一周。我们的孩子因受今日外界的影响,或以为天地是千千万万年,恐龙等动物是千万年前的,那时没有人,其实这些说法都是进化论的假设。我们要教他们如何分辨真假,这样他们就不至于迷信了。

让我们以此为例,看看如何教儿女审核信息。在一本初中课本第一、二面:“恐龙六千五百万年前已绝种”这句话说了八次。你可以这样问你的孩子:

“这话是真的吗?”

“是真的。”

“你怎么知道是真的?”

“课本上说的。”

“课本是谁写的?”

“作者。”

“他怎样知道?”

“他是科学家。”

“科学家如何知道恐龙六千五百万年前绝种?他有没有看见?”

“没有,那时没有人。”

“如果没有人,他们用什么方法算出来的?”

“他们用科学方法算出来的。”

“什么是科学方法?怎么算?”

这种以问题来引导儿女思考以致发现真假的方法的确很花时间,但到头来你是教会他习惯来客观地思考。以后长大了,他自然会慎思明辨。我大女儿读研究院的时候,有一天告诉我:“妈,我发

可能没有进化呢?"那我们就要自幸,因为他们会思想了,不再是人云亦云,不再是迷信,乃是慎思明辨,有分析性的头脑,有审核性的思想,不是跟着人群跑,跟着人群喊。是真理才跟从,不是真理就不跟从。因为,真理是不变的事实。

这位全能的造物主,能在六日之内造天地吗?如果祂是全能的,祂当然能。事实上,祂要用更短的时间也可以,因祂"说有就有,命立就立"。

那么,恐龙是什么时候的动物?六日创造有何意义?

上帝"说有就有,命立就立"。本不需六天创造,但是祂用六日创造。为什么?当然,我们要问上帝才知道全盘答案。不过,从祂第四诫的启示,我们可以知道其中一点:上帝要我们六日工作,每日记念祂的创造奇工。第七日休息,专心记念我们的创造者,较正我们的步伐,以祂为我们生活的中心。申命记第4章记载,"你们要听从遵行,好叫你们存活。""这就是你们在万民眼前的智慧聪明。""总要传给你的子子孙孙,教训儿女这样行。""使你和你的子孙可以得福,日子得以长久。"

## 培养孩童求真

教养的内容必须是真理。上次我们讲到教养内容的一个重点是真理的创造者所给我们真理的诫命,这些诫命是要我们和儿女得福气,过快乐的生活,我们爱儿女,必须将这得福之途教导他们。在教导的过程中,因为事事要符合真理,所以也要教他们如何分辨真假;不迷信、不盲从、有审核性的思考力,这种认真的态度和思想也是要自幼培养的。

我们以十诫中的第四诫为例子,训练儿女求真的思考力。当我们发现教科书上所讲的"恐龙六千五百万年前已绝种"的说法是没有科学事实支持的时候,我们的儿女可能会问更多的问题。我们做父母的不要怕,如果我们当时不知道答案,我们可以与儿女一同寻求真理。真理是不怕问的，越问越清楚，终究会水落石出。

那么恐龙是什么时代的动物？六日创造又有何意义？

单单根据科学的事实(记得吗？事实和构想是两回事)，我们知道有极多的恐龙化石在世界各地，但科学还没有办法测出这些化石的实际年龄。我们也知道，你我都没有见过这种大爬虫，但是，你知道在1977年4月，日本的渔夫钓到一只海怪吗？(在新西兰公海，据进化论所说是和恐龙同时绝种的。)你知道在热带森林地区居住的人有很多看见过类似恐龙的生物吗？你知道恐龙的脚印与类似人的脚印出现在同一石层上吗？你知道发现恐龙化石及脚印的地层也埋下铁锤和类似人的手指的化石吗？你知道有身长十一尺半的巨人骨骼吗？……原来，存在好多不支持进化论的科学事实，我们都不知道。有些与恐龙化石同“年代”的木头，用碳十四计算法只算出几千年。如果我们自己不被洗脑，我们就很容易注意到这些事实，也就容易教导儿女：恐龙可能与人同时存在。有些科学家的猜想不一定对，恐龙也不一定是千万年前的生物，这些还需进一步的研究。

如果圣经真是创造者的启示，那么圣经又有什么数据可以帮助我们呢？这些资料是否为科学的事实所支持的呢？我曾经和一位小孩对话。我问：

“圣经有没有告诉我们恐龙是什么时候的生物？”

“没有。”

“根据圣经，恐龙是怎样有的？”

“不知道。”

“动物是怎样有的？”

“上帝造的。”

“恐龙是不是动物？”

“是。恐龙也是上帝造的。”

“什么时候造的？”

"不知道。"

"上帝第一天造什么？第二天……？"

"是第六天造的。"

"人是第几天造的？"

"也是第六天。"

"那么有没有人见过恐龙？"

"应该有吧？！"

"那么，恐龙是什么时候的生物？"

"应该是跟人一起的。"

"记得挪亚方舟吗？"

"记得，挪亚造了一艘大船，每类动物都有带上船，不然就被洪水淹死了。"

"恐龙有没有进方舟？"

"没有。"

"为什么没有？"

"因为恐龙太大了，方舟放不下。"

"恐龙有多大？"

"好大。有一百尺那么大。"

"恐龙有多大？"

"可能不只一百尺！"

"恐龙有多大？"

"…… ……"

"人有多大？"

"六尺。可能六尺半。"

"人有多大？"

"…… ……"

"你弟弟有多大？"

"他才出生，只有一尺多，我想是廿寸。"

"他是不是人？"

“是。”

“恐龙有多大?”

“呀,我知道了,恐龙也有刚出生的,也有恐龙弟弟妹妹。恐龙有大有小,挪亚可以带还没有长大的恐龙进方舟,小恐龙也是恐龙。”

事实上,上帝叫约伯去看的那两只动物很可能一只是长颈长尾的恐龙,一只是喷火的恐龙。中文圣经翻译的时候因为找不到更合适的名称,所以用“河马”与“鳄鱼”来翻译这两个不知道的名称。你可以自己去看约伯记 40 及 41 章,就发现这两只巨大的动物一点也不是“河马”和“鳄鱼”。古代称这些大动物为何,我们不知道,所以当巨大爬虫化石被近代人(三百年)发现的时候,人就给它起了新名字——恐龙。

根据圣经,洪水之后动物出方舟,恐龙也出来,但没有进方舟的许多恐龙被埋被淹,便留下许多化石。洪水之前的世界与现在的世界不同,“末世必有好讥诮的人……他们故意忘记……当时的世界被水淹没就消灭了。但现在的天地,还凭着那命存留”(彼后 3)。当时的世界环境未被破坏,人活到九百多岁,比现在长命不只十倍,很可能动物也活很久。现在的爬虫类身量不停地长大,不像人,人到某一个年龄就不再长大。恐龙是爬虫,可能也活得久,长得大。如果这样的话,以前的恐龙会比现在的大好多。我们知道洪水之后几百年,约伯时代还有这种巨大生物,因为上帝还叫约伯去看。我们知道生物一直在绝种,这是人的罪所带来的咒诅,陆地上的巨型爬虫可能也难逃绝种,但可能也还没绝种,不过少了,也小了,只能在茂密的森林水泽存活。近闻有人去找,据说见到六次,但只录到声音,没拍到照片,因为在热带森林跋涉之后,一些器材都失去功能。水里的水怪还没有绝种的可能性相当大,因为洪水对它们的影响没有那么重大。圣经的指示更符合科学的观察。

## 当孝敬父母

让我们继续谈教养的内容，我们要教儿女一切的真理，而最基本的真理是创造者所给我们的十诫。现在进入第五诫：

第五诫：当孝敬父母，使你的日子在耶和华你上帝所赐你的地上，得以长久。

教导儿女孝敬父母最好的办法就是以身作则。我们自己孝敬父母，如果父母已不在，则我们对长辈的尊敬也可以帮助儿女了解。那么，什么是孝敬呢？圣经中充满着这方面的指南。如："敬畏耶和华是知识的开端，愚妄人藐视智慧和训诲。我儿，要听你父亲的训诲，不可离弃你母亲的法则。"（箴 1）儿女要听，不可离弃父母的训诲和法则。父母不是自作主张，照着自己的意思训诲和设立法则，而是敬畏耶和华，以造物主的训诲和法则来教导儿女，目的是要让儿女敬畏上帝，谨守祂的诫命（传 12）。这样儿女就有"长久的日子，生命的年数与平安"；"在上帝和世人眼前蒙恩宠有聪明"；"右手有长寿，左手有富贵，他的道是安乐，他的路是平安"（箴 3），满有各样的福气。

有人以为孝敬就是听话。父母要你做的，你绝对顺从，那就是孝敬吗？

有一位受过高等教育的先生，他父亲不喜欢他的太太，理由是太太的嫁妆不让父亲满意（可能还有其他没讲出来的原因）。儿子结婚八九年了，也有了小孩，父亲一定要儿子离婚。这儿子从小听父亲指挥；听父话就有钱给，不听就没有钱。结果他顺从父亲离了婚，他太太哭着对我说，她丈夫不是坏人，只是没有主见，父亲说，他就照着做。你想这是孝敬吗？

"你们作儿女的，要在主里听从父母"，"你们作父亲的，不要惹儿女的气，只要照着主的教训和警戒养育他们"（弗 6）。"在主里"是在主的范围里面，照着主的心意。所以孝敬不是盲目地顺从，盲目的顺从就等于把父母当作偶像来敬拜了。同样的，父母也不是照着自己的意思来教导（照着自己的意思就等于把自己当作上帝了），而是要照着主的教训和警戒来养育。总而言之，父母与儿女都要以创造者的旨意为准绳，因为人际关系是创造者所设计的，必须照着祂的指示，才能达到设计者原来的目的。

孝敬也是一种心态，不是单单有行动，更是爱的表现。我女儿在讲座上这样说："爱的表达必须有三方面，才能将爱沟通给对方。第一，要以话语表达。第二，要有行动来支持爱的话语。第三，要有适当的态度来支持爱的话语和爱的行动。"

她举了一个例子，她说：要是一个男子要向一个女子表达他的爱意，他要以话语表达；告诉她，他爱她。然后以行动支持这话语，比如买一盒糖果送给她。但是，还有第三方面，态度要支持话语和行动。如果他买了糖果，拿去给她，但用随便、不经心的口吻说："哪，我爱你，这糖果是给你的。"把糖果往桌子上一丢，你想这样能够沟通出爱吗？对方会感受到爱吗？反过来说，如果他有行动和态度上的表达，但是没有以话语表达，她也只能猜想，不确实知道他是否爱她。如果只讲，没有行动，同样不能表达真爱。事实上，天下有多少悲剧，就是花言巧语导演出来的。这三样，不可缺少其一。

孝敬父母是爱的表现，必须有爱的沟通。不是单单给他们钱，供应他们物质上所需，更是要以态度和言语表达尊重。不是盲从，而是"在主里"听从。

圣经中充满与孝敬有关的智慧话语，箴言中就有许多智慧的话，帮助我们实行孝敬父母。如："智慧之子，使父亲欢乐，愚昧之子，叫母亲担忧。"（箴 10）智慧之源在创造者，儿女顺服创造者就有智慧、不愚昧。"智慧子听父亲的教训，亵慢人不听责备"（箴 13）；"愚妄人藐视父亲的管教，领受责备的，得着见识"（箴 15）；"愚昧子使父亲愁烦，使母亲忧苦"（箴 17）；"子孙为老人的冠冕，父亲是儿女的荣耀"（箴 17）。我们的管教是根据圣经的真理吗？我们是儿女的荣耀吗？儿女们以我们为光荣吗？

“虐待父亲，撵出母亲的，是贻羞致辱之子”（箴 19）；“你要听从生你的父亲，你母亲老了，也不可藐视她”（箴 23）；“义人的父亲，必大得快乐，人生智慧的儿子，必因他欢喜。你要使父母欢喜，使生你的快乐”（箴 23）。智能与知识是不同的，不要以为你的儿女智商不高，就没有智慧。知识丰富的不一定有使用知识的智能，事实上，知识丰富与智能可以无关。前天有一位父亲告诉我，他只有读完小学，没有知识，他的儿子今年进了大学，看不起他。常常说：这个你不懂，那个你不会。这位父亲说：“就是因为我没读够书，所以什么都不懂，在家里只有闭口不言，孩子的事都是母亲作主。”孩子问他什么，他都说去问你妈好了。太可怜了！同样的情形，如果儿子有上帝的话在心中，可能表达完全不同。可能他会常存感恩的心：“爸，这新的机器用法有点特别，让我慢慢解释给你听。”“爸，这件事让我替你办好吗？”

“谨守律法的，是智慧之子，与贪食人作伴的，却羞辱其父。”“与妓女结交的，却浪费钱财。”“放纵的儿子，使母亲羞愧。”我们每天全家一齐读上帝的话，叫儿女从小认识真理，让上帝的话成为全家遵从的标准。

“打父母的必要把他治死”，“咒诅父母的必要把他治死”（出 21）。看到今天社会的颠倒，有时父亲无理恶打儿女，有时合理的管教却被社会假以虐待儿女的罪名，强迫把父母儿女分开，还要控告父母！儿女咒诅父母是常见的，更有杀害父母的！

“要孝敬父母，使你得福，在世长寿，这是第一条带应许的诫命。”（弗 6）

## 不可杀人

就像每一台机器的应用须知一样，造人的也告诉我们“为人须知”，免得我们遭殃。我们为人父母者为了儿女的好处，必须将这知识传给他们。圣经中的十诫就是“为人须知”的第一课，是最基本的，不遵从者是自己吃亏。让我们继续：

第六诫："不可杀人。"

每一文化都有这方面标准，但又各不全是一样的。有的文化认为在为家人报仇的情形下是可以杀人的，杀人者偿命嘛。有的文化认为杀死杀人凶手是公义，而有的则以为杀死杀人凶手也是杀人，所以不应有死刑。各方辩论纷纷，莫衷一是。到底创造者的标准是什么？十诫中只简单地说："不可杀人。"

明显的杀人，我们都同意是罪。但是今日的社会有一些不明显的杀人，其中发生最多的就是杀无辜的人。虽然这些人的呼救声，我们听不见；他们的挣扎，我们看不到；但是，杀人还是杀人。造物主的诫命是："不可杀人。"这些被杀的人在人的历史或户口登记上可能无名，但在上帝的册上却是已经登记在册了。

"我在暗中受造……那时我的形体，并不向你隐藏。我未成的体质，你的眼早已看见了。你所定的日子，我尚未度一日，你都写在你的册上。"（诗 139）

你想，这些未成形的婴儿是人吗？社会辩论不止。但是，谁是那位有权柄定标准的呢？只有创造生命的那位。从上面的那段圣经，你是否了解创造生命者的意思？

一位年轻的太太，从中国嫁到美国，以为美国是满地黄金，华侨都是富人。哪知来了美国之后才发现丈夫不但不富有，而且常常打她。她发现自己怀孕，就打算不要这孩子，要堕胎。当我有机会和她读到诗篇这一章时，她惊叹说："已经注册了！"是的，已经注册了。他的日子还未度一日，造物主都写在册上了。

一位有了三个孩子的母亲，急着介绍我认识她的小儿子，约有四岁。她满面笑容地说："就是他！"这孩子几乎被杀害了。当时他父亲强逼母亲去堕胎，但当这位母亲知道圣经的话之后，她坚决不去堕胎。现在，这可爱的孩子又活泼又健康！

正是这位母亲，当时在丈夫的强迫下定了次日要去堕胎，然而，在上帝话语的亮光下她知道那是不应该的，但又害怕丈夫。当她听到真神上帝造物主实在的证据被阐明之后，她愿意请耶稣为她个人的救主和生命的主人。但是丈夫的怒气怎么应付呢？我告诉她，我不知未来，但我知道圣经的应许是实在的！因为造物主是信实的，又是全能的，祂的应许是："我们晓得万事都互相效力，叫爱上帝的人得益处。"（罗 8）那么，我们只要做爱上帝的人就够了，因为我们必得益处。谁是爱上帝的人呢？"你们若爱我，就必遵守我的命令。"（约 14）答案出现了：遵守造物主命令，万事都会互相效力，叫你得益处。那天，我离开她的时候，她还没做决定。但当天她取消了预约，不去堕胎。她丈夫呢？很奇妙的，上帝叫她丈夫一反常态，只是说："你要怎样就怎样吧。"

还有一位太太，因为丈夫对已有儿女随意打骂，她很生气，不愿再生一个，决定要打掉。她丈夫不想她这样做，但是，劝她骂她，软硬并施都无效。次日早上七点就要进行堕胎，他们有一位朋友，非常关心此事，但这位太太不接见，把电话挂掉，不听电话。那位朋友凭着主耶稣的爱，不怕闭门羹，于晚上十时，不顾一切，直闯这对夫妇府上。太太不接见，但丈夫一筹莫展，心急之下，愿意交谈。在这情形之下，丈夫发现一向自以为是，傲气凌人，以为什么都可以照自己的意思做，但是，现在发现自己是大错特错了，于是谦卑下来，请主耶稣赦免他，做他的主人。上帝行了奇事，在丈夫悔改的情况下，三岁的小儿子一连三次翻开圣经诗篇 139 篇给妈妈看。最后，她同意屈服在造物主爱的命令之下。

这类个案还很多，全能的上帝，爱我们的主，告诉我们怎样活出一个丰盛的生命。但祂不强迫我们，把决定的主权交给我们。你要怎样选择，你，只有你，有这主权，选择生命，不要选择死亡；选择爱，不要选择恨；选择做聪明人，不要选择做愚拙人；选择将自己交给全能爱你的造物主，不要选择自作主张，自食其果。

当我看到那些死里逃生，肥肥胖胖可爱的婴儿和孩子们，我常心里自问：世上哪有父母忍心杀死自己骨肉呢？他们现在怎么想？现在这么疼爱这些孩子，是否因为以前还没有见过面，就试图忍心杀害呢？这些孩子怎么想呢？这么关心我的父母为什么要害我呢？这些不敢出口的问题，对父母儿女各有什么影响呢？如果他们早想了这些问题，又会做怎样的结论呢？但是，唯一正确的答案其实就是遵从造物者智慧的设计，不要自作聪明。一部机器要达到原来设计的目的，必须遵从设计者的指定来操作；要不然就是自找麻烦，自讨苦吃。

圣经多次警戒人，不可杀无辜者。如："不可杀无辜和有义的人"（出 23）；"要从以色列中除掉流无辜血的罪，使你可得福"（申 19）；"又因他流无辜人的血，充满了耶路撒冷，耶和华决不肯赦免"（王下 24）。

圣经说，当人行罪恶时，地就被玷污了，地就把人吐出（利 18）。世上多数的人的意见不一定是真理，我们要顺从造物主，因为真理在祂那里。我们是否为了每天多少无辜的血被流，无辜的人被杀而悲痛？让我们教导儿女，未成形的人一样是人，不可杀人。过去廿多年，自从美国高等法院通过堕胎合法之后，已记录了三千万无辜的婴儿被杀害。只怕地会把其上的居民吐出来！求上帝怜悯！

## 如何消除怒气？

我们讲到教养的内容，是要照着创造主的教训和警戒来养育。创造主教训和警戒的第一课就是祂自己手指写在石版上的十诫。在这现代社会，讲十诫好像古老，但是，创造主的真理并不因时间而改变。因为不变的事实才是真理，所以十诫不会过时的，是常新的，跟现代生活极有关系。因此，如果不教导我们的儿女，不但没有向创造主负责，也害了儿女。前面讲到第六诫是"不可杀人"，杀大人是杀人，杀小孩是杀人，杀未出世的婴儿也是杀人。

（一）恨人导致杀人

事实上，上帝的标准比我们想的还高。我们说，你看，我没有中断过一个人的生命；没有人因为我的行动丧生。但是圣经说：

"耶和华不像人看人,人是看外貌,耶和华是看内心。"(撒上 16)人只看外貌,道貌岸然就是了;哪知上帝看人,里外一齐看。我们还没有成为行动的思想和意念,都陈列在上帝面前,一目了然。耶稣解释给我们听:"你们听见有吩咐古人的话说:不可杀人。凡杀人的难免受审判。只是我告诉你们,凡向弟兄动怒的,难免受审判。凡骂弟兄是拉加的,难免公会的审断。凡骂弟兄是魔利的,难免地狱的火。"(太 5)拉加和魔利分别是亚兰文和希腊文,都是骂人无用、废物、笨蛋、不尊重人、看不起人的话。啊,原来我们动怒,我们鄙视他人,在上帝看来就和杀人一样,因为上帝以杀人的动机是恨、是怒、是不尊重。我们心中有这种念头,虽然手脚没有动作,但已是错了,是置我们于死、于地狱的火的罪,多么可怕!报上登有新闻,朋友二人一同去酒吧饮酒,因事口角,在盛怒之下一人把友人打死。怒气是导致杀人的因由。历史上希特勒轻看犹太民族,杀死了多少人!最近非洲两个民族互相仇恨,自相残杀,死了多少人!是的,不要以为只有意念思想,没有行动就不要紧;如果意念思想不被控制管理的话,由它继续存在,必会带来行动。上个月美国中部联邦大厦被炸,死了一百六十七人,伤了五百多人,为什么?因为仇恨,因为怒气。并不是与被炸死的人有仇恨,也不是向其中那十九位被炸死的幼儿发怒,而是凶手心中无名的恨与怒。请看今天的社会,到处充满着恨与怒。你看见路上开车的人常有怒的表现吗?因为家中充满着怒气,老板满肚子的怒气,向工友发作;工友的怒气,回家向妻子儿女发作;孩子的怒气向小猫小狗发作。我常见到一些人,好像气球一样,一碰就会爆炸!

(二)爱心把怒气消除

怒气的控制要从小教育,不是教他不要发作,而是教他消除怒气。如何消除怒气呢?圣经说:"恨能挑启争端,爱能遮掩一切过错。"(箴 10)所以要消除怒气就要以爱取代恨,而爱是从上帝来的,我们爱,因为上帝先爱我们。只有当我们经历了上帝的大爱和赦免之后,我们才明白爱,才能自然地懂得去爱。我们蒙了上帝的赦免，我们才懂得真正地赦免别人，因此转恨为爱。让我们为人父母者趁早活出上帝的爱，叫儿女容易体会到上帝的爱，接受祂的爱，一方面自己得称为上帝的儿女，享受祂的爱。一方面也能爱人，甚至爱仇敌，为他们祈求，正如耶稣为钉祂在十架上的人祈求："父啊，赦免他们，因为他们所做的，他们不晓得"（路 23）；"凡恨弟兄的，就是杀人的，你们晓得凡杀人的，没有永生存在他里面。主为我们舍命，我们从此就知道何谓爱，我们也当为弟兄舍命"（约壹 3）。所以，"我们相爱，不要只在言语和舌头上，总要在行为和诚实上（意思是，要行在真理上）"（约壹 3）。

当儿女有怒气，有仇恨，有看轻他人的时候，父母要留意，要耐心地传达上帝的爱。祂如何爱我们、怜恤我们，为我们而死，要叫我们可以脱离罪恶的捆绑，进入祂的爱中。让儿女了解我们悖逆得罪上帝，但上帝以爱待我们，不是以怒气和仇恨。祂恨的是罪，不是罪人。因为罪害死我们。祂爱我们，不愿我们被罪所害。人家得罪我，还可以爱这个人。有不公道之处上帝会处理，因为祂说"伸冤在我，我必报应"（罗 12），我们只要照上帝的吩咐"以善胜恶"。

当我们知道这真理之后，就要练习，在每天生活中求上帝提醒。每当有怒气仇恨，有看不起他人的倾向的时候，就立刻祷告，求上帝帮助我停止这种意念，同时，求上帝叫我们看见人人都是照着上帝的形像被造的，我要爱他、尊重他。父母学习，儿女也学习。第一天学不好，失败了，不要紧，再接再厉，求上帝帮助。父母儿女一同学习，彼此鼓励，使家庭的气氛是活泼的、上进的，彼此鼓励，而不是彼此批评埋怨。

社会暴力直线上升，太可怕了，因为没有遵从上帝的诫命。这些凶手，曾几何时也是小孩子，怎么会变成这样呢？是否有不负责任的父母亲？这些不负责的父母是否根本不知道责任何在？是否因为有不负责的祖父母？这恶性循环不能继续下去了！你愿不愿意做中流砥柱？从你的家开始，从你自己开始！

## 不可奸淫

和第六诫一样,上帝的命令非常清楚简单:

第七诫:"不可奸淫"。

我买了一个简单的照相机,说明书第一项就有九条"诫命"。其中包括:不可用酒精等液体洁净照相机。第二页又有十二条诫命,其中包括:不可拆开电池等。在"怎样拿照相机"一页又有:不可触摸 ZOOM 镜头。不可这、不可那。为什么?无他,是设计制造者的好意,不愿我们弄坏了照相机。

你买了汽车,汽车厂的说明书告诉你,这车要用无铅汽油。你买了无铅汽油,车子开得动吗?开不动。为什么?因为汽车厂指定汽油要放进油箱里。你就是有汽油,但是不遵命放进油箱,而放到其他地方:倒进车里、倒在车上、倒在机器上。任何油箱之外的地方,车子不但开不动,而且会坏掉;甚至会发生火灾,整辆车子烧掉了!

你说:为什么?太专制了!汽油为什么不可以放在油箱之外的地方?太没有自由了。我的车子,为什么不能照着我所喜欢的来做?这是自由社会,我有自由处理我自己车子的权利。是的,你可以随心所欲,但如此行的结果你要承担;你不能怪汽车厂,车子坏了,汽车厂是不负责的。我的小照相机,如果不照着使用须知来使用的话,厂方的担保作废,厂方不会赔偿,也不会修理。因为不遵从厂方的"诫命",后果自负,自己承担吧。

同样的,造物主造了人,有性的功能。祂的设计是:性只可用在婚姻里面,用在婚姻以外,人就遭殃了。汽油本身是好的,但不照设计:不放在油箱里,车子就遭殃了——上帝所造人的性能,本身是好的,因为"上帝看着一切所造的都甚好(极好)",但不照设计:不放在指定的地方——婚姻里,人就遭殃了。

我们必须谦卑地承认:造物主比我聪明,我要顺从祂的设计。就像顺从车厂的设计,不要自作聪明。请看我们的家庭,我们的社会，因为违反了这一诫命所带来的祸害痛苦有多大、多深！我们要清楚地教导儿女这一诫命，叫他们得福气。你爱你的儿女吗？把真理传给他们吧！

造物主的诫命是真理，不会因时代和区域而改变。今天的社会有许多美丽的字眼，连罪也给美化了！但是，美化了的罪还是罪。罪就是没有达到造物主的标准，而这些规定，都是要我们得福，不是要缚住我们，套给我们枷锁，叫我们生活失去自由或色彩。人是祂造的，祂知道怎样才带给人真正的快乐、自由和五彩缤纷的人生。

人的罪就是自作主张，不顺从造物主的话。罗马书第1章告诉我们，因为人“不荣耀上帝，也不感谢祂，他们的思念变为虚妄，无知的心就昏暗了。自称为聪明，反成了愚拙”。成了愚拙之后所犯的错误第一项就是拜偶像，第二项就是行奸淫，“逞着心里的情欲行污秽的事，以致彼此玷辱自己的身体”。

据统计，美国的中学生约有四分之三是未婚就有性行为，美其名曰“性活跃”！洁身自守的占少数。我们的儿女在这环境中，要洁身自守，谈何容易。社会没有帮助我们，反而带给我们的儿女相反的讯号。他们天天面对这群“性活跃”的同学——这群学生以奸淫为荣，认为是长大成人的记号。这群“性开放”者冷嘲热讽那少数不肯同流合污的青年人，认为他们怪异，不接纳他们。“他们在这些事上，见你们不与他们同奔那放荡无度的路，就以为怪，毁谤你们。”所以，我们为人父母者要多花时间和儿女沟通，谈造物主的话，了解他们日常在学校社会里所受的压力。不但同侪所加的压力，更有师长所加的压力，因为师长中也有不少犯奸淫的。“他们不但自己去行，还喜欢别人去行。”

我们的家庭要温暖和睦，相亲相爱，叫儿女喜欢回家，喜欢和家人交谈，互道心声。叫他们在充满奸淫的世代能站立得住；也清楚知道将来有造物主的审判。“他们必在那审判活人死人的主面前交账”（彼前4）。希望我们的儿女不但自己站立得稳，交账的时候可得称许，而且可以影响他们的同侪行在正路上。

婚前的奸淫往往带来婚姻的不稳定，因为互相不信任，互相猜疑——既然他以前曾经犯奸淫，我怎么知道他现在不会再犯？婚姻如果失去了信任，就会出现很多问题。有时是杯弓蛇影，自己猜疑。有一位太太，回家时看到丈夫的外套在床上，就认为丈夫一定去找女朋友，强加质问。这样的猜疑会令对方很难受，有时也因此真的演变成为婚外情。婚前的行为也常常成为彼此真正认识的拦阻；因为将注意力放在情欲方面而忽略了认识彼此的个性、价值观、思想、心理等。

我们要让儿女清楚上帝定下的，不能违背、不能有例外。不能说：我是一个特别的情形。今天社会也有不少婚外的奸淫；它带来的痛苦后果，我们都知道，多少无辜的孩子，因为父母婚变而受到莫大的损伤和痛苦。我自己认得不少这种人，他们一生都承担着后果。

（一）“顺性”与“逆性”

房屋都是有人建造，建造万物的就是上帝。每一位设计者都用他的心思来设计，为了叫被设计的机械不被破坏，设计者会告诉我们什么可以做，什么不可以做。人类的创造者也是如此。

我们提到奸淫时便连及想到婚前的性行为及婚外情，但圣经还提到更进一步的奸淫，罗马书第1章称之为“逆性”的奸淫。奸淫已经是罪大恶极，因为是违反了创造者的设计，必定玷辱自己的身体，是污秽的事。逞着心里的情欲，我行我素，不遵守创造者的指示，所以自讨苦吃。圣经说：“自称为聪明，反成了愚拙。”（罗1）有一次，我替一位性病患者打针，我心里想：一个正常人打了这两针，看看那针那么长，那么粗，应该不再行奸淫了吧！但是，世上却有不少自暴自弃，一点不爱惜自己的人，一再地刑罚自己！

“逆性”的奸淫是更厉害地刑罚自己。“他们放纵可羞耻的情欲，他们的女人，把顺性的用处变为逆性的用处。男人也是如此，弃了女人顺性的用处，欲火攻心，彼此贪恋，男和男行可羞耻的事，就在自己身上受这妄为当得的报应”。

同性恋是逆性的，因为上帝没有这样设计。今天也有人要告诉我们的儿女，说同性恋只是不同的生活方式。他们甚至说：科学证明有人生来是同性恋的。事实上，科学没有这么说，只是有某些科学家这么说而已（记得科学与科学家的分别吗？前者是人人可观察，可重演的事实；后者是某人的意见，不一定是事实）。造物主明显地把“顺性的用处”放在婚姻里头，当造物主设立婚姻的时候，是“一男一女”，吩咐“人（男人）要离开父母，与妻子（女人）连合，二人成为一体”（创2）。还祝福他们要“生养众多”。明显的，上帝的设计是一男一女结合成为一体，任何多么动听、多么美化的话语都不能改变造物主的设计。

曾听有人说：罗马书的“顺性”“逆性”不是讲到同性恋是逆性的；而是说，如果一个人生来不是同性恋者，他去做同性恋行为，那么是逆性的。但是，如果一个人生来就是同性恋者，那么同性恋对他是“顺性”，不是“逆性”了！其实，逆性是逆了上帝造人的性。请看圣经的话：他们是“欲火攻心”，“放纵可羞耻的情欲”。这是真正的缘由——“放纵情欲”与其他的罪行一样：“肉体的情欲，眼目的情欲，今生的骄傲，都不是从父来的，乃是从世界来的，这世界和其上的情欲，都要过去，惟独遵行上帝的旨意的是永远常存”（约壹2）。魔鬼时刻在寻找可吞吃的人，它利用我们的私欲试探我们，引人犯罪，好毁坏人。“但各人被试探，乃是被自己的私欲牵引诱惑的。私欲既怀了胎，就生出罪来，罪既长成，就生出死来。”（雅1）所以我们要小心，靠自己胜不了魔鬼，惟有依靠那“也曾凡事受过试探，与我们一样，只是他没有犯罪”（来4）的大祭司耶稣基督，才能胜过魔鬼的诡计。

圣经上有许多的教导，许多历史的记载，记载真人真事，叫我们得智慧，从历史学到榜样和警戒。我们每天与儿女一同读上帝的话，一同祷告，就会在很自然的情况下谈论到造物主的设计和祂的爱：“各样美善的恩赐，和各样全备的赏赐，都是从上头来的。”

“爱是不喜欢不义，只喜欢真理。”一切的不义都要不喜欢，色情视闻不是“义”，所以不论夫妻或是未婚的人看色情的画报都是不好的。我们要“不喜欢不义”，提摩太后书2章：“人若自洁，脱离卑贱的事，就必作贵重的器皿，成为圣洁，合乎主用，预备行各样的善事。你要逃避少年的私欲，同那清心祷告主的人追求公义、信德、仁爱、和平。”我们要逃避，因为不逃避的话，会上了魔鬼的当。“你们的仇敌魔鬼，如同吼叫的狮子，遍地游行，寻找可吞吃的人，你们要用坚固的信心抵挡他”（彼前5）。魔鬼是积极寻找要吞吃我们和我们的儿女，我们岂可不留意，岂可随随便便？一不小心，岂非被害，落得千万个叹息和后悔？

你可知道，每一样新的媒介，很快就会被罪恶利用？不久之前，有一家人发现他们十多岁的儿子，用电话收听色情音讯。这些电话是收费的，所以当账单来了才发现。更可怕的是，在计算机的信息中，有许多色情的信息，是免费可得的。我们为人父母的怎能一天到晚管着儿女不接触这些信息呢？唯有带他们从小得到耶稣基督的生命，从小读上帝的话，自己向上帝负责任。这世界，道高一尺魔高一丈，没有创造者的生命，没有圣灵的带领，没有耶稣基督的保守，怎能胜得过魔鬼的势力呢！

今时今地，教导儿女要有圣洁的思想，太难了！但是，圣经应许“我靠着那加给我力量的，凡事都能作”（腓4）。让我们教导儿女依靠那加给我力量的全能造物主。家里的电视节目不要随便看，色情的节目不要看，千万不要以为没关系。关系可大呢！垃圾进去，垃圾出来。从眼睛进到头脑，不知不觉就污染了内心。电影、杂志、画报都要小心，家里要有共同的标准，共同的“律法”，对小孩不好的，对成人也是不好，一同追求圣洁。

“至于淫乱，并一切污秽，或是贪婪，在你们中间，连提都不可，方合圣徒的体统。淫词、妄语和戏笑的话都不相宜，总要说感谢的话。因为无论是淫乱的，是污秽的，是有贪心的，在基督和上帝的国里，都是无分的……因这些事，上帝的愤怒必临到那悖逆之子，

所以你们不要与他们同伙。”(弗 5)

“不要与他们同伙”。儿女的朋友是十分重要的,中国古贤曰:“近朱者赤,近墨者黑”。这是古今的观察(虽有出污泥而不染,但那是例外)。我们若有同道家庭——追求公义、信德、仁爱、和平者——与我们同心,年青人有适合的团体一起玩乐,互相鼓励,互相扶持,那就比单独作战要容易得多了。

申命记 6 章“我今日所吩咐你的话,都要记在心上,也要殷勤教训你的儿女,无论你坐在家里,行在路上,躺下、起来,都要谈论。也要系在手上为记号,戴在额上为经文,又要写在你房屋的门框上,并你的城门上”,应用在色情淫念的防止,乃是告诉我们为父母者要全人洁净,不容许淫念玷污我们的言语、生活、思想、住家和办公室。相反的,上帝的话要充满我们的全人和环境。只有这样才能敌得过那恶者的试探和诡计。“不要效法这个世界,只要心意更新而变化,叫你们察验何为上帝的善良、纯全、可喜悦的旨意。”(罗 12)我们和儿女要全人被上帝“更新而变化”,就如毛毛虫变化成蝴蝶。

我奉告每一位爱儿女的父母,每天利用一点时间,做一件最重要、不可少的事——和儿女一起读上帝的话,把上帝的话记在心上,让上帝的话充满我们和儿女的头脑,取代一切不是出于上帝的思想。这样,就能不效法充满色情淫念的社会,而能变化成为奇妙的生命,仍是善良、纯全、可喜悦的。因为上帝的旨意原是如此,“耶和华说,我知道我向你们所怀的意念,是赐平安的意念,不是降灾祸的意念,要叫你们有前途、有盼望”(耶 29)。

## 不可偷盗

亲爱的父母们,让我们继续学习真理,将真理记在心上,才能殷勤教训儿女,使他们活在创造者的爱中,得以享福,日子长久。

第八诫:“不可偷盗”。

有位年轻人偷了父母的钱，还理直气壮地说："我没有偷，因为我父母亲死了之后，他们的钱都是留给我的。他们未死之前拿，跟他们死了才拿有什么分别？"

这位年轻人没有学到不可偷盗的真理，还自以为是，说得似乎头头是道。请看圣经怎么说："偷窃父母的，说：这不是罪。此人就是与强盗同类。"（箴 28）

不可偷盗也是爱的一个表现，因为爱，所以尊重对方，因为尊重对方，所以尊重他的东西，不会擅自拿去用。既然每一个人都是创造者所造的，在祂面前都有一样的价值，一样是祂所爱的，所以我们要爱每一个人，也尊重每一个人。"富户穷人，在世相遇，都为耶和华所造。"（箴 22）

我们的儿女从小就知道到朋友家玩的时候，要尊重主人，不要自己拿玩具，更不可拿主人家的玩具回家。有时主人看见孩子玩得高兴，临别时见到孩子玩得依依不舍，会说："带回去玩吧！没关系。"但是我们的惯例是婉拒主人的好意，为要儿女从小学会尊重他人，让他们知道"借"与"送"有分别。

孩子偷盗，常是因为爱的沟通出了毛病。儿女没有体会到父母是全心全意全力爱他们，他们在爱中没有得到满足，所以要在物质上得到满足。但是，物质上的满足是"代替品"，不是正牌，没有办法真的满足人心。常见到少年人在百货公司偷东西，顺手牵羊，不是因为家里太穷，有需要没有钱买，而是因为不替商家想，只为满足自己当时的拥有欲，偷了几次没被发现，就变本加厉，越偷越大胆。但是，上得山多终遇虎，有一天被捉到了，叫自己和家人多难堪！

买东西找钱，店员找多了，要是我们以为无所谓，算了吧！没有把多了的钱归还，这也是偷的一种。耶稣说："你们的话，是，就说是，不是，就说不是，若再多说，就是出于那恶者。"（太 5）大偷是偷，小偷也是偷，无意的偷也是偷。所以，教孩子要黑白分明，孩子才学得到"不可偷盗"。

我发现成人之中有一种偷盗是相当普遍的——公物私用。办公室的纸张、信封、邮票等小东西,拿来用在与办公无关的事情上。事实上,这种贪小便宜的做法,也是违反了不可偷盗的真理,除非办公室明文说明可以这样做。我在科学实验室中也常见用公家的仪器,如复印机,做自己的事情。又如不尊重版权,不论是书本、录音带、录像带等,擅自复录等事。我们国人的福音机构也有时因发起人是一位布道家,用自己的钱传福音,公私无分。后来成为机构,还是公私无分,有时就带来金钱上不清楚的问题。看起来好像私用公款,但发起人常觉得自己是清白的,蒙冤不白;而从机构的账目上看,又不清不楚。如果开始设立机构时有清楚的说明及步骤,就可以避免这种不愉快的情形了。我们的儿女,要从小教导他们公私分明,一文不乱。记得我小的时候,爸爸当教会的司库,教会的钱总是另外放,不会跟家里的钱放在一起。每次记账都是分文不误。有时收支不平衡,相差几分钱,他也不放过,重新核算,就是算到半夜三更,也不罢休,一定要完全无误。这给我很深的印象。之后,当我自己作少年团契的司库时,也照样做。记得我当大学生团契辅导时,有一位当司库的同学,"借"了团契的钱先交学费,因为父母的支票还没有寄到。他以为过几天就可以"还"了,无所谓。但是,这是账目不清楚,涉及"偷盗"嫌疑。如果从小有清楚的教导,就不会有这种情形了。

基督徒中常见的一种"偷盗",是夺取上帝的钱。耶和华说:"人岂可夺取上帝之物呢?你们竟夺取我。你们却说:我们在何事上夺取你呢?就是在你们当纳的十分之一,和当献的供物上。"教会的牧者常常因为恐怕被误会,不愿意谈到奉献的真理。但是,十一奉献(事实上是十分之一和"当献的",所以不只十分之一)既是真理,又是上帝倾福的途径,如果牧者不讲,会友自己又没发觉,就会造成"夺取上帝的物"。基督徒父母要教导儿女从小有十一以上的奉献的习惯。小孩有任何收入——如新年红包等——都要立刻把十分之一分别为圣,奉献与上帝。青少年开始打工赚钱,也立刻先分别十一为奉献之用。我家的教导是十一奉献与自己的教会,再加上另外奉献福音机构和传福音的个人。圣经没有规定献十一,因为十一是起码,还有"当献的供物"。你会发现上帝并不是需要我们的钱,而是奉献是我们爱祂的表达。"先把自己献给主"(林后8),上帝会加倍地祝福,因祂是宇宙之主,是创造一切者。"万军之耶和华说:你们要将当纳的十分之一,全然送入仓库,使我家有粮,以此试试我,是否为你们敞开天上的窗户,倾福与你们,甚至无处可容"(玛3)。

不可偷盗,不偷人,不偷上帝。这是得福的途径。"耶和华的圣民哪,你们当敬畏祂,因敬畏祂的一无所缺。少壮狮子,还缺食忍饿,但寻求耶和华的,什么好处都不缺"(诗34)。

## 不作假见证

哪有父母不为儿女争取生命和福气呢?

"我今日呼天唤地向你作见证,我将生死祸福陈明在你面前。所以你要拣选生命,使你和你的后裔得存活,且爱耶和华你的上帝,听从祂的话,专靠祂,因为祂是你的生命。"(申30)

这是争取生命和福气的秘诀。

让我们继续来看这秘诀的一部分:

第九诫:"不可作假见证陷害人"。

什么是作假见证呢?让我们先看看什么是见证。见证就是你见到而证实的,如果没有见到或你自己没有经历的,就不能作见证。今天在法庭上,多少清白、冤枉分不清,是因为所谓"见证人"所说的,不一定是他们真的见到、经历到的。可能是幻想,可能是编造出来的,所以社会失了公平和公义。最近轰动全美国的谋杀案审判经过九个月的时间,控方提出七十二位见证人,辩方提出五十四位;控方花了纳税人九百万美元,辩方花了三百万;法庭记录五万多页。结果还不知道实情,因为不知道谁是作真见证,谁是作假见证!

我们说:世风日下。社会不遵守这条诫命,就没有公义了。没有公义，民也不安居了。“世人哪，耶和华已指示你何为善，祂向你所要的是什么呢？只要你行公义、好怜悯、存谦卑的心，与你的上帝同行”(弥 6)。

创造者所定下的律法实在合理，请看，如果上一代的父母亲把这诫命殷勤地教给儿女，这一代的社会就不是今天这样乱七八糟，黑白不分了。如果我们这一代为父母者照样糊涂，下一代真是不堪设想了！幸亏，我们有主权决定回头是岸，依照真理教养我们的儿女；依照真理影响其他父母，叫我们儿女的社会不致完全沉沦绝望。

那么，我们应该怎样做呢？多数的人没有上法庭作见证的机会；但是，日常生活中却有不少作见证的机会。譬如：不是自己见到的事不要替别人传舌。

甲：“昨天我看见陈家的儿子在外面流荡，不会是不良少年吧？”

乙告诫自己的孩子：“陈家孩子恐怕是不良少年，不要跟他玩了。”

丙：“老张无精打彩，怕不是生意失败了？”

丁回家告诉太太：“老张大概生意失败了，三个孩子怎么办，怪可怜的！”

李太太：“林太太近来好像瘦了。”

方太太：“是的，我也觉得她有点儿不对劲。”

李太太：“不是生病吧？”

方太太：“不知道呀！听说患癌症的人会越来越瘦的。”

李太太回家告诉丈夫：“听说林太太患癌症了。”

潘先生：“某某银行好热闹，不知道什么事？”

潘太太：“唉呀！不知道是不是有什么风声，大家去提款了？”

客人：“啊，那我要回家了；我们有户口在那银行，我父母亲也有。”

圣经还告诫我们，“不可随伙布散谣言”(出 23)。

如果有人告诉你谣言，不要替他传。没有人传，谣言自然停止。你可以不必响应，一笑置之。如果有人说他知道某某人的秘密，因为你是好友，所以告诉你，但请你不要告诉其他人。你可以有礼貌地请他不必告诉你，免得你多一件负担。

传舌，表面上好像不是那么坏的事。但是，我们都吃过传舌所带来的痛苦；多少友谊因为传舌而被离间，多少夫妻因有人传舌作假见证而彼此猜疑，还有生意因而破产，国家金融因而不稳定。在罗马书第一章描写世人犯罪的末期，列出廿一样罪行，其中有谗毁的、背后说人的、捏造恶事的、无知的，而上帝判定行这样事的人是当死的。让我们教导儿女不要因无知而犯这些罪，当然，故意作假见证更是万万不可的。我们都知道在某种政权下，有多少人为了自身的安全或益处，作假见证陷害他人，甚至陷害无辜的人。他们正走向死亡和灾祸的道路，因为天网恢恢，人所作的事，连一切隐藏的事，无论善恶，上帝都必审问。

有一次，一位朋友告诉我一些她家里的事。过后，她跟我先生又谈起那些事，发现我先生完全不知道。她很希奇，说："我跟你太太谈过了，怎么你不知道？"她不知道我跟我先生已有默契：人家将个人的事告诉我（或他）要求辅导，我们会保密，不会告诉他人，包括自己的配偶。

希望我们的儿女，从小学会不传舌，不作假见证。

## 不可贪恋

你有没有见过两个小孩子抢玩具？真奇怪，一个玩具放在那里，可以放了好久没有人拿来玩。但是，一旦有一个孩子拿来玩的时候，另一个孩子也要玩，于是两个孩子就抢起来了。

为什么孩子会抢玩具呢？因为，人家有，我也要有；人家玩的一定是好玩的，所以我也要。有的父母亲买玩具总是要买同样的，每个孩子一份，要不然孩子就会抢。但是，这是不是好办法呢？你如果曾经这样做过的话，可能你已发现，孩子还是抢玩具。他们很有创造性，总会找出可以抢的借口。所以买一样的玩具并不是真正解决问题的办法，只是稍为延迟问题的发生而已。教导孩子不贪恋，彼此和睦，才是真理的办法。

贪恋是什么意思呢？贪恋是要得到的愿望。

第十诫："不可贪恋人的房屋，也不可贪恋人的妻子、仆婢、牛驴，并他一切所有的。"

这一条诫命和前面几条（不可杀人，不可奸淫，不可偷盗，不可作假见证陷害人）不同，前面几条都是讲到行动，这条只讲心态。但是，我们已经看过，行动之前，先有思想心态。所以耶稣在登山宝训中说到不单看行动，思想心态同样重要。因为思想心态是行动的先驱，有思想才有行动。

让我们来看看一个实例吧：约书亚带领以色列人进入迦南地，不动一刀一枪，大城耶利哥倒塌了，耶和华吩咐他们不可取任何当灭之物。但是，在很小的艾城人面前，以色列人却大败。因为有一人亚干，取了当灭之物，当亚干被捉到时他怎么说呢？"我在所夺的财物中，看见一件美好的示拿衣服，二百舍客勒银子，一条金子，重五十舍客勒，我就贪爱这些物件，便拿去了。"（书 7）请注意：先看见，就贪爱，然后拿去（贪爱与贪恋原文同字）。

有一位妈妈问：她五岁的女儿很固执，要什么就一定要吵吵闹闹一直到买给她为止。怎么办？当然，要改变这种行为很容易，只要比孩子更固执就行了。她比你小，没办法，你一定赢的。可惜这不是照着真理的办法，只怕以后有反作用。要真正教她，必须从思想心态做起。

记得我们教孩子，必须是照着圣经由造物主给我们的真理，不是照自己以为对的。然后用合乎真理的办法，以持恒的口讲身行来教。在这例子中，孩子想要的一定要得到，这是贪恋。第一，我们有了圣经的真理：不可贪恋。所以我们知道教孩子不贪恋是对的。第二，我们发现贪恋是因为不满足，不知足。这是永远填不满的，不是给他所要的就会满足。"贪爱银子的，不因得银子知足，贪爱丰富的，也不因得利益知足"（传 5）。所以重要的是要教孩子知足。第三，要口讲身行来教。

如何教孩子知足呢？

（一）在日常生活中教他们“只要有衣有食，就当知足”（提前6）。例如：

1. 家里经常有传福音的慈善机构的书刊，叫我们随时谈到各地儿童的需要，不但是远方的，也要有本地的，让孩子知道这些需要是真实的，不是故事，不是只发生在遥远的地方。

2. 以行动来表示我们自己的知足：奉献给各地传福音的机构，可以多选几个机构。这样，可以放宽眼界。

3. 教会过感恩节、圣诞节等节目，发起为本地穷人的奉献。可以与本地慈善机构合作，送罐头食品，让孩子带去教会，送进为此奉献特备的盒子里。

4. 教会经常有慈善奉献，让弟兄姊妹可以记念教会中的穷人，经常让儿童主日学的学生有这份奉献，父母也提醒儿女奉献。

5. 过年过节特别和孩子商量送什么礼物给需要的儿童或宣教士的儿女，礼物不必贵重，最好选年龄与儿女相仿的对象，比较有认同性，送一个儿女选的小玩具，带儿女去那家送上。

6. 我们自己不要贪恋，不要东比西比，只要有衣有食就知足。神给我们富足，是要我们多施舍。“叫你们凡事富足，可以多多施舍”（林后9）。

（二）教导儿女节省不必要的开支，例如：

1. 陪孩子看电视，不要让电视教你的儿女。我们要控制电视，不是被电视控制我们。电视上有许多广告，有些儿童节目其实整个是广告，孩子容易被洗脑，要买电视叫他买的东西。我们要帮助儿女分析广告，不必要的不要想买。

2. 避免人有我有的心态，不降服在同侪压力之下，而是分析是否必要，是否有价值。

3. 玩具是买不完的，但是，最好玩的不是玩具，而是人。用时间和孩子玩，他就不会常吵要买东西。

4. 自己生活简朴，不必要的不买，小心“大减价”的诱惑——买了一大堆便宜但不必要、不合用的东西。

## 得福秘诀

“得智慧，得聪明的，这人便为有福。他右手有长寿，左手有富贵。他的道是安乐，他的路全是平安。耶和华以智慧立地，以聪明定天。敬畏耶和华是智慧的开端，认识至圣者，便是聪明。”

在一次“夫妻关系”的讲座上，我根据圣经讲了之后，有一位弟兄说：理想和事实是有很大的差距。他的意思可能是：“你讲得很动听，不过那只是理想。有理想是很好，但那是行不通的。”我要怎样才能叫他了解，圣经所讲的不是理想或哲学或构想，而是要我们遵从的。就像设计汽车者给你的手册；设计计算机者给我们的手册；又像医生告诉你药物的服用分量和时间。这些都是要我们遵从的，不是一些理想给我们欣赏或参考的。只要我们照着设计你我和宇宙的主给我们的步骤去做，按部就班去实行就可以了。汽车达到造车者的目的；计算机达到设计者的目的；药物发挥了医治的作用。同样的，造你我的也可以叫祂在你我身上的美好计划得以实现出来。所以，我苦口婆心地再三强调，造物主造人的原意是要我们得福，是要我们的儿女得福。祂告诉我们得福的步骤，只要我们遵从，祂所为我们预备的长寿、富贵、安乐、平安，都要实现。

（三）教儿女常存感恩的心。例如：

1. 日常生活充满感恩，对上帝、对人，都要经常表示感激。知识要实行才有用，要实行则必须养成习惯，要儿女养成习惯则要殷勤教导，要殷勤教导则必须花时间和儿女在一起。用愉快的态度教儿女表达感恩的心：“谢谢你”常挂在嘴上。

2. 我们自己要真的常存感恩的心。不是作戏——假冒为善，乃是求上帝叫我们因见到祂无比的爱、怜悯和赦免而感激；因得成为上帝的儿女而感恩。“凡事谢恩，因为这是上帝在基督里向你们所定的旨意”(帖前5)。

(四)引导儿女有永恒的眼光。要信得过宇宙的创造者:“创造宇宙和其中万物的上帝,既是天地的主,就不住人手所造的殿,也不用人手服侍,好像缺少什么,自己倒将生命、气息、万物,赐给万人。”(徒17)如何教儿女有永恒的眼光?让我举几个例子:

1. 积财于天。“不要为自己积攒财宝在地上,地上有虫子咬,能锈坏,也有贼挖窟窿来偷,只要积攒财宝在天上……因为你的财宝在哪里,你的心也在那里”(太6)。

2. 先求上帝的国和祂的义。“所以,不要忧虑说,吃什么,喝什么……你们需用的这一切东西,你们的天父是知道的。你们要先求他的国和他的义,这些东西都要加给你们了。”(太6)上帝的国,就是祂所管的。要求上帝来管理一切,叫我们照祂的旨意而行。祂的旨意对我们总是好的:“耶和华说,我知道我向你们所怀的意念,是赐平安的意念,不是降灾祸的意念,要叫你们末后有指望。”(耶29)上帝的义,就是祂看为好的。只有一位是义的——上帝。

3. 世上一切都是暂时的。“不要爱世界和世界上的事……就像肉体的情欲,眼目的情欲,并今生的骄傲……这世界和其上的情欲,都要过去(现在正在过去),惟独遵行上帝旨意的是永远常存。”(约壹2)看到电视的新闻报道:加州大雨,有一估价美金三百万的房子,就在新闻记者的录像机前掉下深坑,好像玩具房子一样,全部倒塌了,旁边的房子也快要倒塌了。这是世界上的事,现在就要过去了。这正像房子建在沙土上,不是建在磐石上的例子。耶稣说:听了祂的话就去行的,好比一个聪明人,把房子盖在磐石上,雨淋,水冲,风吹,撞着那房子,房子总不倒塌,因为根基立在磐石上。凡听见主的话不去行的,好比一个无知的人,把房子盖在沙土上,雨淋,水冲,风吹,撞着那房子,房子就倒塌了,并且倒塌得很大(太7)。

在我自己的经历中,曾经有些东西被偷了,有些东西人家借了没还，有些不见了……我们自己反省，也和儿女一同反省。是的，世界是暂时的。此事实是否常在我们脑海中，是否常反映在我们的言行中？

4. 得福在乎上帝。“耶和华所赐的福，使人富足，并不加上忧虑。”（箴 10）“你们要将当纳的十分之一，全然送入仓库，使我家有粮，以此试试我，是否为你们敞开天上的窗户，倾福与你们，甚至无处可容”（玛 3）。

教导儿女奉献的真理，祝福在乎全能的上帝，祂要祝福我们，也给了我们得福的途径。

5. 贪恋今生财富是虚空的。“你岂要定睛在虚无的钱财上么？因钱财必长翅膀，如鹰向天飞去”（箴 23）；“得工钱的，将工钱装在破漏的囊中”（该 1）。有一位年长弟兄，作见证说，他在东南亚某地发现了一处玉矿，他对自己说，世世代代的子孙将不愁衣食了，当时不懂得多奉献。不久之后，该国将所有矿物收为国有。他说，钱财就这样飞走了！上帝要给我们的是与祂同在，永恒的生命。“人若赚得全世界，赔上自己的生命，有什么益处呢？人还能拿什么换生命呢？”（太 16）

我们日常生活，要活出永恒的价值来，不要斤斤计较。有一位朋友，在某公司工作。有一天来电问我，她该不该辞掉工作。细问之下，原来她想辞工抗议。该她升级，却给了他人，她很不服气。后来我们分析了辞与不辞的正负面，她了解了创造者，她的天父，是坐着为王的。天上地下一切的权柄都是属于她的主人耶稣基督的，而且她的主是公义的，伸冤在上帝。她就平心静气，不再为自己伸冤，宁可让步。不久，她因工作和人事优异而得到更好的奖励。

希望各位父母照造物主的教训和警戒，养育儿女，这是得福的秘诀。

## 贪念与行动

第十诫声明不可贪恋人的房屋、妻子、仆婢、牛驴，并他一切所有的。这里包括了财物和人口。一方面要人不贪恋他人的财产，另一方面不可贪恋他人的人。有了贪心，则会带进贪行。当上一代的父母没有忠心地教导儿女的时候，我们就看到现今的社会有可怕的行动，是你我可能连想都想不到，连做梦也不会梦见的罪行。例如：

去年底芝加哥有一对夫妻，很想要一个孩子。那女(A)的已经跟其他男人生了几个孩子，但跟现在丈夫(B)则未能成孕。女的有一亲戚(C)跟一女人(D)生了一子，D已不和C同居，但已怀孕，可能是从C怀的。此外，D还有两个较大的子女，是和其他男人生的。A、B、C合谋，A假装怀了孕，预期和D的预产期同时，邻居信以为真。到D的预产期前几天，A、B、C到D的家中，杀死了两个大的孩子(十岁、八岁)，枪杀了D，用剪刀和刀子剖腹取子，抢走了小男婴。这是真实发生的事情，太可怕了！有了贪念，这贪念驱使他们为达到目的而不择手段！“人心比万物都诡诈，坏到极处，谁能识透呢？”(耶17)道德沉沦，人心诡诈，是何等触目惊心！

圣经中有许多的记载，可作我们的警戒。圣经的记载从来不美化英雄，而是就事论事，老老实实地记述，叫我们从前人的身上学习。善要效法，恶要弃绝。如果我们每天有一段时间，和儿女们一起读圣经，那么，我们一方面自己得到警惕，一方面也可以照着主的教训和警戒养育儿女。每天一起读上帝的话，让上帝的话更新我们的心怀意念，潜移默化，才能不贪恋。不但我们要殷勤教训儿女，随时谈论上帝的话，我们自己也要小心，不可容许贪念在我们心中。我们都是软弱的人，不要自以为站立得稳。“我是攻克己身，叫身服我。恐怕我传给别人，自己反被弃绝了”(林前9)。

请看圣经里的几个例子：

1. 以利。以利是上帝的祭司,但是他两个儿子是恶人。贪恋祭物,叫人厌弃给耶和华献祭。当然,他们两个人要负自己的责任,在上帝审判的台前,他们要照各人所行的受审判。但是,上帝的话说:以利"尊重你的儿子过于尊重我,将我民以色列所献美好的祭物肥己"(撒上 2)。愿我们为父母的从以利身上得到警戒。

2. 撒母耳。撒母耳从小是耶和华所拣选的,是耶和华的先知,以色列民的士师。而且撒母耳亲耳听见耶和华指着以利所说的话说:"因他知道儿子作孽,自招咒诅,却不禁止他们,所以……以利家的罪孽……永不能得赎去"(撒上 3)。但是撒母耳的"儿子不行他的道,贪图财利,收受贿赂,屈枉正直"(撒上 8)。我们不知道为什么他儿子贪图财利,是撒母耳太忙,没有时间自己教导儿子呢?或是父亲有尽责任,"但教不学,子之惰"呢?但是,无论如何,这么好的家庭背景,竟也会因贪图财利而收受贿赂,屈枉正直。有了贪的念头,就会生出可怕的行动来。

3. 大卫。一位举世罕有,被称为合乎上帝心意的人,又得到上帝应允"你的家和你的国,必在我面前永远坚立。你的国位也必坚定,直到永远"(撒下 7)。身为国王、又是以色列国无往不利时期的国王,不但应有尽有,而是不必要的也有。但是,大卫因为贪恋乌利亚的妻子拔示巴,犯了滔天大罪,导致"刀剑必永不离开你的家,我必从你家中兴起祸患攻击你"(撒下 12)。像大卫这么一位近乎理想的人物,连追杀他的扫罗,大卫也意志坚定,不肯害扫罗。但是,却也可能因一念之差,贪恋人家的妻子,而招致痛苦悲伤。我辈自认不能与大卫相比,怎能不小心?怎能不时刻儆醒呢?因为我们的仇敌魔鬼,"如同吼叫的狮子,遍地游行,寻找可吞吃的人。你们要用坚固的信心抵挡他"(彼前 5)。让我们清楚地明白上帝叫我们不贪恋,是因为爱我们,不愿意我们无知,违反了造物主的设计而受苦。我们为人父母的要常常明白地表达爱,甚至谈论上帝的警戒时,也要特意温柔地表达爱。让儿女毫无疑问地了解我们的教导是因为爱他们,就像造物主教导我们是因为爱我们。

4. 基哈西。他是先知以利沙的仆人，有福气亲睹先知所行的神迹奇事。其中一件是以利沙和乃缦的事。乃缦的大麻风得到洁净。乃缦求以利沙收他的礼物，但是以利沙不肯收。基哈西看在眼里，好舍不得。可能以利沙也像现在一般传道人，生活清苦，他的仆人当然也是清苦。眼看这外邦元帅得到医治，送礼是该当的。他遂起了贪的意念，可能他自圆其说："主人不收，我去替他收。"有此意念，就有行动。但是，贪念引起的行动，带来什么恶果呢？"乃缦的大麻风必沾染你和你的后裔，直到永远。"(王下5)这是多么严重的事！我们可能不了解为什么基哈西的贪心殃及后裔，虽然圣经没有记载他后裔的事情，但是我们知道上帝是公义的。基哈西的后裔也要负自己的责任，就像亚当夏娃犯罪，为什么圣经说，死就入了世界？原来我们每个人都犯罪(如始祖，要取代造物主，自以为聪明，自作主张，自己分辨善恶，不顺从全能造物主善恶的标准)，"这就如罪是从一人入了世界，死又是从罪来的，于是死就临到众人，因为众人都犯了罪"(罗 5)。所以我们不能怪责夏娃，以为只有他们犯罪，我们没有犯罪。也不能说上帝不公平，怎么人家错，你罚我？

上帝是轻慢不得的，祂的律是不可违背的。就像祂所设立地心引力的律、电流的律、动力的律等，都是不可违反的。这些律设立是为了我们的好处，但违反了就自寻麻烦，自作自受。希望各位父母亲"殷勤教训你的儿女，无论你坐在家里、行在路上，躺下、起来，都要谈论"(申 6)。言教身教，叫各位"得以享福"。

# 第三章　小小孩的教养

## 如何教养初生婴儿

初生的婴儿，要怎样教养呢？什么时候开始教他呢？那么小，他懂吗？

我常常鼓励父母每天和儿女一起读圣经，一起祷告。但是，也常常听到父母的回应是：孩子还小呢，他听不懂的。

那么，到底孩子一岁以前，懂得什么呢？我愿意以一位普通的母亲，和各位分享我所学到的。

前三个孩子刚出生的时候怎么样，我已记不清楚了。但是最小的孩子出生之前，我要求自己一定要清醒，我要清清楚楚地记得每一件小细节。我觉得生孩子的过程，是一件奇妙的神迹。好像一所复杂的工厂，在极严紧的计算机程序控制之下，每一座机器的每一部分，各就各位，各司其职，各按其时，分工合作，带出上帝奇妙的创造工程。所以，老四一出生怎么样，我倒是记得十分清楚。我记得我一抱起他，他就睁大眼睛看着我，眼睛一眨不眨，定睛地看着，不知看了多久，感觉上仿佛近乎永恒。

这小东西看着我，不像是眼光偶然碰见我，而像是故意端详我。他这样看，只是眼睛的细胞在那里感光呢，或是眼睛的神经细胞把某些信息传到脑子里去了？他会想吗？他想什么？思想必须用中文？英文？或是婴儿有自己的语言？或是思想不一定需要语言？他在观察这新奇的世界吗？他有什么感受？他知道人与人有关系吗？什么是母子的关系？

我没有答案，也没有办法得到答案。但是，这个小小的人，在我怀抱中，我该如何处理？我该做什么，才能叫他的潜能不被埋没？

婴儿一出生，就有很多“本能”。比如：他会哭；有时大声，有时小声，有不同的哭。他会吮；有什么东西碰到他嘴巴旁边的小脸时，他会转头，寻找碰他的东西，嘴唇作吮吸的动作。他会捉；你用手指碰他的小手，他会捉着你的手指。他会怕；没有用毯子或布把他包紧,他会怕,但是把他抱紧,捉住他两只小手,他就安全了……他有许多表现,叫我们猜想他一定有不同的感受。他看得见吗?我们不知道他看见什么,看得多清楚。但是,他的眼睛会跟着光移动。他听得见吗?听见多少?听见什么?我们无从知道,但是,我们知道响的声音会把他吓哭了。我大女儿一岁半以前每一个钟头都醒来,昼夜如是,累得我不得了,但不知道为什么。后来大了,她告诉我们,不论有声音或是有光线,都会叫她醒过来。我小儿子,八个月之前,每晚要醒来七八次,但白天却可以睡两三个钟头。后来有一次我先醒了,我先生在睡眠中翻了个身,床发出一点点声音,立刻,小儿子就哭了。我才知道,原来他耳朵那么敏感,一点点声音都会把他吵醒,白天哥姊上课,爸上班,家里很安静,他倒可以睡久一点。本来以为在我们房间方便照顾,现在发现原来不适合。所以我们让他一个人睡另外一层楼,安了一套传声器,在我们房间可以听到他的动静,但他听不见我们。从此之后,大家皆大欢喜,他睡得好,我们也睡得好。

虽然我们有许多不知道的,但是我们所知道的,足够叫我们晓得小婴儿有学习的本领。为了不亏待他,不冤枉他,我们应该给他学习的机会。先说小婴儿的听觉吧,他既然好像听得见,那么我们就要让他听好听的声音。从出生到三个月,我们就已经发现小婴儿对不同的声音有不同的反应。有一次我在一个家庭作客,因为是热带,窗子都打开了,隔壁说话大声,是可以听见的。整个上午,隔壁小孩大叫,大人也大叫;小孩哭闹,大人喊骂;小孩大人,各一句话,都是加强语气,好刺耳!你想,小孩讲话的语气,不是从大人学来的吗?什么时候开始学的呢?是否可能从婴儿时期就开始学了呢?是否可能先入为主,愈小的时候听的,影响力愈大?有一次我接电话,对方说:“啊,你讲话跟你妈一模一样。”对方是我妈妈的同学,从来没有见过我,她觉得我讲话像我妈妈,我是什么时候开始学我妈妈讲话呢?当时我已经离开家,也离开了中国,十年没回家了。怎么我讲话还像我妈妈?俗语有“母语”一词,是否观察到最小的时候所受到的教育，影响力最大？

虽然我们所知道的有限，但是，因为我们爱儿女，我们要给他们最好的学习机会。你要他成为温柔的人吗？让他从小听见的都是温柔的声音。用温柔的声音跟婴儿讲话，管他听懂多少，可能他一下子就认得你温柔的声音；可能要一个月才认得。既然不知道他什么时候认得和听懂，就不要冒险，以为他还不会学，无所谓。而且，我们也要养成温柔的习惯，才能自然而然地以温柔的声音跟婴儿讲话。让他从有听觉开始，就学习好好地讲话。依此类推，我们也可以把小婴儿看为有智慧的人，和他讲爱他、关心他、亲近他的话。给他听柔声的音乐；会唱歌的父母，更可以对着他唱爱的歌。家里如果有乐器，千万要音准好，音色美的；不要以为他这么小，哪里懂。有时候在人家家里，听见他们的钢琴走音走得很厉害，实在很可惜！小小的耳朵，听了这些走音的声响，先入为主！

一般婴儿三个月大就让我们知道他会辨认声音（我说"让我们知道"，因为他什么时候会辨认，我们不知），听见妈妈（或照顾他最多的人）的声音，他会有特别的表现，有时以笑表示。那么在他三个月之前，就是他笑的肌肉还不够力抽动之前，他听见什么？学了什么？对他的世界有何印象？这和他以后在学校学习的过程和学习的效果有什么关系？

在我们家，孩子一出生就加入家庭灵修。我们读圣经给他听，带他祷告。一点也不太早，这原是正常的。请看提摩太后书1章："想到你心里无伪之信，这信是先在你外祖母罗以和你母亲友尼基心里……你所学习的，所确信的，要存在心里，因为你知道是跟谁学的，并且知道你是从小明白圣经。这圣经能使你因信基督耶稣有得救的智慧，圣经都是上帝所默示的，于教训、督责、使人归正、教导人学义，都是有益的，叫属上帝的人得以完全，预备行各样的善事。"

## 三岁定终身?

"三岁定八十",这句话是事实吗?如果是的话,那么三岁以下的小孩,要怎样教养呢?

我们已经不厌其烦地再三讲过:从科学的证据来看,进化论是没有证据的;但是,圣经所讲,科学可以观察的事物,却是科学证据所支持的。所以,人不是巧合碰出来的生物,人是从极有智慧的创造者照着祂自己的形象样式所造的,祂的创造都是好的,我们可以依照这原则认识我们的儿女,也依照创造手册的说明来养育教导儿女。

既然创造者看每一个人都是特殊的,都有不同的性情和才能,所以,每一个小孩生来就是特殊的,我们的教养也要依这原则:生来是跑车,不能把他教成大货车;生来是货车,也不能把他教成小跑车。事实上,不是三岁定八十,而是第一个细胞就已经定了这个人的"大纲"了!

父母的责任是在这大纲的范围里面,照着创造者的原则教养。

一般的婴儿,三个月大就会翻身。但是,因为上帝造每一个都不同,所以我们不要以为我的婴儿还没有三个月大,所以我可以放心地让他睡在桌子上。因为可能他是早翻身,那不是太危险了吗?所以要处处小心,预防他从高的地方掉下来。最好是放他在地上或是围起的婴儿床等。相反的,如果你的婴儿已经三个月了,但还不会翻身,也不必大惊小怪,因为他不一定跟其他人一样,可能他要等一下也不一定,只要我们经常带他去作健康检查就可以了。真的有问题,医生会看出来的。

婴孩日渐长大,是因为有爱他的父母亲不辞劳苦地喂养他,婴儿最重要和最好的食物,是创造者特别为他造的——母乳。牛奶是创造者特别为小牛造的,最适合小牛吸用。人奶是创造者特别为婴孩造的,最适合婴孩吸用。不但婴儿所需要的养分全有了,而且各种化合物的成分和浓度刚刚好;更加上母体的免疫力也传给了婴儿，叫他从小就有对病菌的抵抗力。多么好！除此以外，母亲的身体也因为喂奶而复原得更快更好。这是因为创造者美好的设计，当婴儿吮奶的时候，引起了母体肌肉收缩。一些研究报告发现喂母乳的母亲，乳癌的可能性较低。上帝创造的奇妙，叫我们愈研究科学，愈惊叹说："你真伟大！"难怪保罗说："深哉，上帝丰富的智能和知识。他的判断，何其难测！"（罗 11）

人是有灵，有魂，也有体的，所以教养儿女必须三方面都注意。婴儿的身体健康要注意，因为身体方面也是"自小定终身"。小的时候身体不健全，以后一直都会有问题。事实上，身体的健全不是出生后才开始的，而是怀胎时就开始了。所以怀孕必须先有准备，母体健康对婴儿的健康有直接的关系，可惜不少女子是在没预备的情况下成孕，可能害了下一代一辈子！抽烟、吸毒、喝酒等行为，已经有很多证据说明对婴儿有害；不但身体健康亏损了，智力也比常人低。各种的性病也有害于婴儿，最可怜的是有艾滋病的母亲，把病毒也传给婴儿，叫他一出生就被死亡的阴影捉住了。

婴儿一般来讲是六个月左右出牙齿，但有的一出生就有牙，有的七八个月才长，我们四个孩子都是四个月左右开始长牙。同样的原则：不要比较，朋友的孩子长牙了，你的还没有，并不是大不了的事，也不表示你的孩子差点儿。放松些，让他照着上帝给他的时间表进行。依此类推，能坐、能爬、能走路、能跳、能跑，甚至自己上厕所，都不须跟人家比较。我见过五个月走路的，也见过两岁才走的。如果两岁多还不会走，那才要检查，可能他的脊椎骨有问题。

当婴儿会自己坐下，我们就要屋内大扫除，因为不久他就会爬了。那时候，他会到处爬，不再是限制在我们放他的地方，他的眼睛比我们的好，会找到我们不知道存在的东西，然后往嘴巴里塞。那时你要整天追着他，捉到了他就挖他的嘴巴，"乖乖，快张开嘴巴，你吃了什么东西？""唉啊，怎么地上有钮子呀？""不得了，这小球塞住气管怎么办？"

婴儿拿到东西就往嘴里塞，这是很正常的事。因为他在研究这个世界，他要做“实验”，嘴巴是很好的“仪器”，当然要用。我们千万不要骂他打他，我们要了解他是在发现他的环境，骂他只叫他不明白，也拦阻了他的正常学习。我们应该做的是安排一个安全的环境，让他去发现，这就是为什么要大扫除。不但要干净，也要注意会伤害他的东西和家具，有没有太尖的地方，如玻璃桌的尖角等；有没有容易打破的饰物，如水晶品等；有没有可能触电的地方，如电插的洞，要封起来，电线也要小心。曾经有婴儿被挂在颈项上的带子（用来系奶嘴儿的）勒死了！有没有不能吃不能喝的东西在孩子拿得到的地方，如肥皂水、药物等。

我们要尽所能地保护儿女身体健全，同时也要保护他们心灵和魂的健全，有人以为信仰自由，等孩子长大了自己去决定。但是，事实上，我们要在他们小的时候指导他们什么是真理，什么不是真理，不能让他们自己碰到头破额烂，或是“一失足成千古恨”。就像我们不能让小孩什么东西都放进嘴巴里一样，因为可能喝了肥皂水，烧烂了食管；可能吃了小玻璃球，塞住了气管。我们给孩子一个安全的环境，同样的，我们也要从小给他们一个正确的世界观，给他们真理，引导他们有敬畏的心，对上帝敬畏，叫儿女从小看到我们用敬畏的态度读圣经祷告，时刻想到这位无所不在、无所不能、无所不知的创造者。我们与上帝有正常的关系，过圣洁的生活，就像为孩子预备干净安全的生活环境，在这适当的范围里让他们自由发现，因为我们是孩子的环境，我们圣洁敬畏的生活是他们心灵成长的环境，在这适当的环境中，他们可以自由自在，更多地发现，更多地认识，也更多地享受，更多地成长。“教养孩童，使他走当行的道，就是到老他也不偏离”（箴 22）。

## “可怕”的两岁儿！

你见过两岁左右的小孩吗？他们是不是整天不听话？你告诉

他什么,他都说“不要”。这现象十分普遍,所以有“可怕的两岁儿”这么一句话。那么,这真的是人生正常的过程吗?

有些心理学家告诉我们:“两岁的孩子就是这样的,这是正常的,不需太担心。”

也有朋友这么说:“两岁的孩子就是整天说:不要。这只是生长的一个过程,过几年就没事了。别大惊小怪,放心吧!”就好像以下例子:

妈:“小宝,你过来。”

小宝:“我不要。”

妈:“让我给你把钮子扣好。”

小宝:“我不要。”

妈:“把玩具收拾起来。”

小宝:“不要。”

妈:“外面好冷,你要穿外套。”

小宝:“不要。”

这是不是你熟悉的对话?

两岁的小孩已经有一些“背景”了,什么“背景”呢?过去两年的学习,他一方面学会了我们的话(大概因为我们没有学懂他的话,所以他只好学会我们的话),现在他不但会听,还会讲。不一定会讲成熟的句子,但会单字,会说话表示要不要。另一方面,他也学到我们的人际关系。为什么两岁的小孩常说“不,不要”呢?让我们重演他的“背景”,不会走路之前好乖,不会到处跑。会爬之后已经令父母忙坏了,会走路之后更不得了,整天走去不应该去的地方;叫父母耳目无暇,要时刻留心,提心吊胆。

小宝一下子走到客厅去,爬到玻璃茶几上,妈吓一跳:“小宝!不要爬上茶几!”跑过去把他从茶几上捉下来。“不可以上茶几,危险,不要,不要。”或是,妈跑过来,顺手打他一下:“不要这样!”

一下子,小宝又发现了新大陆。你心爱的音响系统,那太好玩了,有各式的按钮,有的是按的,有的可以转动的,电视机也好玩,他的小手快得不得了，你急死了，恐怕他弄坏了："不要碰，不要动，不可以乱搞!"顺手又打他的小手。

你在炒菜，小宝突然出现，抱着你的腿，你吓了一跳，差点儿烫到了："不要这样，走开。"顺手一推，把小宝推到一边。

他拉着桌巾，不得了，桌上有饭菜，还有刚煮好的汤。你大叫："No，No!"

我想你了解我的意思了，我们一天到晚跟他讲话都是："不要，不要"；英语更简单："No，No!"小宝要的，我们的回答多是："不要"。所以，这就是他学习的背景了！我有一个梦想，就是希望有人造个小型的录音机，可以放在小宝身上，妈妈（或是看顾小孩的人）讲话时就会把妈的每一句话录下来，这样，我们可以听听自己一天之内跟小宝讲些什么。可能你会发现大半的话都是"不要"，熟能生巧，小宝听得多了，当然能够应用自如了！

你说，那怎么办呢？小宝拿不可拿的东西，做不可做的事情，怎么教他呢？我们可以用正面的，取代反面的。

譬如：茶几。家里的家俬，尽量用不危险的：避免容易破坏的，如玻璃，避免容易伤到小孩的，如玻璃或尖锐或很硬的角。有些可以暂时收藏起来，等孩子较大时再拿出来用。

譬如：音响系统。或其他容易弄坏的仪器，可以放在孩子拿不到的地方，但在孩子拿得到的地方放些可以玩弄有按钮可按可转，能够出声或有反应的玩意儿；用电池，不用电插头的。小孩可以运用他的手指肌肉，学习使用和控制自己的手指。用电池的收音机可以让他玩，用电池的小风琴也可以让他玩，你也跟他一起玩，大家高兴。

譬如：炒菜。在安全但见得到你的地方，给小孩一个玩玩具的地方。如：小桌子小椅子，你一面炒菜，一面跟他讲话，就知道他会不会要来抱你的腿，你好作准备，或是放下炒的锅，或是用言语或行动让孩子不会突然来抱你的腿。

譬如：拉桌巾。家里有小小的孩子，用桌巾是相当危险的。因为孩子看不到桌巾上的东西，但桌巾又是垂下来，好像要小孩捉住它。不论是好玩，或是当扶手，都很自然。所以我建议少用桌巾。特别是上面放着热的东西，或会摔坏的东西。当然我们迟早要教孩子不要拉桌巾，但我们要教得合理。在他们看不到上面的东西，走路又还不稳定的时候，我们还是慢点教。

这些只是几个小例子，聪明的你一定能够举一反三，用类似的原则来减少说："不要……"而且，如果我们常常阻止小孩子碰东西的话，可能会影响到他的学习，因为用手去摸，去发现，是人的本能，也是学习的主要途径之一。如果他每次要用手去发现的时候，都是听到："No，不要！"或者更加上被打，他会产生惧怕，不敢去尝试发现他环境中的事物，这也会减少他的好奇心。

如果我们和孩子的关系是正面的，是鼓励性，是让他敢摸敢碰，发现身旁的事物，是以笑容和温柔的声调与他沟通，我相信你会发现"可怕的两岁儿"不是人生必经之境，而是被不经意地"教"了出来的病态可怜儿。今天，病态儿的出现率高到被一些人以为是正常的过程。多可怜！多可惜！祝你有个健康而可爱的两岁儿。

## 学前认字（一）

小孩什么时候可以学认字呢？

有些人认为要尽早教孩子认字，甚至有些人主张还没出生就教认字。但是，有些人则认为学前儿童不要教他们认字，要不然，他们都学会了，上学就会觉得很闷，不喜欢上学。

你以为谁对谁错？为什么？有何根据？

在我教养四位儿女的时候，常常觉得智慧不够，所以要到智慧的源头那里去支取。圣经讲到"我（上帝）未将你造在腹中，我已晓得你，你未出母胎，我已分别你为圣"（耶 1）；"想到你心里无伪之信，这信是先在你外祖母罗以，和你母亲友尼基心里"（提后 1）；

“并且知道你是从小明白圣经，这圣经能使你因信基督耶稣有得救的智慧”(提后 3)；“教养孩童，使他走当行的道，就是到老他也不偏离”(箴 22)。

从上面这些经文，我们可以知道：圣经没有要我们教导胎儿，虽然上帝早就晓得未出生的胎儿。但是祖父母、父母，都应先学习。孩子则应从小明白圣经；而且我们要教孩童走当行的道。

我们已经讲过，每位小孩生下来就不同。父母要去认识他们。他们学的快慢也各不一样。所以你必须研究自己的孩子。有些孩子一岁以前已很会讲话，这是表示他语言能力高。有的很会背童谣，这是表示他耳朵好，记性强。有的对抽象的概念能了解，有的会归纳。每人不同。你去研究你的儿女。你会发现当你和孩子玩的时候，他会引导你玩他有兴趣的游戏，你就可以跟着他的兴趣来教他。但是，学习气氛要愉快轻松，大人小孩都高兴。

我喜欢分享一点我做的游戏，不一定能应用在你的孩子身上，但或者可以有启发的作用，帮助你想一些合乎你用的游戏。就好像刚才所提，每个孩子不同，不是每个孩子在四岁前都会认字，但试试无妨，只要我们是顺着上帝造他的事实，顺着天父给他的才能，不会害了他的。

认字是很重要的，也是上帝用的办法——祂以文字将祂的话传给我们。所以认字是对的事情——合乎真理。教孩子认字，不但是生存的技能，更是可以帮助他们学习上帝的话。我们教他们时也要有这样的动机。

小孩一开始认得东西就可以教认字了。比如，小孩要喝牛奶，你拿了奶瓶来，他就高兴说：“奶奶，奶奶。”这是表示他认得奶瓶是什么样子的。小孩学讲话，多数是从名词开始。他们会问：“这是什么?”你要不厌其详地回答，他可能同一样东西问好几次，请耐心愉快地回答他。有的时候他是不记得，有的时候他是要证实自己是对了。只要你看他是你可爱的孩子，用爱与他沟通，一方面教他学习名词，一方面建立关系。我们有时把学习认字分开成为另一部分，其实人是整个不能分开的，在学讲话、认字时也在学做人和人际关系；他享受与你的关系，你也享受与他的关系。

当孩子认得很多东西的名称时，我们也很自然地会教他形容词。比如：奶瓶拿来了，你用手摸摸，口里说："热热(或是冷冷)。"这是形容词，形容词比名词抽象，但孩子也很快会学到。有名词，有形容词，再加上动词，那么，孩子基本上可以表达了，你也可以教他认字了。字是更抽象的，但同样的，可以从容易了解的开始。中文基本上是象形字，就像学各东西的名字一样。比如：人。你可以用食指和中指做人的脚走路，跟孩子玩："这个人来找你了，"两根手指从你这边走到孩子身上，他会觉得很好玩。以后，你进一步，或者用纸剪成"人"，来跟他玩。这样，他会从真的人进到代表性的人。此后，要常有温习的机会。比如：看中文圣经时，找"人"字：这里有"人"，这里又有一个"人"……又如，要教"门"字，可以用纸做房子，开一道门，有两扇，从中间开的。就像"門"字，有两扇门。再联系到其他的门；有的没有两扇，但都可以开。以后就可以写"门"字在纸上，贴在家里的门上；孩子拿着这些"门"字去贴，这样就会贴在他看得见的地方。

教汉字中文，要让孩子明白，学越多种的语言越好。不是说：你是中国(华)人，一定要会中文，不然……我们还是要用永恒的眼光来看这件事。让孩子知道世上有很多人是讲中文，上帝造我们是中国人，则是祂给我们的特点之一，我们要尽量栽培孩童学习。可能上帝要差遣他们向讲中文的人传福音。我们的样子已经是一个"特长"，因为华人见到我们比较容易认同，传福音也比较容易，加上我们会讲中文，那就更好了。所以上帝给我们机会学，我们要感谢祂所赐的机会。懂得越多种语言越好。所以，有机会学法文、西班牙文、德文、俄文等等，都可以尽量学。我们自己也要努力学习。不要说：我太老了，学了也忘记了。只要你有年青向学的心态，不怕学了又忘记，你会发现，你也能学新的语言，最怕是一天到晚要孩子用功学习，我们自己却不学。

学前儿童可以学很多事情，事实上，一生的思想学习态度，都可以在进学校之前，奠定了好的基础和方向。学前儿童，不但可以开始认字（可以开始认中文和英文），而且可以学算术、科学、社会学等。

## 学前认字（二）

学英文字多数先学字母，不过，有些孩子是认整个字的样子，不一定先认字母。因此，如果你的孩子看见某些广告，就会说出那广告，但还不懂字母，请你不必奇怪，因为有些孩子是从整个字开始学的。这也是再次叫我们记得上帝创造的真理——人人独特。

你可以很自然地指东西给他看。走路或坐车时，指着路上的大牌子给他看，告诉他那是什么。家里也有大字的东西，见到时顺口顺手，讲给他听，指给他看。

学字母也是一样道理：随时随地。比如：

"小宝，你看，这里有一个A字。啊，这里又有一个A！还有没有A呢？"

小宝："妈！你看，A！"

用纸及板之类的厚纸剪方形，在上面写上字母，也可以这样跟孩子玩。开头不要写那么多字母，只写容易学的，比如：A（因为形如三角，容易辨认），O（圆形，也容易辨认），I（像一根棒子），S（弓线，但不易讲，所以无需要求发音准确），T（可以用双手来做T形），V（用食指和中指可做之），W（用三个手指），X（用两只食指）。跟小孩子玩不需要叫他来玩：小宝，我们来玩字。只要你在他床边玩，他看得有兴趣，就会自动来玩。比如：你坐在他床边的地板上，拿着一些方形纸皮，一堆倒在地上（每个字母可做好几个），你拿起一方块，高兴地说："啊，我找到一个A！""这是个O！"就像小宝张大嘴巴！不要急着要教他很多，要顺其自然，而且不要他没兴趣了还要他玩。记得，这是在玩，不是在上课。

只要他认得A和O,就可以随时温习。看到哪里有这字母都可以指给他看。不久,他就会自己找到那些字母了。他指给你看的时候,你要跟他一样高兴。

家里有的东西都可以用来造字母。比如:直的东西如筷子,可以造字母中只有直线的字母——AEFHIKLMNTVWXYZ。用圆圈形的东西造O和Q。用半圆和直线造CDGPRB。剩下的JSU用绳子或其他曲线来帮忙。随时随地可以取材,养成随时学习的习惯和创造性。

字母学会了,就可以把字母放在一起发音。当小孩能够学发音的时候,尽量让他有成就感。比如他会了AT放在一起的音的时候,可以让他发现这AT很有用,放C在前面就变成CAT(猫),放M则成MAT(铺席),放F就是肥胖,H则成帽子,R则是老鼠……当他发现自己可造字,又有意思,他就会觉得好玩。有时造出来的字没有意思,也是一样好玩,我们和他同乐。

但是,如果你要帮助他这样学,而他没兴趣,那也不要紧,可能时间还没有到。我的大儿子一岁多开始认中文和英文字母,两岁多就自己看英文书。而他的妹妹两岁半时,我见她并没有自己读书,我想,大概要妈妈来帮她一下,怎么两岁还没读书。我造了一个玩具,用纸板剪了两个图形,下面的圆形写上子声字母,上面的圆形剪了一个洞,当下面圆形转动的时候不同的子声字母会出现在这洞,洞右写上两个字母,如AT。这样,下面的C出现在洞的空间时,就会组成CAT(猫)了;下面的H出现在洞的空间时,就组成HAT(帽子)了。我自以为很得意。我拿去给女儿,她也觉得很好玩,只是她的玩法不是我的原意,她只是拿来转来转去,很好玩而已。我才了解她还没到读字的时候。三个月之后,她竟然开始读字了,那我又造了不同颜色的卡片给她学,很快就学会了。所以,时间还没到,不要勉强。时候到了,他自然要学。他会问你:这是什么,或,这里说什么。你要耐心地和他一起发现,同享学新东西的快乐。

我们的大儿子小时候，有一位朋友问我，为什么我的儿子会看书，是怎样教的，我那时也不了解，只把事实告诉她：我给他字母木块，他就学会了。朋友也照办，买了一些字母的木块给她儿子。下个主日见到我时，她说，行不通。她的儿子只把这些木块丢进衣柜！所以，你看，孩子各不同，他的反应可能是出乎你意料之外。但不要失望，你是在研究你的孩子。就像做实验一样，你有一个假设，依照这假设去做实验，看看实验的结果是否合乎你的假设，不是的话，你再作另一假设。因为每个人的学习方法和时机都不同的。当我们用欣赏上帝奇妙创造的眼光来研究观察和教导儿女时，我们会得到其中的乐趣的。

## 教小孩子算术

学前的小孩，应不应教他算术呢？

看过前面文字的朋友们一定知道答案了：因人施教。有的孩子数学快得不得了，什么都可以教，有的则要慢慢来，有的你一告诉他定义，他就都会了，有的要从各方面慢慢解释到他懂为止。

算术可以说全都是定义。有数学头脑的人，只要给他定义，他便明白了。学得快的小孩，不要一直要他做已经会的题目，不然会失去兴趣。你回想自己的经验吧，无论学什么，最有兴趣的时候是你在进步的时候，对吗？同样的，小孩子在进步的时候也是最有兴趣的时候。有人说，那么学前教了加减乘除，上学不是闷死了吗？事实上，学得快的小孩，无论你有没有先教他，他上学也是闷死的。因为一般学校是以平均的程度来教的，对大多数学生是适合的，但是对少数吸收快的学生，并不一定适合。当然，如果学校可以照着个别学生的程度和进展来教，那是最理想了，可惜绝大多数的学校不这样做。所以父母要为孩子找适合他的学校，要不然就想其他的办法。我有一阵子是自己教。学得快的小孩，无论你有没有在学前教他，他在学校都会闷的。那么，起码让他在学前不需要闷，这样可能启发他求学的兴趣。

有人以为年纪小的小孩懂得做高年级的算术，比如：四岁的小孩做加减乘除和分数，是因为父母和师长催逼他们。其实，如果是小孩自己喜欢，大人照着他们的程度来引导，不但不错，而且是应该的。这不是催他，也不是逼他，是照他的正常成长。常有人问我："你们的孩子那么小进了大学，要作那么多功课，不是没有了童年吗？"

有次在讲座上，有人发了这问题，我就把问题给我们的小儿子。他回答说："我现在还在享受我的童年！"

我们以为在大学念书就要作很多功课，这是因为我们有先入为主的观念。其实，如果大学的功课对那小孩来讲是很显浅的话，他就一点不辛苦，而且能胜任自如，有更多空闲时间做其他事情。所以，同样的，一个四岁的小孩，如果他对高小的算术可以胜任的话，那对他就一点不辛苦，而且可以学新的东西是很好玩的。

我记得我大概十岁那年暑假，爸爸教我代数，他教得很快，我一懂了，他就再进深，所以不到一星期已经学了初中一年的代数。那是我最快乐的时候，因为有新的东西学。可惜那时候没有人帮我找到适合我的学校或其他办法，所以我在学校的时间几乎全都浪费了。因为学校教得很慢，我早已"魂游象外"了！同时，我也一天到晚生病（不知什么病，只是每两个礼拜就有一个礼拜在家，但又不是假病，总有发烧几天的。只是，我自己不痛苦，反而很高兴不必上学），现在想来，最苦的一定是妈妈，我妈妈悉心照顾我，我却很享受妈妈特别陪伴我的时间。

总而言之，孩子能了解的资料就让他愉快地学习，最重要是愉快的气氛，没有压力的催逼，跟着他的正常发展（对他是正常的，一方面不要催他，勉强他，另一方面也不要拉着他，不让他进步，那也是勉强他）。

有些小孩算术的理解没有那么早，那也不要紧，平常小学一年级才教小数字的加法（1 至 20）。所以，如果他学前还不会加，你也不用担心。你可以在日常生活中,有意无意地教他。要吃花生吗?你就数一数。要玩具吗?你也数一数。任何可以数的东西都去数,孩子了解数字的意思,就可以学加减了。

有的孩子很会背童谣,所以也很会背数字。他会一、二、三、四……地背,但不一定知道那是什么意思。如果你算你的手指:一、二、三、四、五。你每说一个数字就指着一个手指。他如果口里说的数字和指着的手指数字不同的话,那么他是不了解数字的意思。给他几天再试试看。不要硬要教他。每个孩子成熟的速度不一样。让他的成长是轻松愉快的。

有的孩子的思想方式,不一定和你一样。但是,如果他的方法一直都行得通,那也不必要勉强他用你的方法。直等到发现有毛病时,再查问审核他的方法。我的小女儿四岁的时候做除法。我教她的方法(就是平常用的方法)她不合用。她只懂答数,但是又是对的,我问她:"你是怎么样做的?"她说不知道。我问:"你头脑里头是怎样想的?"她也不知道。所以我就由得她了。以后,她倒也知道自己是怎么想的。因为我外子是医生,当我们一家人外出时,他常需要停在医院巡视病人,所以我们就坐在车上等。车子又小,又没有什么玩具,所以最方便的就是玩算术。我们全用口讲,这样有谈有笑,安度呆等的时刻。

数学是宇宙中的重要设计。上帝所造万物,都有严密数学;诚如保罗所说的:"深哉,上帝丰富的智能和知识"。难怪伟大的数学家牛顿,天天读圣经。他的文献百分之十五是数学和物理,百分之八十五是关于圣经的。让我们帮助孩子们学数学的时候,也帮助他们欣赏创造宇宙之主宰丰富的智能和知识。

## 几岁上幼儿班?

在这紧张的社会中,孩子是否愈早上幼儿班愈好?

我们四个孩子,老大三岁上幼儿班,老二两岁多,老三也是三岁,老四则是四岁多才上。老大是第一个孩子,到两岁半才有小妹妹。我想应该三岁让他上幼儿班,可以学学怎样跟其他孩子玩,才不会没有"社交"技巧。但是,当时又不知道这么小去上学是否对他好。所以,我选了一间一星期上两次,每次两小时,在附近一间教会场地的幼儿班。这不是教会举办的,但是和小区大学有关的班。我选它的理由:一是很近家。二是每次只有两小时,每周只有四小时。但是,最重要的是:这是一所 CO－OP 的学校,意思是,家长要轮流去帮忙,每次都有家长在。家长可以在班上,我觉得比较"安全",不是单单多几个大人,就比较安全,而是因为我可以在那里,我就知道老师教些什么。老师教的方法和内容是否健康?老师对孩子的态度如何?(当时还不会想到有虐待儿童、侮辱儿童等类的事。现在知道了,就要更小心了。)

因为我自己在班上,我知道发生什么事,我也可以有智慧地处理。有其他小孩欺负我儿子吗?我可以告诉儿子怎样应对。我也可以实际地安慰孩子,解释给他听。开头他不熟悉新环境,我可以多留在班上,直到他熟了,不怕了,我才走开。

但是,当我大儿子四岁的时候,小女儿出生了。大女儿不介意在朋友家,或是请保姆看她,所以哥哥上学时我可以和哥哥去。但是小女儿不要去他人的家里,她会哭,所以我想让哥哥去另一间更近家的学校,开车三分钟就可以到。那时我送他上学很方便,接他回家也很方便。但是,因为我不在场,所以不能处理班上发生的事情,孩子又只有四岁,怎样懂得处理呢?结果孩子在班上并不愉快。有一次老师说他不听话,因为全班都进的厕所他不肯进,原来是因为那厕所写着女厕,所以他不肯进。其他的孩子都听话,因为他们还不会读字,不觉得有什么不对。又有一次,老师又说他不听话,甚至把他送回家(我想把他送回家之前一定有一些不愉快的过程,但我不在场,故不知道,也不能安慰和解释)。因为这次的事故,我就要求老师让我去班上参观,我才知道我的儿子在班上不快乐,因为那时他开始读小孩的百科全书,对班上的活动不感兴趣,所以不合作。现在想来，那年不应该让他去那间学校，因为不适合他，只给了他没趣和反感。每次他回家之后，坐在大门进口的地上脱鞋子，然后就坐在那里看书。当时不知道这是一种“症状”，只以为他乖乖的在那里看书，不来吵我，真是好。原来他是因为闷在心里，要坐在那里看了两个钟头的书，闷气才消，才能重获童真。真是危险！如果继续这样下去，真可能成为一个不和人家讲话的孤独人了。我现在想起来，以前听人家讲，天才都是孤独的。是否有不少是因为没有人了解、没有人解释，也没有人安慰他们？他们从小就被误会，所以就生活在自己的天地里。我小的时候，常听大人说某亲戚有点神经质，怪怪的。长大了，我觉得他并不怪（不是真的怪，而是与人有些不同），只是很聪明，他的理解、思想、言论都高过常人一级。

老二喜欢活动，两岁多的时候，看到公园里有小孩班，她就感兴趣。这班是唱歌、跳舞、运动的班。我送她上课时也带了妹妹去公园玩，她到外面玩的时候就见到她的妹妹，大家打招呼、作怪脸，很愉快。到三岁的时候就去了哥哥三岁时上的班，妈妈可以常在班上，她也很投入，因为班上的活动：唱游、手工、爬上爬下，都是她的兴趣。

所以，你的孩子跟我的孩子，不一定相同，因为上帝造人是很“高等”的，祂不是造的都是一个模型出来。祂是大有智慧的上帝，我们人是有限的，我们想不出多少花样儿来，但是上帝有无穷无量的智慧，祂造的个个不同。我的经验可以给你做参考而已，你必须了解你自己的孩子。要了解你的孩子就要花心思、花精力、花时间；而且要有耐心、要有恩慈、要谦卑、要有真爱。你肯为你的孩子负上这么大的代价吗？

让我们去了解儿女吧！他们不一定三岁之前要上幼儿班。下次让我分享为什么我们的小儿子四岁多才上幼儿班。

## 四岁了，还不上学？

有些孩子适合三岁或之前上幼儿班，但有些不一定适合。

我们的小儿子真有福气，一出生就有哥哥姐姐。他们都很爱护他，那时哥哥已九岁多，而且很懂事了，他因为看书多，常识也多（他已经考进了华盛顿大学）。姐姐也会抱他，会喂他奶瓶。他们都会跟小弟弟玩，小弟一出生就有孩子跟他玩了。所以我觉得他不需要上学校去跟孩子玩，他已经有伴了。而且，他很“正常”，意思是：他不像兄姐二三岁就自己看书了，他三岁的时候只认得字母和数字（因为我教兄姐中文，所以他也认得些中文字），讲话又慢。因为过去的经验，我想他在家里会比较快乐，不必赶着上学。

过了四岁，我跟他商量，要不要上学，每次两个半小时，一周三次。那时因为姐姐上了教会学校之后，我们都觉得很好，所以老四就上同一所教会学校。我们认得教他的老师，上学之前又约了见面的机会，老四到课室里去看看玩玩，跟老师谈谈话。他很害羞，必须要我陪他，所以我就陪他。我跟老师商量上学的时候我就在班上帮忙。这样，孩子就放心上学了。不久之后，孩子认得老师，也知道老师爱他、关心他，就不需要我陪他了。因为我看出这老师有爱心、有耐心，而且认识至圣者，可以带我的孩子走在正确的道路上，所以我也放心了。

我们都鼓励带孩子到教会的主日学。主日学的老师就像学校的老师一样，可以对孩子的心灵有重大的影响。我到现在还记得我小时候听的故事、得的奖品、学的歌曲。教会应该看重主日学，把最好的人选放在主日学教育上。主日学的老师不但要有爱心、有耐心，而且要十分注重圣经。不要讲错圣经故事（其实不应该叫故事，恐怕孩子误会以为是童话故事，圣经所记是历史事实），因为小孩子记忆力很好。你讲错了，他就记错了。

重要的句子，要记下来，才能够把重点讲出来。比如：大卫击杀歌利亚。有几句话很重要：“这未受割礼的非利士人是谁，竟敢向永生上帝的军队骂阵吗?”“你来攻击我,是靠着刀枪和铜戟,我来攻击你,是靠着万军之耶和华的名”(撒上17)。会看书的小朋友,最好让他们自己从圣经读这些话。

我们的大儿子四岁的时候,主日学老师觉得他很麻烦。因为他把当天的功课和故事拿起来读,之后就没有兴趣上课了。当时我不知道要怎么办。如果现在有这么一个孩子的话,我可能让他跟高几班的孩子一起上课。或者,训练他成为班上的助教,请他读故事给同学听,请他帮助同学学习金句等。

幼儿班的老师(学校和主日学都是一样)是非常重要的。因为小的孩子,对自己,对世界,对他人,对上帝的看法,都最容易被影响。

1. 对自己——自我形象。幼儿班的老师,要在每一件小事上提醒每一位小孩,他是慈爱的天父造的,不是猴子演变来的,而且是天父、创造者,照着自己的形像造的。祂重看每一个人。如果小孩讲到某人不漂亮,老师会捉着机会改正他:上帝造的都是美好的。如果孩子比较高矮,就要提醒孩子“耶和华却对撒母耳说:不要看他的外貌和身材高大……因为耶和华不像人看人。人是看外貌,耶和华是看内心”。上帝重看每一个人,上帝爱每一个人。我们也要尊重每一个人、爱每一个人。我们也要自爱,不要低看了自己。

2. 对世界——治理这地。上帝造人之后,要人治理这地。所以我们要爱护这地球,爱护上帝所造的。我们住的房子、用的课室、桌椅、纸笔,都不要乱用,都要爱护照顾。上帝给我们的食物,不要糟蹋(我常看到幼儿班的小孩子,在老师的教导下,用食物来做玩意儿,然后就丢掉。我想应该让孩子不糟蹋食物,不要轻看食物,因为没有食物的时候就算用金银宝石也换不了食物。食物是很特别的,是上帝赐给我们的,要存着感谢的心来领受)。让孩子从小保护环境。学习治理这地。因为要治理这地,所以很自然地就会教孩子科学。科学就是研究上帝所造的,要研究才懂得怎样来照顾。这样,孩子的学习就有意义和兴趣了。他们也知道工作的意义了——做好的管家。

3. 对他人——尊重上帝照自己的形像和样式所造的每一个人。教他们彼此相爱,与人和睦,以善胜恶,不要以眼还眼。不要争吵或抢东西,而要温温和和地待他人。这个社会是你抢我争、弱肉强食。这不是上帝的意思。祂的意思是:"上帝随自己的意思,把肢体俱各安排在身上……眼不能对手说,我用不着你。头也不能对脚说,我用不着你。不但如此,身上肢体人以为软弱的,更是不可少的。身上肢体,我们看为不体面的,越发给他加上体面"(林前12)。

4. 对上帝——培养敬畏上帝的心。祂是全能全知、无所不在的创造者。耶稣基督,从上帝出来,是上帝荣耀所发的光辉,是上帝本体的真像,祂道成肉身,把上帝表明出来。"爱子是那不能看见之上帝的像……万有都是靠祂造的……都是借着祂造的,又是为祂造的。祂在万有之先,万有靠祂而立"(西 1)。"我们生活,动作存留,都在乎祂……如今却吩咐各处的人都要悔改"(徒 17)。上帝是创造者、立法者、拯救者,祂已立基督耶稣为审判者。上帝是公义、慈爱、信实和圣洁的,我们听从祂,就是有智慧的人,就得到上帝那良善、纯全、可喜悦的,因为这是上帝的旨意。

有一位母亲告诉我,她两岁的孩子晚上哭得很厉害。我去看他,觉得他很正常,我在那里两个多钟头,他都没有哭,而且很快乐,又友善,一直拿玩具给我。他的问题只是没有建立安全感,所以晚上不肯自己睡,要妈陪。因为不陪他,所以就更没有安全感了。陪他一下,告诉他妈在家,不会走。这样,等他有了安全感,当然就不用陪也可以了。何必让他那么痛苦,他苦,妈也苦。而且时间又浪费了,如果用那哭的时间换做讲圣经给他听的时间,不是更好吗?那位母亲说,她正想早点送他上学。我建议不必送他上学,让他在家。他已经有哥姐和他玩了,不必有其他孩子陪他。他已经没有安全感了,还强要他离开,那不是弄巧反拙吗?争取这美好的机会,影响他和享受他，晚上早一点预备，花一点时间和他并全家一齐在他床上读圣经祷告。全家灵修之后，还可以继续和他谈话，不但建立亲情，也帮助他培养安全感。要不然，孩子成了重担，多可惜！

“教养孩童，使他走当行的道，就是到老他也不偏离。”(箴 22)

## 家有独子

几天前，一位母亲打电话来求救。她四岁的儿子弄得她快要崩溃了！不但搞得屋里天翻地覆，而且在学前幼儿班上，学到了一些粗言秽语，一不高兴就乱叫乱骂。母亲无能为力，骂他，不听；打他，不怕。天啊！才四岁，怎么办？

家有独子(包括男孩女孩)，常常不知道要怎样办。父母天性是爱儿女的，加上只有一个，疼爱有加。但是，为什么爱孩子爱到家无宁日呢？

独子(本文“子”包括男孩、女孩)，父母把一切寄望在他身上，诚恐养不大，又怕没把最好的给他。这原是正确的。但是，有时候因为不得其法而得到的是烦恼和失望。

爱，必须根据真理设计者的方法。您不会用水去冲洗彩画，不会用火去溶化冰箱里的冰，因为设计者不是这样设计的，我们可能是出于好意，但对真理无知，反而遭殃。人的设计者是圣经介绍的创造者，这是科学事实所支持的。科学家研究的就是上帝所造的，所以科学事实与圣经当然符合(有些科学家猜想人是由单细胞进化来的，但是，这猜想从来没有被科学事实所支持)。让我们看看圣经这本人生手册如何指示我们教养独子。大致上圣经的大纲可分四部：上帝创造、人犯罪、上帝救赎、上帝审判。

家有独子，很容易变成小皇帝。不但是小皇帝——以为人家都是服侍他的；更是小暴君——呼风唤雨，生死在握，自我中心。但是，这不是无可避免的。我们将指出在独子上较明显的特点：

(一) 上帝创造，各从其类

独子是人，不是动物，有身、心、灵，是照着上帝的形像和样式被造的（男女皆是，故不能重此轻彼。请看，被弃女婴的居多，将带来社会不平衡）。他是他，他是独特的。父母的梦想，喜好，野心，一切都寄望在独子身上。可能连祖父母也如是。一来给独子的压力太大了；二来每个人都一定会失望。因为独子无法完成父母或祖父母未完成的梦想。所以，对独子我们要特别小心，不要把压力放在他的身上。相反的，我们要欣赏他的独特，研究他，观察他，给他机会发掘他的天分，就是天父给他的才能。不要心中暗暗高兴：啊，他像我；或是暗暗失望：他记性这么差，将来怎么学医呢？或是迫不及待：怎么还不识字啊！或是暗暗厌恶：我这么漂亮，怎么生了他这么难看！可惜他数学不好，像他妈！人家都是喜欢看书，怎么他一天不停地动？或是满怀抱负：我一定要把他教到名列前茅。看到一则讲座的广告："保证使他名列前茅"。我看了心里一震。可怜的孩子，可怜的家长！我们应该留意照着创造者的创造真理，待每一个人都是独特的。

（二）人犯罪

圣经告诉我们，即使在十全十美的环境中，我们的始祖都犯了罪。他们犯什么罪呢？诱惑人的说："你们便如上帝，能知道善恶"，"于是女人见那棵树的果子好作食物，也悦人的眼目，且是可喜爱的，能使人有智慧"（创 3），人的罪就是要如上帝，以自己为上帝，自我中心，自己规定何为善何为恶。这自我中心的罪性也在独子心中。有一次在朋友的家中，家主当着我眼前，开冰箱拿东西吃，自己坐在我对面吃。奇怪吗？他是独子。甚至长大了，仍然唯我独尊。独子，他要吃什么，父母一定会给他。并且常常是留下给他独自吃。做惯了，他也觉得自然，不会想到他人。教养独子，在自我中心这问题上，要特别留意。我常看到大人跟小孩讲：给我一块糖。小孩给了。大人便说："乖乖，还给你"。给糖只是玩游戏，不是真的给了。他也无法学到真的与人分享好处。大人应该是真的拿了，说谢谢，就吃了。你要糖，是真的；他分享，他是真的；你谢谢，也是真的。要特别注重教他与他人分享，因为这样做不是人的本性，人的本性是自我中心。从小吃东西的时候要以身作则：妈妈自己要吃什么，就问他，你要吗？预备东西给他吃，也提醒他，问其他的人。当然，多数时候，你和他人都会说：谢谢你，我现在不用吃。但是，有的时候，要说，好，谢谢。他给你，你就快乐地吃了。让他感受分享的快乐。请小朋友来跟他玩之前，先愉快地和他一同计划："你最喜欢玩的玩具是哪几件，你想小朋友会喜欢吗？我们可试试看。""你要跟妈一起预备什么点心给小朋友呢？来，我们一起去买。"如果小朋友不好意思玩我们的玩具，你怎么劝他呢？可以告诉他说："你先玩，你不常在我家，你先玩，我天天都可以玩。"

一个常存感谢的人，就不容易以自我为中心了。比如说，用饭前感谢天父给我们饮食，感谢天父给我们爸妈有工作，感谢爸妈买菜做饭。常常感谢，就不会认为一切好处都是理所当然的。

不少独子，吃饭有问题，浪费好多时间。主要是因为父母爱子深切，恐怕他吃不够，饿坏了。如果父母不那么紧张，只要不是饥荒，不是没食物，孩子是不会饿死的。正常的孩子，饿的时候会想吃。问题是，父母太关心。如果那一餐的时间他不饿，他便不会吃。小孩子可多吃几餐，我们可以在正餐中间加多点心的时间，这样，大概两个钟头吃一吃。每天一、二餐，甚至一、二天不吃都不要紧。最好跟他一起吃，不是侍候他吃，是分享（你可不吃多，如果你不需要吃的话），让独子养成不用人家侍候他的习惯。有些父母恐怕独子不快快长高长大，总是勉强他吃。如果正餐不吃又随他喜欢乱吃一场，这也是助长他的自我中心。我们可以温柔地和他商量，怎样安排时间，吃饭的时间过了，就不需继续吃，可以收起来了。不要生气，不要骂他，只愉快地说："你不饿了，我们来收拾"。家里也不要太多零食。另外一个现象是：父母替独子拿食物，总是拿多不拿少，然后一定要他吃完。你想这样合理吗？孩子知道他的肚子，让他自己决定，让他习惯拿多少就吃多少。不要浪费。当然，如果食欲有病态的话，应该去看医生，才不会耽误了。

（三）耶稣基督的救赎

信耶稣就是承认自己败坏，自我中心，自作主张，求创造者赦免。承认耶稣为我的罪已死，又从死里复活，证明祂是生命之主，也证明祂已胜过罪的结果，就是死亡。承认并接受耶稣立约的血，洗净我的罪。立志邀请耶稣在我生命中为主为王。立志要遵行祂一切的话——圣经。所以，要脱离自我中心，必须以耶稣为中心。独子的环境，虽然比较鼓励自我中心，但“靠着那加给我力量的，凡事都能作”（腓 4）。现代的教育：“你能作”，“你凡事都能作”，和“靠着那加给我力量的，凡事都能作”，有天渊之别。前者是完全的自我中心——因此带来自己和他人的失望和痛苦；后者是事实——因此带来积极的人生，自己和他人的喜乐。父母因只有一个孩子，寄望太大，总是要他用功，“只要你用功，一定名列前茅”；“只要你努力，什么都做得到”；“人以十之，我以百之”；“勤能补拙”；“你用功，将来可以升官发财，要什么就有什么”。这类话只有部分真理。“嗐，你们有话说，今天明天我们要往某城去，在那里住一年，做买卖得利，其实明天如何，你们还不知道。你们的生命是什么呢？你们原是一片云雾，出现少时就不见了。你们只当说，主若愿意，我们就可以活着，也可以作这事，或作那事”（雅 4）。这个大前提，必须常在脑中，在话中，在行动中。所以，要孩子真的成功，必须带他到主前，请耶稣成为他个人的救主和主人。救他从罪中出来，不再做罪的奴仆；做主人，管理他的一生，管理他人生的全部。独子有问题是因为父母自己不了解，或没做到以耶稣为中心。以致以自己的盼望，自己的意志为中心。结果形成你的意志和他的意志的斗争。如果独子和父母都以耶稣基督的心为心，“将身体献上，当作活祭……不要效法这个世界，只要心意更新而变化”，就能“察验何为上帝的善良、纯全、可喜悦的旨意”，也能不“看自己过于所当看的”，而“看的合乎中道”了。

有了耶稣为主，也就可以祈求祂的能力来带领和改变人。父母自己每天过灵修生活，还要每天带领独子一起到无所不在的上帝面前，读“人生手册”——圣经，而且照着去行。如果孩子一天不吃饭，父母就担心，恐怕不健康。一天灵命没有供养，也是不健康。如果你花那么多时间精神为了养活独子必死的身体，怎么可以不花更多的时间精神供养他永活的灵命呢？

有一位妈妈，孩子不听话，晚上很迟回家，也不打电话回家，叫妈担心，常为此吵架。我跟孩子谈过，发现他不是那么坏，还听话，也肯跟着祷告，请耶稣为救主。但过了一阵子，又吵架了。最近，妈妈终于真的信主，与偶像完全断绝；她告诉我，情形有好转了。

## 成功

什么才是成功？你的彩电无影像，冰箱不能保冷，叫做失败。彩电不保冷，冰箱无影像，不叫失败。彩电不保冷，但有清楚的彩色影像，冰箱没像，但能保冷，叫做成功。我们要独子成功，是要根据成功的标准。我们被造，都不同，都是独特的。成功的标准也是独特的。从彩电与冰箱的例子，你了解，原来成功就是达到创造者造我的目的。生命不在乎长短，也不在乎家道丰富。成功的生命就是活出创造者的原意。

施洗约翰只活到卅来岁，没什么财富，他成功吗？“他要使许多以色列人回转，归于主他们的上帝……叫为父的心转向儿女，叫悖逆的人转从义人的智能，又为主预备合用的百姓。”（路1）他做了，他成功了。因为审判的是造他的。

今天的社会有太多人与人的竞争。竞争的对象是他人，这是不合乎圣经的。基督徒父母有时也会被社会影响，加上只有独子，注意力集中在他身上，愿以一切栽培他，也因此会有紧张的气氛。有时不是父母加上的压力，而是社会的影响，独子会自己给自己压力。有一个小孩每次参加钢琴比赛就会肚子疼。有个小孩，上学就会吐。还有些会做噩梦。有些小孩，不一定是外来的压力，而是自己给自己定下完美的标准。标准太高，达不到，带给自己和家人痛苦。家有独子，要刻意地带给他圣经全盘的真理，常常温习主人的标准："良善又忠心"。良善是上帝的标准，合乎上帝的标准，就是良善，就是好。忠心，是忠于所交与我们的。上帝给我五千银子，我要忠心，尽本分来发挥，再赚五千。上帝给我二千，我也忠心，尽本分来发挥，再赚二千。上帝给我一千，不会向我要求赚二千，这是真理。所以，不是追求名列前茅，而是追求做良善忠心的仆人，这是教养孩子一生的目标。因为是照着天父给他的天分来发挥，他必能胜任愉快。上帝要的不是我们"做"什么，乃是我们"是"什么。上帝说："我立大地根基的时候，你在哪里呢，你若有聪明只管说吧"(伯 38)；"独行奇事的耶和华"(诗 72)，"因为他预先所知道的人，就预先定下效法他儿子的模样"，"你要尽心、尽性、尽意爱主你的上帝。这是诫命中的第一，且是最大的，其次也相仿，就是要爱人如己。这两条诫命是律法和先知一切的总纲"(太 22)。所以不是为行动而行动，不是为作事而作事，而是因为爱，自然有行动，自然有事奉。这些原则要常讲，常应用。

还有，家里要愉快、轻松，不要赶来赶去，要有轻松的时间可以交谈沟通。父母的教法要一致，这些在学习圣经和让圣灵管理时会学到。如果祖父母或其他亲友也有份照管独子的话，他们也要同心遵从圣经。我知道这是很多家庭的问题，每个大人都要把独子塑成他以为最好的模样。希望每一位对他有影响的人都"只要照着主的教训和警戒养育他"(弗 6)。

## 二宝出生了(一)

第二位小宝贝出生后，大宝贝常有叫父母烦恼的反应，怎么避免？

不少父母亲希望有两个小宝贝，但是当小的出生的时候，都发现大的很难相处。

做父母的都知道，小婴儿是完全依赖他人才能生存的，他们自己不能拿东西吃，不能拿水喝，不能自己上洗手间，或是自己穿衣服。自己不能而需要依靠他人，他们会以哭声来吸引人，来满足他们的需要。大人要照顾小婴儿，常是忙得不得了。

让我们想象一般的情况：

（一）小的还未出生，妈妈顶着大肚子

大的："妈，我要抱抱！"

妈："你看妈肚子这么大，怎么抱你呢？你大了，自己走吧！"

大的可能心里想：都是因为这小的，所以妈妈不能抱我；如果没有小的，妈就会抱我了。

（二）小的出生时

大家忙着送妈妈到医院去，请别人照顾大的。他可能想——妈不见了，因为要生小的，所以不能照顾我。不要生小的多好，妈就可以跟我在一起了。

（三）第二位出生了

大家热热闹闹地来看小的，忘记了大的。妈忙着照顾小的，产后体力不足，需要休息。照顾小婴儿很吃力，晚上也要起来好几次喂奶。好不容易，小的睡着了，正好可以休息一下，怎么知道大的又闹情绪，喊着要妈妈，把小的吵醒了。妈妈已经很累，又要起来照顾小的，自己情绪也不平衡，冲口而出："怎么搞的，把小的吵醒了，真是不乖！"

大的哭了，家里乱成一团。

"你再哭，我就打你！"

至此，大的心已被大大地伤害了。他把一切的痛苦，归罪于小的。以前，他哭，妈妈会来照顾他，安慰他。他哭得更恸了。他不了解，也不明白，他只知道这个小的带来了痛苦。

可能，大的会有反常的行动，他本来已经会自己上厕所了，但是，现在，他湿了裤子。本来，他不用奶瓶了，但是，现在，他要奶瓶。他要做小婴儿，因为他以为父母的注意力在小的，因为他是小婴儿，什么都不会做，不会上厕所，不会用杯子，所以要得到爸妈的注意,就要做小婴儿。

看见妈妈抱小的,大的也要抱。可惜,大人回答说:“你这么大了,不需要抱了。”大的因此容易产生嫉妒的心情。为了要引起父母的注意,有时会故意的不乖,做一些破坏性的事情。但是相反的,带来的不是父母的怜爱,而是父母的打骂。于是大的也可能会欺负小的,趁着大人不注意的时候,欺负小的,发泄心中的气愤和报复。

有些父母,因为知道小婴儿需要很多时间照顾,所以干脆把大的送去给他人照顾,免得没时间兼顾。这有什么不好呢?试想,大的还年纪小,还是小孩子,没有力量自己行动,被逼离开父母,他能够了解吗?他喜欢吗?或是他感受到的是父母因为有了小的,就不要他了?长大以后,虽然理智上了解父母不是不要他,但是内心的深处,仍然有一个疤痕,使他不容易建立与父母的亲情,手足之情也有了无名的障碍。

有的父母,反过来,把小的送出去给他人照顾,以为小婴儿不懂事,无所谓。结果,当小的回来的时候,不但没有避免问题,而且问题更大,使手足的关系很难建立。

那么,怎么办呢?

让我们回去看“人生手册”——圣经。

“上帝就照着自己的形像造人,乃是照着祂的形像造男造女。上帝就赐福给他们,又对他们说:生养众多,遍满地面,治理这地。”(创1)

生儿养女是上帝赐的福气,孩子不是我们的拖累,孩子是祝福,是上帝给我们的乐福。我们是不是经常为了孩子而感恩,事实上,我们是否过着感恩的生活?为着上帝的创造感恩;为着上帝的良善、慈爱、怜悯、恩惠、公义感恩;为着祂的救赎感恩;为着祂为爱祂的人所预备的感恩。如果我们的生活是感恩的生活,大的出生之后,父母会常常以言语行动让他知道向上帝的感恩,感谢祂赐给我们这孩子。我们如果心中真的充满感谢,就会自然在我们日常言行中流露出来。

前文我们提到家庭灵修生活，就是每天全家一起读圣经祷告。如果你家已经实行了的话，你的大孩子就经常和你们一起读经祷告了。当怀第二个孩子的时候，你就很自然地也为这新生命感谢上帝。在这感谢的气氛中，父母可以刻意地让大的快乐地加入“我们”的行列。他和父母一同为这还没出生的小弟或小妹感谢上帝：一同为小的祷告，一同接受爱护小的责任；一同求上帝给“我们”智慧和力量，带领小的成为合上帝心意的人。

常常听见大人问小孩子：你要一个小弟弟还是小妹妹？这种问法，其实是不负责任的问法，因为生男生女，不是这小哥哥或小姊姊决定的，他也不应该有选择，就像父母没有权利要男或要女一样。男或女，男与女，都是照着上帝的形像造的，都是在上帝的设计中，祂造的都是好的。只有上帝知道什么时候、什么家庭，应该生男或生女，上帝是宇宙之主，但愿我们在生活中尊祂为主，但愿世人在生男生女的事上尊祂为主！虽然我们没有办法避免人家这类问题，但是我们可以教导自己的孩子，让他尊创造者为创造者。如果他很小，刚会说话，我们可以教他回答：“不知道”、“都要”；大一点，可以回答：“上帝给我什么，我就要什么”，或是“我要上帝给的”。

## 二宝出生了（二）

第二位小宝贝出生之后带来的烦恼，是大孩不乖，不听话，有“返童还婴”的现象。为了避免这些情况，需要在还没有二宝之前有所预备。

前文提到，要过一个感恩的生活——凡事谢恩。这种感激创造者的心态，无形中变成一种感恩的人生观和生活习惯。对人也会感恩。当一个人与创造者建立了正常关系的时候，他不但感谢上帝，他也感谢家人。有一位弟兄说，当他在领受圣餐的时候，经历了神的爱。当他和上帝建立了这个爱的关系的时候，他看着他的妻子，只有想到她的美好，爱与感激油然而生。

圣经充满了爱的信息。上帝爱我们，也希望我们都活在爱中。试想，如果这世界上没有爱，是多么可怜呢？爱，是多么难以捉摸，但又是多么真实。爱是世人所求的，是世人所需要的。每一个家庭的建立，应该是基于爱。但事实上，有多少家庭的成员是活在爱中呢？爱必须要表达在言语、行动和态度上。

"所以你们该效法上帝，好像蒙慈爱的儿女一样，也要凭爱心行事，正如基督爱我们，为我们舍己。"（弗 5）

父母有这种爱的表达，孩子就容易学会爱的表达。

"论到弟兄们相爱，不用人写信给你们，因为你们自己蒙了上帝的教训，叫你们彼此相爱。"（帖前 4）

"弟兄为患难而生。"（箴 17）

"看哪，弟兄和睦同居，是何等的善，何等的美。"（诗 133）

"各人不要单顾自己的事，也要顾别人的事，你们当以基督耶稣的心为心。"（腓 2）

圣经中明显指出彼此相爱的真理。弟兄，不但指男性，也指女性，意思是，有共同生命的人。弟兄姐妹，当然是有共同生命者了。上帝要我们享受兄弟姐妹手足之情爱。我爸爸常说："打虎亲兄弟"，为什么呢？正如圣经"弟兄为患难而生"（箴 17），打老虎，在危急的时候，亲兄弟亲情的爱，不会只顾自己不顾弟兄的。要建立这种正常的亲情，要从父母做起。父母亲爱的表达要清楚。有一次有一位父亲说："爱子不让子知道"，恐怕把儿子宠坏了。有些人以为如果表达对儿女的爱，污鬼会害他们的孩子，所以把孩子叫做"难看"、"小狗"、"小猪"、"没用"等。事实上，我们要敬畏的，唯有创造者，且要遵从祂。祂高过一切，是全能全知的上帝。我们先蒙了上帝的慈爱，就懂得爱儿女。我们的儿女蒙了慈爱，也懂得爱弟妹了。这样，我们全家就能凭爱心行事了，就能行在爱中了。

妈妈尚未生产，小的还在腹中的时候，"我们"——爸妈和大的——已经爱他了。如果妈妈大腹便便，而大的要妈妈抱，不是告诉他："你这么大了，不需要抱了"，或是，"妈妈肚子这么大，怎么可以抱你呢？"而是预先很愉快地说："你未出生的时候，也是在妈妈里面，上帝爱你，叫你小的时候不受冷，不受饿，在最安全温暖的地方，妈妈替你吃东西，因为你还没有牙齿，食物经过一条小管子到你身上，你就一天天长大，就像我们的小婴儿，你看看，妈的肚子会愈来愈大，每天大一点点。小婴儿愈大，上帝就给他愈大的房间。你看，上帝多聪明，多爱我们！后来你愈来愈大了，也愈重了，妈妈就不够力气拿其他重的东西了。我们的小婴儿愈大愈重的时候，不但爸爸可以帮助拿重东西，你也可以帮了，多好！你想妈妈还能不能抱你呢？"

"我想不能了。"

"哈，我有办法，我还能够抱你。我可以坐在床上或椅子上抱你！"

"这样抱我，会不会压到小婴儿？"

"不会的，我们会小心。不过，有时候他会踢到你啊！有时候他会运动手脚，我们会感觉到的。你记不记得你在妈妈肚子里的时候做什么事呢？"

"不记得。"

"等我们的小婴儿会说话的时候，我们问他看看他记不记得。"

"我想他也不记得。"

"你知道小婴儿的房间叫什么名字吗？很好听，叫子宫，就是小皇帝住的皇宫……"这类的对话可以预先对大的说。他可能会记得："妈妈，你要坐着才可以抱我"。我们的大女儿很自动地要妈妈坐着抱，或是要爸爸抱。做爸爸的有特别的机会可以更亲近大的。妈妈不要认为怀孕很麻烦，要趁机会欣赏上帝创造的奇妙和祂的爱，你就会很自然地把这欣赏在言行中传给大的。我们一生中，没有几次这种机会！"深哉，上帝丰富的智能和知识！""我受造奇妙可畏，你的作为奇妙，这是我心深知道的，我未成形的体质，你的眼早已看见了，你所定的日子，我尚未度一日，你都写在你的册上了。上帝啊，你的意念向我何等宝贵，其数何等众多！”（诗 139）

如果我们了解上帝给我们，不但有一个，而且不止一个孩子；了解上帝让我们有几个月的时间，欣赏祂造生命的奇妙，经历祂的智慧和大能；我们就自然会彼此相爱，而且思想中充满对上帝爱的感恩。我们日常生活中，也就会带领大的孩子，以感恩和爱心来等待上帝所要给他的小妹妹或是小弟弟了。

## 二宝出生了（三）

前文提到第二位孩子出生之后，常常会发现大的叫人有烦恼的情况。要避免这烦恼，需要了解孩子的感觉，在第二位还未出生之前，先做准备。

妈妈生产第二位的时候，最好爸爸可以陪大的。陪他盼望妈妈回家；陪他计划怎样照顾妈妈和新婴儿；陪他玩，陪他吃。这是一个好机会，特别给爸爸和大的更进一步亲近，有共同的生活，共同的挂念，共同的玩笑。可能的话，陪他去探望妈妈和小婴儿。我记得当我生老二的时候，我在医院的窗口，看见我们的大儿子，穿着一套天蓝色的绒质小西装，携着爸爸的手，从停车场走向医院门口，看他的神情，好有信心，好神气，好“长大”了。可能他觉得自己是和爸妈一同看顾妹妹的。他对妹妹十分温柔，又喜乐，又兴奋。看见等待了好久，每天为她祷告的小宝宝，终于出现了。

大宝知道你对他的爱没有减少，没有变薄，他会存着感恩的心来爱护小弟妹，因为是多了一份爱，不是少了一份爱。

刚生产之后，最好是有人来帮忙，让产妇可以多休息。不过，帮忙的人要懂得怎么帮。她要帮的尽量不是照顾小婴儿，而是孩子之外的其他的事务，如：清理房子、煮吃的东西、洗衣服、招待客人等。尽量让母亲照顾自己的孩子，特别是喂奶和喂食物。这包括大的和小的。她可以预备食物，但让父母喂孩子吃。如果产妇休息，她陪大的玩，也尽量在看得到妈妈的地方陪他玩，和大的一同“照顾妈妈和小弟妹”。比如：“我们来弄东西给妈妈吃”；“我们来温牛奶给妹妹(弟弟)”；“我们来看看妈妈醒了没有”；“你在这里照顾妈妈，我去煮饭”等。

有不少产妇很怕家婆(婆婆)来照顾她坐月子。为什么她不欣赏婆婆的帮忙呢？可能有不同的原因。其中一个原因可能是她觉得不自由。所以做婆婆的要特别小心，不要让媳妇觉得你喧宾夺主。这是她的家(你的儿子和她是二人成为一体，这是他们的家，不是婆婆的家)，让我们尊重她。如果做婆婆的先问了怎么样帮忙，照着她的意思，不要批评她治家之道，不要做主人，尊重她如同尊重朋友。尊重她的隐私。比如，要进入她的卧室之前，要先叩门，得到许可才进去。

如果没有合适的人可以帮忙，则要尽量减少不必要立刻做的工作。如，洗尿布(可以用纸的)，洗碗(也可以用纸的)，清扫房子(一两个礼拜不打扫大概不是太要紧吧！)，不能少的是健康的食物。作丈夫的可以有些安排，煮一些有营养又随时可以吃的东西。这样就算丈夫无法休假，妻子还可以不为食物操心。

常常和大的孩子谈话，不要忽略他。可以在床上抱他，明显地表达父母的爱，当然要帮助他小心，才不会令妈妈或小婴儿受到伤害。不要无意中责怪他：“怎么吵醒了弟弟？”“你真是，弄哭了弟弟！”“不要吵，吵醒了弟弟妈妈会打你的！”

我们要教大的怎样爱小的，而不是他做错了的时候才骂他。比如，教他用温柔的声音和小的讲话(我们跟孩子讲话如果是用温柔的声音，他也容易学懂)。教他亲婴儿的手脚，抚摸手脚，避免亲脸和抚摸脸，因为容易伤到婴儿，如果要亲脸的话，要动作很慢，不然容易碰伤。我在公共汽车站等车的时候，看见一个女人，跟朋友手中抱的婴儿玩，她用双手伸到婴儿的脸，抚摸两边脸，缩回双手，再重复做了好多次。我好替婴儿担心，一来很不卫生，因为我们的手上有许多细菌。我曾经在微生物学课上做过一些实验，发现手指上的微生物多得可怕，洗了十次之后，仍然还有不少细菌。二来很危险，因为尖尖的手指和指甲，可能会伤到婴儿，特别是他的眼睛，不一定是大人不小心，可能是婴儿突然转动了。所以要以身作则地教孩子怎样以安全的样式触摸小婴儿，免得我们发现有危险的时候，突然大叫，吓坏了小孩："不要这样呀！""你看，你的指甲刮破弟弟的脸了！""不要这样，尖尖的手指会弄瞎弟弟的眼睛的！""你看，弟弟哭了！"要先预防，先教育。如果发现他做错，或是你没教好，不要大惊小怪，不要骂孩子，更不要打他，只要再温柔地教他。不要让他认为他因小的而被骂被打。

父母向大宝的要求要合理，照着他所能的，而不是超过他的能力。比如，两岁的孩子可以让他抱婴儿吗？是可以的，但是，要按着他的力量。如，让他坐在床中央，抱"半个婴儿"，意思是，他抱一半，你抱一半。你把婴儿放在大的身上，因为他坐在床中央，没有掉了婴儿的危险，又因为你的手在保护着，所以不怕他把婴儿掉了。他这样抱小的会很高兴，也觉得有份照顾小的。有的时候，朋友的孩子要抱，可能是已经十岁了，我也没有真正让他抱过去，我的手还在那里"负责任"，而且我都是请他先坐在沙发上，再把"部分"婴儿放在他膝上。如果我们不是这样小心的话，大家都难过：婴儿可能受伤害，大的不但被骂，而且觉得他失败了。大人又后悔没尽责任。

小哥哥、小姐姐也可以喂小弟妹喝奶，这是很好玩，又是建立亲情的好办法，小哥姐觉得有用，小婴儿在哭，他可以满足小弟妹的需要，看着他不哭了，只在吃奶，是会叫小哥姐很有满足感的。不过，同样原则，要先教，以免不安全。可以用不会破的奶瓶，如果大的还只有两岁，最好是用小的奶瓶，叫他可以胜任愉快。大人可以在一边看着，以保安全。也可以一边称赞大的，一边谈谈上帝创造的奇妙："真奇妙，小婴儿一出生就懂得吮奶，不需要人家教他。上帝造他，本来就会了。你看，奶嘴碰一碰他的小脸，他的嘴巴就懂得奶瓶在这里，头就会转过来。你知道吗？你一出生的时候，嘴巴就在动，好像要吮奶的样子，是不是你一出生就肚子饿了？小弟弟怎么会知道肚子饿呢？真奇怪，我们怎么会饿的？上帝的创造真奇妙！你想，要是我们不知道饿，会怎样呢？……”

## 二宝出生了（四）

我们希望家里因多了一个孩子而多一份祝福。不要因多了一个孩子而紧张。全家仍然可以过着轻松而喜乐的日子。

每一位与孩子有接触的人，都有机会帮助大孩和二孩建立亲情，连朋友和亲戚也有这种机会。亲戚朋友去看新生的婴儿，向他父母亲道贺的时候，可以帮助大的爱小的，避免大的因亲戚的表现而嫉妒小的。请记得，初生的小婴儿并不关心你带给他的礼物，但是，你的礼物可以帮助小哥哥小姐姐。比如，你可以带两份礼物，一份给大的，一份给小的；你可以只带一份礼物给大的，让他可以跟小的一起玩。当你把礼物给大的时候，可以说："恭喜你有了妹妹！这是给你的礼物。这份给你妹妹的，请你替她收，好吗？""这玩具给你和弟弟，恭喜你做了哥哥。你想什么时候弟弟才懂得跟你在一起玩这玩具呢？我想你教他，他就能学会玩了。"

孩子个个不同，因为创造者上帝是充满创造性的，祂所造的每一位都不同，都独特。我们为人父母的要照着这真理来养育儿女。有的孩子性情比较柔顺，很听话，有的生来身体健康，吃得好，睡得好。父母亲觉得比较容易照顾，所以容易有偏心的情况，因此，我们要很小心，常常提醒自己。要常常在言语行动上表达我们不偏心的爱，欣赏他们的不同，也帮助孩子们互相欣赏，互相尊重。常常将他们的注意力引回到上帝的智慧和祂独行奇事，奇妙的创造。身边的人们，我们的朋友和亲戚，可能会对我们的孩子偏心，但是父母亲要纠正这种观念。记得我小的时候，也曾以为我妈应该特别爱我，因为客人常告诉我妈或我：只有一位女儿，必定是掌上明珠，特别爱的。但是，我妈妈总是回答说：每一个都一样的爱。感谢主，我妈妈爱她七个儿女，一样的爱，没有偏心。

我们的儿女，不但有共同的父母，共同的家，也会有着共同的生活圈子和活动。不过，随着年龄的增加，他们会有不同的朋友，不同的生活圈子。所以，一方面我们要帮助儿女不单顾自己的事，也要顾别人的事；另一方面我们也要帮助他们彼此尊重。这样，他们就不会自我中心，要关心他人；同时也会尊重上帝在不同的人身上不同的计划。这好像约翰福音21章所记载的提示：主耶稣告诉彼得，他年老的时候，要伸出手来，别人要把他束上，带他到他不愿意去的地方。彼得立刻问："那么，约翰呢？"耶稣回答说："我若要他等到我来的时候，与你何干？你跟从我罢。"上帝在我们每一位的身上有不同的计划，让我们尊重祂的计划，跟从祂。

弟兄姊妹和睦，相亲相爱，是何等的美善；反之，是何等的可惜又可怜。自从人类的始祖亚当夏娃选择自我中心，自我决定善恶的标准之后，他们就不再彼此看见上帝在他们身上的荣光，不再完全坦诚，完全彼此接纳，以上帝的标准为标准，而是彼此指责。第一对兄弟该隐、亚伯，就活出罪所带来的悲剧：因为该隐嫉妒亚伯并杀害了他。自此之后，人间的亲兄弟亲姊妹，继续演出了无数的悲剧！

到人类历史的第十代，挪亚的时候，"人在地上罪恶很大，终日所思想的尽都是恶……世界在神面前败坏，地上满了强暴。上帝观看世界，见是败坏了，凡有血气的人，在地上都败坏了行为"（创6），甚至上帝要毁灭那世代，只存留挪亚一家，因为"挪亚与上帝同行"，挪亚使自己与上帝同行，是挪亚意志上的决定，其他人决定不与上帝同行。上帝在洪水之后给人类一个新的机会。但是，不到几代，人还是依然故我。亚伯拉罕的儿子以实玛利和以撒也不能和睦。甚至几千年来，他们的后裔仍然彼此敌对。以撒的儿子以扫和雅各，不能和睦同居。父亲偏爱以扫，因为常吃以扫打猎所得的野味。母亲利百加偏爱雅各，因为雅各喜欢在家里陪她。兄弟俩嫉妒，欺骗，仇恨，叫父母伤心，家庭流离破碎。雅各的儿子们也不能和睦同居，以致卖了父亲所偏爱的约瑟，叫父亲伤心欲绝，“我必悲哀着下阴间！”

当我们全家每天一起学习上帝的话语律法，不但父母亲们可以得到智慧，知道如何彼此相爱，如何以上帝的教训和警戒养育儿女，而且，儿女们也可以得到智慧，知道如何不偏离正道。全家都在基督耶稣的救赎中，就有能力活出新的生命。

试想，要是亚伯拉罕顺服上帝，不以人的自以为是的办法去生以实玛利，中东的历史，世界的历史，会是多么不同？试想，以实玛利若是爱以撒，情形又有多大不同？若是以撒和利百加以正确的爱去爱以扫、雅各，这两兄弟是否可能和睦同居？试想，若不是到雅各的时候，有那么多欺骗，以至全家大乱……

我们没有能力影响以前的人，以前的历史。但是，我们可以影响这一代，因而影响以后的历史。我们的创造者赋予我们有主权，做意志上的决定。一个人的决定，可能影响全家。在马来西亚有一家人等候我们到达，那位女士说，她特别和全家迎接我们，因为两年前她一个人去听讲座，自己决意请耶稣为生命之主。现在，全家五口都信主了，家庭满了幸福喜乐。加拿大一位女士，在主日崇拜后来告诉我，几个月前，我在同一教会讲，她听了之后，决志顺服主的话，现在，她丈夫也信了，而且都受洗了。很多家庭告诉我，他们实行了每天家庭灵修之后，关系更好，亲子感情更好了，家庭更幸福了。上帝的话不但不会错（因他是宇宙的设计者），而且“出于上帝的话，没有一句不带能力的”（路 1）。只要我们照着去实行，一定有效。放弃世人的办法，决志实行上帝的办法吧！

“你们做父亲的，不要惹儿女的气，只要照着主的教训和警戒养育他们。”（弗 6）

“教养孩童，使他走当行的道，就是到老他也不偏离。”（箴 22）

“他替众人死，是叫那些活着的人，不再为自己活，乃为替他们死而复活的主活……若有人在基督里，他就是新造的人，旧事已过，都变成新的了。”（林后 5）

# 第四章　孩子快上学了

人生的大图画

起跑线上

好玩伴

建立自信

弃恶亲善

固执的孩子

作功课

对儿女不满意

爱的替代品

真正的满足

嫉妒与任性

口出恶言

## 人生的大图画

我们已经讲过，每个孩子都是特别的。所以，我们要根据他们的特点来教养。有的孩子很随和，有的很有主见；有的怕生疏的环境，有的喜欢新的刺激。上学也是一样。有的孩子巴不得赶快上学去，有的巴不得留在父母身边。

我们也已经知道，开始上学的年龄不是很重要，所以我们不需紧张，不需因为人家的孩子几岁上学而惶惶不定。通常，第一个孩子最可怜，因为父母没有经验。希望读者中有些未有孩子者，这样，人家的经验可以叫我们避免错误。

一幅图画，有的时候，要从远看才看得到整体，如果只是近视的话，可能忽略了完整的大图画。同样的，人生不少事情，也是要从远处看，才不致因细节而忽视了大体。上学也是一样。为什么孩子要上学？为什么要到学校去？上学的目的是什么？

上学，是走人生道路的预备之一。人既是有灵，有魂，有体，那么，预备一个孩子走人生道路，也必须在这三方面都兼顾到。可惜，今天一般学校只注重魂方面的一部分，就是知识的累积，和体方面的一部分，就是体育课。至于其他，多数不理会，或甚至教错了。幸亏，造人的上帝是将教养儿女的责任交给父母亲，不是交给学校。所以，孩子上什么学校，学什么，有什么要补充的，有什么要修改的，在在都是父母的责任。特别是现代社会，基本上已经离开了造物主的原意，离开了造物主原来的计划。所以，父母必须更小心地注意儿女的学校：教什么？怎样教？要注意这些，就要花时间去学校看他们用什么教材，参观上课的情形。知道老师的人生观和性格，他们处理事情的办法等。您可能会说，哪里有这么多时间做这些事情呢？是的，这些都要花时间，但是，教养儿女是一件最花时间的事情。要不然就不要生孩子，不要做父母；是父母的话，就一定要花时间。

有一个七岁的小朋友，在学校里很顽皮，常常被老师罚。最近有一天，他祖父到学校去接他回家，他的东西还没有弄好，老师叫他去拿某些东西，一连叫了他三次，他都没有行动。祖父就很生气，大声骂他，还说回家后爸爸会打他。孩子就大哭了。原来这可怜的孩子，不是他父母亲“计划”中生的，大概父母觉得他的诞生是一个多余，一个拖累，所以从小就不爱他。当他跑近妈，要妈妈抱的时候，妈把双手插在口袋里，不肯抱他！（想到这情境我就想哭！）爸爸则是惩罚的刽子手。您说，世上哪有这种父母？但是，这是千真万确的事实，就发生在此时此地！您可能同意：有些人是不应做父母亲的！是吗？

中国传统社会，是一个极端的例子，提倡“不孝有三，无后为大”。今天的社会，是另一个极端：成人只求自我的满足，自己的方便，可以说是一个不爱孩子的社会。这两个极端同样是不健全的。健全的看法，应该是以耶和华（生命的源头）为上帝，为主宰。有儿女，感谢上帝；没有儿女，一样感谢上帝——凡事谢恩。

上学，既是走人生道路的一个预备的方法，我们可以整体地来看这幅人生的图画。人生，不但有生、老、病、死，还有永恒。所以，在生、老、病、死的人生旅途中，都要以永恒为中心。圣经说：“人人都有一死，死后且有审判。”（希 9）如果我们这样来看人生的大图画，我们就不会单注意目前的某些事物。小孩上学，也是一样。这件事是人生整体中的一部分。保罗，一个大有学问的人，他说：“因我以认识我主基督耶稣为至宝”（腓 3）。是的，这应是我们人生的目标，人生的至宝。我盼望每一位父母都将这目标，这至宝，传给儿女，带领他们认识主基督耶稣，万物的创造者，名为奇妙、策士、全能的神、永在的父、和平的君，为我们成为人，在人的历史上出现，足迹遍满今以色列国的耶稣，是造你孩子的，是爱他的。孩子的生命、气息、存留都在乎祂。为了孩子的不完全，达不到造物主至善的标准，而替他死。又战胜了罪所带来的死，从死里复活、升天、活到永远，为他祈祷。这位，要成为你孩子的主人、老板、生命的管理者。你的孩子必须自己请耶稣做他个人的救主和主人。上帝造物主看重每一个人，你的孩子也不例外，只有他可以为自己做这决定，邀请耶稣。耶稣就成为他的主，他的救主。不但认识，更是一直不断地认识；小时候天真的认识，是很好的开始。请在孩子上学之前，介绍耶稣给你的孩子，带领他和基督耶稣建立个人的关系。以下是一篇祷告，也可给您做个参考，介绍耶稣给您的孩子。

“亲爱的天父，您借着主耶稣，创造了天地，也造了我，谢谢您。耶稣基督，您爱我，从天而来，成为人，为我死在十架上，流宝血，洗去我的罪，从死里复活，给我新生命。我要耶稣，请您住在我心中，做我的救主，我的朋友，我的主人。有时我没听您话，只做我喜欢的事，请您赦免。我要听您的话。请您给我永远的生命，就是您的生命。赐我圣灵，帮助我做对的事。我这样祷告，是奉主耶稣基督的名求。阿们。”

然后问他说：“你要请耶稣做你的朋友和救主吗？”

请您用孩子听得懂的话，解释给他听。重点只有两方面：一方面是承认耶稣的身份和救恩，另一方面是悔改，就是承认以前是自作主张，现在要改换一个方向了，要听从天父了。请您在得到孩子表示同意后，一句一句地带他告诉耶稣。您说一句，他跟一句。这样，在他还未被社会污染之前，圣灵先进入他心中，邪灵就不容易进去了。

## 起跑线上

不得了，但愿能够把时间拨慢！学前的时间很快就过去了！我们预备了我们的孩子没有？

他会常常想到创造者吗？他常有感谢的话语吗？他知道什么是对什么是错吗？他喜欢跟父母讲话吗？他信任您吗？

“你看，天父造的花多漂亮！”

“让我们来欣赏天父造的花！”

“小蜘蛛，不用怕小蜘蛛，它也是天父造的，它一出生就会自己到处跑了，真奇妙！让我们拿一张纸来，它爬到纸上的时候，我们就送它到外面去。其实，它的祖宗大概比我们先来到这里，可能这房子还没有建造之前，它们家就是住在这里的。哈哈，可能不是它跑到我们家里来了，而是我们跑到它们家来了！”

“你来看，燕子把房子建在我们外面的电灯上了！你想为什么燕子妈妈喜欢在那里建房子呢？燕子真聪明，没有上学也懂得建房了！是谁造燕子这么聪明呀？”

“后门旁边的那棵松树上，有一个鸟巢，让我们去偷偷地看。你看，有几个蛋？是什么颜色的呀？但是，不要摸它，鸟妈妈会回来看顾她的蛋的。我们静静等鸟妈妈，看看是什么鸟下这种蛋。鸟是上帝第几天造的啊？”

“你想恐龙有没有见过人？”这是我最近在亚洲某国巡回演讲时，在不同的城市问我的听众，包括大人和小孩。

回答都是：“没有。”

你呢？你的回答是什么？

当我用了一两个钟头，解释了现代科学所用的时间计算法——放射性同位素，标准化石，碳十四——是多么的不准确（比如以标准化石之法得到 120,000,000 年，以碳十四法只得 890 年）；又给他们看与恐龙同地层发现有人的脚印，人用的器具等的幻灯片之后，再问：“恐龙有没有见过人？”回答还是“没有”。不过没有那么大声而已！有一位又聪明又可爱，口才又好的牧师的儿子，还是很大声很有把握地喊：“没有！”

再问一次刚才的问题。恐龙是爬在地上的动物，爬在地上的动物是第几天被造的？第六天。人是第几天被造的？那么：“恐龙有没有见过人？”

要孩子常常想到创造者，则要父母“殷勤（再三）教训你的儿女，无论你坐在家里，行在路上，躺下、起来，都要谈论”（申 6）。

我们自己是否言行合一？言教不如身教。如果我们只会讲，但不行出来，教的效果就不会好。比如，刚讲了太阳雨水，都是上帝所造的，叫我们有东西吃。回头又抱怨："怎么一天到晚下雨，真麻烦！"我们的背景可能没有养成事事想到上帝的习惯。让我们与孩子齐步走。您提醒他，他提醒您。

"妈，雨水也是上帝造的，也是为我们的好处呀！"

"对了，谢谢你提醒我，让我再讲一次，我们有很多雨水，谢谢天父！"

当我们的孩子常常想到他的创造者的时候，连带会想到的是上帝的能力和祂的本性——全能，全知，无所不在，爱，怜悯，恩典，信实，永恒，圣洁，公义等。在他快上学之前，要常温习上帝是怎样的，因为他可能会面临一些他不了解，或是不知道怎么办的情况，先预备他随时和天父讲话，让他知道父母亲的有限和天父的无限。父母被时间空间所限，天父是超乎时间空间的。有机会的时候，很自然地让他知道天父远比父母有能力，必能照顾他。如：

"妈妈好累呀，我去休息一下！感谢天父，他不打盹，也不睡觉，他时刻可以看顾我们。"

孩子的自信心，建立在知道自己是谁，也知道他所依靠的是谁。

## 好玩伴

孩子快上学了，很快他就有机会经常和一班背景不同的小孩子在一起。他会快乐吗？人家会喜欢他吗？

我们希望孩子一进学校，就有好的开始。意思是说，他会喜欢上学去。他喜欢学校学的知识，喜欢老师，喜欢同学。想想我们自己吧。我们希望一进社会工作就有好的开始，所以我们用很多年的时间来预备，才不致手忙脚乱，惊惶失措，不能胜任。同样的，孩子也需要预备。其中一个很好的预备就是常常有少数的孩子跟他玩。这是可以故意制造机会的。请一两家有小孩的家庭来你家，小孩就可以一块儿玩了。因为是来你家，你的孩子是主人，你可以预先和他商量，客人来了的时候要怎样和客人玩。

圣经已经给了我们人际关系必定成功的秘诀：“不可使慈爱诚实离开你，要系在你颈项上、刻在你心版上，这样，你必在上帝和世人眼前蒙恩宠、有聪明。”（箴3）

这是我们预备孩子的指南。在每天的生活中，以慈爱和诚实做我们的座右铭。边做边解释，记得吗？殷勤教导就是再三教导的意思。不论去买菜付钱，或是开车，或是停车，都不要使慈爱诚实离开你。

找不到停车位，忽然看见有一辆车子后退的灯亮了，赶快开过去，但是，对面有一辆车子已经停在那里，好像是在等这辆车的停车位。你说什么？你做什么？你的态度是否慈爱诚实？这一切都看在孩子眼中，听在孩子耳中。你说我要教他在这充满竞争的社会上生存嘛，怎么可以输给人家！

如果我们不是以身作则地遵行天父的方法，我们不但是愚拙，更是不信。是我聪明呢？还是天父聪明？是我的方法好呢？还是创造者的方法好？难道上帝不知道二十世纪是充满竞争的世代吗？难道上帝不是管理二十一世纪的上帝吗？如果孩子忘记了，我们要提醒他；如果我忘记了，我希望有人会提醒我！

一个容易做、容易学的习惯，就是常有感谢的话。孩子很小很小的时候，我带他们最简单的祷告就是：“感谢上帝，奉主耶稣名祷告，阿们”。这一句简单的祷告重复了好多次，吃东西时是这样祷告，家庭灵修时也是这样祷告。一直到他们会讲更多话了，才慢慢加上去：“感谢上帝，给我有饭吃……”，“感谢上帝，给我有饭吃，感谢上帝给我有妈妈煮饭给我吃……”，“感谢上帝，……给我爸爸买东西给我吃……”。到现在，我们的孩子一开始祷告还是说“感谢上帝”。

从感谢上帝延伸到感谢那照着上帝形像被造的人。从好的方面看，夫妻实在应该“相敬如宾”，试想，我们对客人是否比较容易表达谢意？其实，感谢的心和言语不应因为是自家人而忽略了。

丈夫开车送你去礼拜堂，你说什么？照样的，你送孩子去学钢琴，他也有一样的表达。事实上，可能你还记得，你还没有结婚之前，你跟那位白马王子在约会的时候，你是否常常有感谢的话？就让那好习惯继续下去吧！

我们感谢神，也联想到那照神的形像被造的人。“我们用舌头颂赞那为主为父的，又用舌头咒诅那照着神形像被造的人，颂赞和咒诅从一个口里出来，我的弟兄们，这是不应当的。”（雅 3）“欺压贫寒的，是辱没造他的主，怜悯穷乏的，乃是尊敬主。”（箴 14）圣经叫我们看见人是上帝造的而尊重他们，因为这是尊重我们的上帝。有时候，我们说：“这个人对我没有礼貌，为什么我要对他有礼貌？”我们是为着那个人而有所反应，但是圣经要我们看见，我们的行动言语，不是反应人对我怎么样，而是反应上帝要我怎么样。所以，对人有礼貌是尊敬造他的主。这样，我们对每一个人都有礼貌，我们尊重每一个人，我们以慈爱诚实待每一个人，因为我们敬重上帝。

在教孩子以慈爱诚实待人的同时，必要让他知道不必“怕输”了给人家，因为上帝是公义的上帝，祂又是信实的上帝，我们只须听从祂。“尊重我的，我必重看他，藐视我的，他必被轻视。”（撒上 2）

“我们晓得万事都互相效力，叫爱上帝的人得益处。”（罗 8）谁是爱上帝的人呢？“你们若爱我，就必遵守我的命令。”（约 14）明显的，我们的责任是照着上帝的话行。祂是无所不能，无所不在的上帝。知道如何叫万事都互相效力，而叫我们得益处。让孩子可以放心，天父时刻与他同在，时刻看顾他，必叫所有事情互相配搭，叫他得好处，只要他记住听从上帝的话。

父母有所不能做到的——事实上，我们很多时候是无能为力的——因为父母只是人，有时空的限制，能力智慧的限制。趁早让孩子习惯求告全能、全智、全知、全爱的天父。习惯遵从天父的话，不要自以为聪明。不要使慈爱和诚实离开你。

## 建立自信

你的孩子快要上学了，他上学了之后，会不会将在外面发生的事情告诉你呢？如果有人要骗他，或是恐吓他，他会告诉你吗？

父母都希望孩子上学之后仍然和父母谈话。刚刚在餐馆吃饭时，和老板娘谈起她的女儿。她女儿现在十分“依人”，拉着父母不放。老板娘说，她要保护女儿，因为外面有很多不好的人，恐怕会带坏了女儿。

“我要女儿一直留在身边，这样，就不会被人家欺负了。”妈妈说。

是的，我们都不愿意儿女被人家欺负。但事实是，我们无力量保护儿女，我们也不能整天看顾他们。所以，如果我们可以建立彼此的信任，希望他们以父母为知己，为得帮助之处。我们希望把自己的经验，传一些给他们。让儿女可以减少一些痛苦，一些烦恼，甚至失败。

一般来讲，孩子从学校回家的时候，总是希望看到父母亲。所以，如果家庭经济状况许可的话，父亲或是母亲那时候可以在家欢迎儿女，是很好的。如果可以去学校接孩子回家，那是更好。我自己，常常是去学校接孩子，特别是孩子的学校比较远，路上要花一段时间。我就预备一些点心，接了孩子上车，他们就可以一边吃，一边谈话。我发现，放学的时候，孩子常是肚子饿，有一点东西吃是很好的。吃东西的时候，是比较轻松的时候。轻松的时候，也就比较容易讲话。所以，就造成了轻松谈话的机会。如果孩子自己回家，一到家，有人欢迎，又有预备了点心，家长和孩子可以一边吃点心，一边谈话，是很开心的。这种时间不要中断，就容易建立沟通。

刚放学的时候，最好不要谈作功课之类的事。可以谈天说地，讲些亲切的话，讲些感谢的话，或是从今天快乐的事情讲起。让孩子自然地告诉你今天在学校里发生的事情。如果经常有这种谈话的时间，孩子跟你谈话就会自然。这种谈话，没有要求，也没有压力。只是建立亲子的关系，彼此了解和信任。

吃饭是另一个谈话的好机会。全家尽量一起吃饭。我们家，开始的时候，刻意要一起吃晚饭，这是因为我自己的家，很少全家一起吃晚饭。事实是，我印象中，我爸爸很少跟我们一起（从头到尾）吃晚饭：我爸爸是医生，他的诊所就是家里的一部分，虽然有办公的时间，但是很多中国人不管办公时间，他们喜欢什么时候来，就什么时候来，常常是晚饭的时间来，我爸爸不愿意让病人等，所以总是放下吃一半的饭碗，去看病。等他看完病，配了药，打发了病人，我们其他的人早已吃完了晚饭。所以，我们结婚之前，有鉴于此，决定要尽量全家一起吃晚饭。后来发现这实在是好，让全家可以一同谈话，彼此了解。我们定规吃饭的时候不可以看报，不可以看书，不可以看电视，只可以吃饭和谈话。家长们可以享受这段全家一起的时间，不要太紧张，轻松点，有说有笑。不要以严厉的话和孩子讲，要以愉快的声调："你的话语要常常带着和气，用盐调和。"（西 4）带着和气也就是带着恩典的意思，是平静又喜乐，带着感恩而非埋怨。吃饭不是训话的机会，不是挑剔儿女姿势不好，筷子拿得不对，吹毛求疵的时候。让孩子喜欢跟你在一起吃饭吧！如果孩子还小，你替他装饭拿菜，则要照着他的饭量；不是照着你以为他该吃多少，然后强迫他要吃完。避免只在谈要他吃。正常（没有病）的孩子，自己懂得吃多少。有时一二天吃少一点，没有什么关系。上帝所造，人的身体是很奇妙的，它懂得饿，懂得饱。在有食物可吃的情况下，不会饿坏的。我们只要每餐预备平衡有滋养的食物，不必多样，在愉快的气氛下，儿女自然会吃够，有健康。

另一个谈话的好机会，是傍晚全家一同读圣经祷告的时间。我刚从东部回来，这是一对弟兄姊妹的见证。他们写给我的卡片这么说："……我们参加你的专题，收获很多。尤其是你提出与子女一同读圣经。昨晚我们照做（以前我们偶尔做，但由父母主讲，孩子兴趣不大）。夏令会期间，女儿邀了三位朋友来参加……本来说好只读十五分钟，结果孩子们投入分享，提出各种问题，五十分钟，都不肯结束。我们特别感谢你提醒，由孩子发问。他们确有各种有趣的问题……”

希望你在孩子未上学之前，建立家庭灵修的好习惯，全家一同学习上帝的话语，让上帝做一家的主人，让祂的话进入每一成员的心中，叫我们“心意更新而变化”，我们才能“不效法这世界”，就是说，不被这世界将我们挤成它的模样儿。相反的，就像我常为我们的儿女祷告，求上帝保守他们，不但不被世界影响，自己站立得稳，而且要影响他们周围的人。

## 弃恶亲善

孩子上学之前，是否预备好如何面对不同的冲击。他怎么知道如何反应呢？人家推他，他是不是应该以牙还牙，也推人家？

以人的本性来讲，我们自然爱那爱我的，恨那恨我的，打那打我的，推那推我的。换句话说：以牙还牙，以眼还眼。但是，历史上所发生的事：国攻打国，民攻打民，打来打去，不但没有解决问题，而且带来家散人亡，彼此残害，冤冤相报，无了期！上帝给我们的办法是：“……你们要弃绝这一切的事，以及恼恨，忿怒，恶毒，毁谤，并口中污秽的言语。不要彼此说谎，因为你们已经脱去旧人和旧人的行为，穿上了新人。这新人在知识上渐渐更新，正如造他主的形像。”(西 3)一位唐氏症的低能儿说：“耶稣爱我，我爱耶稣。以前我会生气，但现在我不生气了，因为耶稣在我心中。”你想她低能吗？但愿世上多些这种人！

上帝给了我们一本手册，这本圣经中有多处告诉我们如何与人来往。比如说：“温柔的人有福了，因为他们必承受地土”；“怜恤人的人有福了，因为他们必蒙怜恤”；“使人和睦的人有福了，因为他们必称为上帝的儿子”；“为义受逼迫的人有福了，因为天国是他们的”；“人若因我（耶稣）辱骂你们，逼迫你们，捏造各样坏事毁谤你们，你们就有福了”（太5）。孩子知道这些原则，也晓得上帝告诉我们当这样行，是为了叫我们得到福气，他们就有原则可跟从了。在学校，就跟在家里一样，是温柔的人。温柔的意思不是没有原则，什么都好；而是有原则，有立场，不妥协，但是有温和的态度。不关真理的事情，不需要与人相争。为什么不与人争？是因为知道自己属于宇宙的创造者，祂看顾，目察一切。同学的作对或讥笑，甚至拿他的东西，都不能惹他失去温柔谦卑的心态。反而会可怜同学，知道他们这样做，是因为生命中没有耶稣基督。所以，孩子会开始为同学认识主而祷告。孩子回家告诉父母的时候，父母也一样做温柔的人，有温柔的心态，一面分析事情的始末，一面鼓励孩子处理得好，或是建议好的处理办法，帮助他继续做个温柔的人。

要教孩子学会怜恤人。怜恤包括两方面，一方面是看见人家的可怜，人家的痛苦，另一方面是愿意减少或主动挪去人家的痛苦。如果孩子见到小朋友跌倒，痛了，哭了；他会看见这痛苦，而想办法减少这痛苦。可能他会去问同学哪里痛，去请老师过来帮助，陪同学去护理室，安慰他等等，以减轻同学的痛苦。

还要教导孩子使人和睦。不但自己做个和睦、不与同学争吵、和平的人，而且还帮助同学与同学和睦。比如说，同学争玩具的时候，孩子不但不会去争，而且可以建议同学轮流玩，帮助他们彼此和睦。影响班级，形成比较和睦的气氛。当然，如果老师是一位温柔、怜恤，又使人和睦的人，那我们的孩子在他班上就更能有效地提醒同学老师所教的这些了。

又比如，马太福音第五章说：“你们是世上的盐”。我们可以常常提醒孩子，他是班上的盐。吃饭时想到，就说起盐的调味作用，盐的防腐作用。我们的孩子，在学校也有调味和防腐作用——他无论在哪里，就带平安喜乐到那里。帮助他记得，他不是自己一个人，因为耶稣基督每时每刻都跟他在一起。他可以随时随地和耶稣讲话：“应当一无挂虑，只需凡事借着祷告，祈求和感谢，将你们

所要的告诉上帝;上帝所赐出人意外的平安,必在基督耶稣里,保守你们的心怀意念。”(腓 4)

这叫我们想到,在孩子上学之前,带领他请耶稣做救主,是多么重要的事情。不要小看孩子,他们的祷告是天真无邪的,“孩童的动作,是清洁,是正直,都显明他的本性”(箴 20)。赶快在他还没有被污染之前带领他。你对他的爱能够帮助他了解天父的爱。平常和他一起读圣经,已经帮助他知道耶稣为他钉十架。过圣诞节记念耶稣诞生,复活节记念耶稣复活。平常教他对和错的定义时,已经帮助他知道上帝的标准和我们没有达到那标准的事实(罪的定义)。所剩下的就是他的决定:“你要不要耶稣做你的救主,整天都和你在一起,看顾你?”他要的话,你就带他跟耶稣讲,你说一句,他跟你说一句:“亲爱的天父,谢谢你爱我,造了我,给我耶稣。亲爱的耶稣,谢谢你爱我,为我而死。你流宝血,洗去我的罪。从死里复活,给我新的生命。我要耶稣,住在我里面,做我救主,看顾我。有时候我没有听你的话,请你赦免,我要做你的孩子,听你的话。求圣灵帮助我,做好的事情,不做坏的事情。我这样祷告,是奉主耶稣基督的名,阿们(心所愿,诚心所愿)。”

当耶稣住在他心里,圣灵会指引他弃恶亲善,保护他脱离那恶者。

## 固执的孩子

“如何教一个固执的孩子有一颗受教的心呢?”

“我的女儿很固执,无论是冲凉,是吃早餐,总要叫十句才会听,怎么办?”

“怎样教导或帮助一个喜欢顶嘴的六岁男孩?”

“孩子很爱发脾气,很霸道,在家凶如老虎,在外如老鼠怕猫,要怎样教?”

以上都是会众所发的问题。是的，小小的孩子已经爱发脾气、霸道、固执、顶嘴！

为人父母，真不容易！但是，想想看，什么叫做固执呢？固执就是，他要做他要的事情。但是，如果他要做的事情和你要他做的事情是一样的，那就不叫固执，那叫听话，对吗？只有当他要的和你要的不一样，那才叫固执，对吗？

孩子不要冲凉，但你要他去冲凉。你就说他固执。请问，从孩子的角度看来，是否你固执呢？

你说："我要你冲凉去，你不去，是固执。"

他说："我不要冲凉，你一定要我去，是固执。"

结果谁赢呢？最固执的人赢了！

如此看来，固执本身不一定不好。如果你的孩子"固执"不跟陌生人，不论那陌生人怎样利诱恐吓，他都固执着不听那陌生人的话，就是叫十次二十次也不听，那你一定很高兴。你会说："孩子很聪明，又很乖。"对吗？所以，我们看清楚了，不是要教孩子不要固执，而是要教他固执什么事情。

喜欢顶嘴的孩子，也是类似。我们不是要教出一个不思想的孩子。人家说什么他都依顺。事实上，我们应该教孩子问问题。当然，我们也要教孩子有礼貌地问。所以"顶嘴"的孩子并不一定不好，而是要教他如何有礼貌地"顶嘴"。意思是，如何有礼貌地提出疑问。不但如此，还要教他以什么为标准。

一个在家里很霸道，凶猛如老虎，但是在外面则胆小如老鼠的孩子，真是可怜！很可能是他在外面，不知道如何有礼貌地与人交往；也不懂得什么是对的，以致没有立场。处处觉得不如人，有自卑感，又得不到人家的肯定和欣赏，郁郁不乐。或者，他在外面，因为恐怕人家不接纳他，所以唯命是从，但是心里又觉得不平。回到家里，就把在外面积储的乌气闷气，往家里倒，显得很凶，家人都怕他。他觉得有威风，有势力。这是他的自卑感的反应。这种孩子很可怜，因为，他可以得到欣赏和重视的地方是家里，但是，他凶巴巴的，家人都怕了，也不能供应他所需要的安慰与欣赏。怎么样做呢？“不可使慈爱诚实离开你，要系在你颈项上，刻在你心版上。这样，你必在上帝和世人眼前蒙恩宠，有聪明。”(箴 3)

要教孩子慈爱诚实，我们自己要慈爱诚实。因为被爱的人也容易学会爱：“所以你们该效法上帝，好像蒙慈爱的儿女一样，也要凭爱心行事(行在爱中)，正如基督爱我们，为我们舍了自己，当作馨香的供物和祭物，献与上帝。”(弗 5)如果我们自己没有蒙父母的慈爱，我们不要灰心，因为每一个人都可以蒙天父的慈爱。这爱是显明在爱子耶稣基督身上：“上帝就是爱，上帝差他独生子到世间来，使我们借着他得生，上帝爱我们的心，在此就显明了。不是我们爱上帝，乃是上帝爱我们，差他的儿子，为我们的罪作了挽回祭，这就是爱了。”(约壹 4)

所以，教固执的孩子，是教他固执对的。什么是对的呢？只有创造宇宙的上帝，他每一句话都是对的。我们不是固执自己的成见，而是固执创造者的原则。所以，不是教孩子听你的话，而是教他听上帝的话。受教的心，是受全能的上帝所教的，不是父母所教的，除非父母是照着主的教训或警戒，养育儿女。冲凉，吃早餐，目的是为了儿女，无可厚非，但是，这却不是创造者不变的真理。圣经没有说明是否每天都要洗澡，或吃饭。所以不必要执着，可以用爱心来商量，用爱心来解释，更可以引进重要的真理，如：“人活着，不是单靠食物，乃是靠神口里所出的一切话”(太 4)。父母可以解释，一餐两餐不吃，不是太要紧，但读圣经的全部，却是十分要紧，因为人活着，不能没有上帝口里所出的一切话。又如：“岂不知你们的身子就是圣灵的殿吗？这圣灵是从上帝而来，住在你们里头的……所以要在你们的身子上荣耀上帝”(林前 6)。父母可以解释，洗澡，叫身体干净是重要，但更重要的是圣灵住在我们里头，不但外面要干净，里面更要干净，不要让不圣洁的思想和习惯进来，而是要时时请耶稣基督来洁净。

## 作功课

常常有父母亲问我说，孩子不喜欢作功课，要怎么办？如何使孩子自动自发作功课？

小孩子能够自动自发作功课吗？答案是，有兴趣的事情，才能自动去作。指定一定要做的事情，都不容易是有兴趣的。特别是要照着指定的方法和数量去完成的话，更是不容易自动自发。事实上，不要说小孩子，我们大人也是一样。甚至是有兴趣而认为应该做的事情，也不容易自动自发去做。试想想，我们养育儿女，当然是认为有兴趣（如果认为没有兴趣，那么就不应生孩子）又该做的，但是，小孩子半夜要我们交功课——喂他吃——的时候，我们真是自动自发吗？我想常常都是以“不得不做”的心态，起来喂他的。所以，小学生如果不是真的那么喜欢完成他的作业，并不是一件大不了的事情。不过，我们可以帮助孩子在相当愉快的气氛下，完成学校的功课。怎样做法呢？

第一，帮助孩子发现学习的好玩。我小的时候，总是不喜欢做学校的功课。特别是从中文学校转到英文学校的时候，英文程度比人家差，对英文、历史这类需要很多文字的科目，一方面没有兴趣，一方面怕；实在不喜欢做功课。但是，每年买新书的时候，却很喜欢看弟弟的课本。因为弟弟的课本比较浅，我容易看得懂，有课本就等于有故事，所以喜欢看。因此，有时候，小学生不喜欢做功课，是因为程度不够水平，做起来太吃力了。记得当时，我爸爸帮助我，替我查字典，陪我读英文。他没有骂我，只是比我更用功。我看到爸爸那么用心在帮助我，我也就比较用功了。（现在想起来还是对不起爸爸，我当时应该更用功才对！）现在，我们的孩子，如果有类似问题，父母亲能够陪孩子，渡过语言的难关，是很有帮助的。现在有电子字典，比较容易用，更快。不但有英文解释的，也有用中文解释的；不但有字可看，也有声音可听。如果父母亲陪儿女做功课，他不懂的字，我们就帮助他查字典，一个字有好几个意思的，我们可以帮助他发现哪一个意思适合本文（这一方面，大人的经验有帮助）。当我们陪孩子做功课的时候，我们的行动说明我们对他的关心，我们了解他的难处，我们愿意尽力而为，我们做他的朋友，一起渡难关。我们的态度，不但没有责骂，而且可以客观地交换意见，有说有笑，使气氛轻松愉快，我们自己也享受学习的乐趣。千万不要以居高临下的态度，来督责孩子做功课，也不要以牺牲的心态来做，叫孩子觉得内疚。其实，陪孩子做功课可以是很好玩的，一方面是帮助孩子，另一方面是享受孩子；而且，我们自己也真的可以学习到一些新的东西，你会发现，学到新的学问，是很好玩的事情。那么，我们就会很自然地传递学习的兴趣；因为要传递学习的兴趣，不能只在言语上，而是要全人的传递，意思是，你要真的有兴趣，才能很自然地在言语、行动和态度上全面地表达出来。这样，在不知不觉之中，就帮助孩子增加学习的兴趣。孩子发现学习是一件好玩的事之后，就比较容易自动自发做功课了。

第二，帮助孩子建立责任感。现代的社会，比以前的社会，一般来讲，比较缺少责任感。比如，夫妻关系容易瓦解，答应了的事情没有实行，临时改变主意，大不了说一句“对不起”，或是“不是我控制的了”，或是“我不想作了”就算了。甚至在教会里，诗班成员临时不出现，叫指挥很难处理；负责招待的到时候缺席，答应去接人的没有按时去接，主日学老师预备功课，草草了事；领诗歌的人自己不会唱，做主席的没有先准备，读圣经的没有先把经文读熟，不会读的字没有先问或查字典。这类的表现，在在反映今天社会对责任感不注重，所以也影响我们的孩子。要建立孩子的责任感就要从真理入门，什么是责任？对谁负责任？

责任，是向创造我们的那位负责，不是单向父母或老师负责任，因为，我们至终是要向造物主交账。所以，这观念要在日常生活中常常摆在眼前。上帝所要求的是良善和忠心。只要是良善和忠心，在末后审判的时候，就可以得到称赞了。什么是良善呢？良善就是上帝的标准。上帝认为是好的，就是好的。祂是创造者，世界是祂设计的,我们是祂设计的,祂所设计的,当然是以祂的标准为标准,就像一件机器一样。简单得像一支自动铅笔,设计用0.5 mm铅心的自动铅笔,必须用0.5 mm 铅心才好,用0.7 mm的铅心就不好了。所以日常生活中要常常灌输这“良善”的观念。谈话中常常提醒:“上帝认为好吗?”“这件事是否上帝认为好的?”“上帝的话怎么说?”

忠心又是什么呢?忠心是上帝交给我们做的,我们就做。上帝交给我们的才能我们要栽培,上帝所赐的恩赐我们要做好的管家,上帝给我们学习的机会我们要捉住,……这类观念不只是做功课的时候才讲,是要经常讲,经常实行的。当我们量着儿女的程度和速度在这两方面帮助他的时候,我们不单能够帮助他慢慢更自动自发地做功课,而且是在传递更广阔、更整体的做人的道理,也给我们机会建立亲情和享受亲情。

## 对儿女不满意

对儿女的学习不满意,对儿女的顺服程度不满意,对儿女的表现不满意,总之,就是不满意。

父母亲常会不满意自己的儿女,觉得他们的学业可以更好,表现可以更出色。是不是应该更严格地训练他们,更用力地“推”他们呢?常常有人问我们:“你们是怎样把孩子教成天才的?我怎样才能叫我的孩子也可以九岁考进大学呢?是不是要从出生就教他们认字?……”

(一)谁做审判官?

为什么对儿女不满意?很可能是以为自己是审判官,判断儿女得几分,而试题、答案和标准都是父母决定的,当这些试题给了儿女,而儿女的答案不符合父母的“标准答案”的时候,父母就断定儿女不合标准,所以觉得不满意。但是,这样做是不是对的呢?换言之,是否符合真理呢?我们讲过,真理是根据设计者的设计,不是其他人的意见。有一次，我到得州去演讲，飞机抵达时已将近聚会时间，赶到会场时匆匆忙忙，我恐怕所要用的雷射笔电池不够力，想换一换电池。但是，一时不察，开错了地方，笔就坏了。其实，我后来发现，在雷射笔的盒子里，有一张说明书，告诉我怎样换电池，只是我没有留意。这么简单的一件仪器用具，都必须遵从设计者的吩咐，才不致损坏。所以，不要自作聪明。因此，只有设计者才有资格做审判官，判断他所设计的合不合标准，试题和"标准答案"都应该属于设计者。我们为人父母的既然没有设计我们的儿女，我们要尊重服从造人的那位，意思是，满不满意，不是用我的标准，乃是用创造者的标准。

在学校的成绩方面，我们要了解，学校所测量到的，并不是全人，而只是某些方面而已，基本上，学校的考试只能测量两方面，就是语文(语言，写作)和数学两方面。如果这两方面吸收力和理解力较强的孩子，他要得到好成绩就比较不费力，古人劝人用功读书，"将勤补拙"，其实只可以补到一点点而已，因为时间就只有那么多，我们鼓励孩子用功："人家读一次，你读十次"，但事实上是行不通的。因为人家一天读三小时，你一天哪里有三十小时呢！

(二) 父母可以怎样做？

父母可以做的，一是接受儿女本来的样子，观察在学校所看重的这两方面的实力多少。二是帮助他们安排一天的时间，使用得适当：有足够的睡眠和休息，有读圣经喂养灵命的时间，有和创造之主耶稣基督交谈的时间，简化其他日常起居饮食的时间，除去无益和不必要的活动和琐事。三是供应他们一个温馨快乐和充满着爱的环境。四是保持开放的沟通，让他们知道什么话都可以在爱中沟通，什么问题都可以提出来沟通(家庭灵修的时刻，是很好的沟通时刻)。五是尽自己所能地让他有好的学习效率，比如帮助他跨过不了解的数学理论，或给他容易用的工具，如电子字典，节省用字典的时间。又如，请有爱心、能鼓励他，又有效的家教老师补课，使他的学习没有缺环。

更重要的是，要帮助儿女接纳自己，他的天分不一定是在学校可以测量的范围之内，就如：人际关系、待人接物的态度、创意、爱心、同情心、乐意帮助人、冒险心、审美眼光、笑容、诚恳、愉快、安全感、声量、音色、自信心、诚实、谦卑等。这些在人生非常重要的质素，都不是学校考卷可以考得出来的，而一个健康的自我形象，有自知之明，其重要性远超过只有好的学校成绩。

（三）良善与忠心的标准

当父母知道自己不是创造儿女者，我们没有设计儿女，就不会以自己为审判官，而把儿女奉还给那唯一有资格做审判官的造物主。从造物主眼中看儿女，造物主的标准是“良善和忠心”。良善，就是祂说的善，祂造的时候的标准。忠心，就是祂所交给我们经管的，我们要尽本分。所以，父母亲要问的，不是我满不满意，而是造物主满不满意，而我们与儿女的沟通，也以此为目标：“你是否行造物主耶稣基督眼中看为善的？是否忠心于祂所托付于你的？有没有尽本分？”而不是“你考前三名我就给你奖品”，或是“我只要求我的孩子考五名之内”。

在帮助儿女成为“又良善，又忠心的仆人”时，圣经有些易明白的章节，如：“世人哪，耶和华已指示你何为善，他向你所要的是什么呢？只要你行公义，好怜悯，存谦卑的心，与你的上帝同行”(弥6)；“圣灵所结的果子，就是仁爱，喜乐，和平，忍耐，恩慈，良善，信实，温柔，节制”(加5)；“耶稣回答说，第一就是说，以色列啊，你要听，主我们上帝，是独一的主，你要尽心，尽性，尽意，尽力，爱主你的上帝，其次就是说，要爱人如己，再没有比这两条诫命更大的了”(可12)。

孩子不能“推”，但可以“引”。就好像是牧人，在前面引导，也像好牧人，是依照小羊的力气来带领它。“耶和华是我的牧者，我必不至缺乏，他使我躺卧在青草地上，领我在可安歇的水边，他使我的灵魂苏醒，为自己的名引导我走义路。”(诗23)

（四）行神眼中为善的事

有的时候，对儿女不满意，是因为对自己不满意。你是否不满意自己？在你的过去，有没有因为与人比较而觉得自卑？在你成长的过程中，是否常被比较？你的父母、师长、同学、同事和其他的人，有没有觉得你不如人？你是否活在他人的评价中？是否觉得父母不公平？偏爱？你对自己的外貌、身量不满意吗？又很在意他人对你的评价和赞赏吗？你是否渴慕他人的关怀，又叹息他人不够关怀你？你是否埋怨上帝不公平？渴慕得到器重又缺乏自信心？

如果在你成长的过程中有伤痕，不论这些伤痕是新的或是旧的，是记忆犹新或模糊，或甚而已被掩盖了，请你全部交给慈爱公义的救主耶稣基督，祂要以永远的爱来爱你，祂是挽回祭，能够挽回，能够医治，因为祂也是唯一的审判者。让我们以上帝的标准看自己和儿女，只求"行耶和华眼中看为善为正的事"。

## 爱的替代品

"现在的孩子，拥有父母很多的爱，故常常会不知足，也会抱怨父母所给的物质享受不够。我们应如何教导这类孩子呢？我的孩子已是十八岁的高中生，他只喜欢用名牌货，怎么办？"

以上是真人所发的真问题。是的，现在有些孩子拥有很丰富的物质。他们的父母亲不但给他们很多，也给他们买很贵的东西。但是，他们还是不满足。还要……要更多，要更好的。又和同侪比较，人家有的，当然也要有；人家没有的名牌货，我有的话就更好。父母常常尽量地给。但是，好像孩子总是还要，还不知足。所以，常常为了给与不给，而不愉快，而争论，而讲条件……

为什么？如果我们知道原因，才能对症下药。要不然，只有治标不治本，一次再一次的争论，一回再一回的危机。究其原因，是前面引用的问题本身有问题："孩子拥有父母很多的爱……抱怨物质不够。"原来，父母以为给了孩子物质，就是给了爱。但是，物质却不能满足孩子对爱的需求。因为物质本身不是爱，只是“代替品”。所以，再多的代替品，也填不满那个只有爱才能填满的心洞。但是，如果双方都下错了定义——父母以为物质等于爱，儿女以为爱等于物质——则父母所给的不是爱，而儿女所得到的，不能满足对爱的需求。

让我们来看看，小孩子从出生的时候开始，他们有什么需求？其实，小婴儿所要的很简单，除了吃、穿、睡觉之外，只要抱。意思是：在身体的基本需要之外，他们只要亲情。小婴儿都不能自己拿东西吃，不会自己穿衣和走动，所以，很自然的，父母会抱他们，而正常的父爱母爱也就很自然地流露了。但是，在我们这不正常的功利社会里，我们不知不觉违反了原来的设计，以致不自己喂母乳(理由是不方便)；不自己照顾婴儿(理由是没有空)；少抱婴儿(以为会把他宠坏了)；不花时间和他玩，和他讲话(以为是很浪费时间)。父母不知不觉没有建立应有的亲情。加上当孩子哭吵的时候，我们常常以给他们玩具、糖果、奶嘴，来叫他们不要吵。所以，无形中就以物质来满足他们的需要。因为这是比用耐心和孩子谈话，真心了解他的心情和需要，来得简单容易。

这些代替品，可以叫孩子得到一时的满足，叫父母得到一时的安宁。但是，因为只是代替品，只能收到暂时、似是而非的果效。父母一直用代替品，孩子就一直要。就像以赛亚书 55 章所说的：“你们为何花钱，买那不足为食物的，用劳碌得来的，买那不使人饱足的呢？”

当为人父母的知道什么才是真货，什么才真的叫儿女满足，就很自然地会将真货给儿女。真货是什么呢？让我们分析一下：人生所追求的，到底什么才真有价值呢？孩子要名牌货，为什么？因为有了名牌，就可以在同学和朋友面前有“地位”。这“地位”说：我有钱买这些东西。但是，事实上，不是说他有钱，而是说他父母买得起这些东西。再想深一层，父母可以有钱买，但不买给他。所以他要表现的其实是：我父母有钱，而且买了这名牌货给我。我在父母眼中是有价值的。可见，儿女心中真正要得到的，是自我价值的肯定。可是，拥有名牌货，只是代替品，不能真正肯定他的自我价值。所以，过了一阵子，又不觉得自我有价值了，于是，又要找另一个代替品来骗骗自己！

那怎么办呢？我们知道，金钱、地位、权势、美貌和世上的一切，都要因为死亡而变成毫无价值。所以，这一切的追求，只会带来失望。真正的价值必须是永恒的。如果我们没有连接永恒，一切就都是假的，都不能肯定我们是有价值的。所以我们要帮助孩子，找到那永恒的，连接上那永恒的，这样，他真正的需求才能得到满足。小婴儿以为父母是永恒的，因为他饥了，只要一哭，这张慈祥的脸孔就出现了；他冷了，只要一哭，这张慈祥的脸孔又出现了……所以，建立了亲情，能够带给他安全感，带给他自我肯定和自我价值。所以，你会发现，有了正常亲情的孩子，不会整天要买这个要买那个的。这是为什么父母应该把自己给孩子。但是，再大一点，他发现父母不是永恒的。所以，只有人的亲情，并不能叫一个人得到真正的满足。要得到真正的满足就必须得到那永恒的亲情。我们要帮助孩子得到的，不但是人的亲情，更是那位要以永远的爱来爱我们的天父的亲情。就如："人活着，不是单靠食物，乃是靠上帝口里所出的一切话"。只有食物，活得不像人，因为心灵还是饥饿；心灵的食物就是创造你我的天父的话。同样的，有了人的亲情，更要加上永恒的亲情，"因此我们呼叫阿爸、父"。"人有了上帝的儿子，就有生命，没有上帝的儿子，就没有生命，我将这些话写给你们信奉上帝儿子之名的人，要叫你们知道自己有永生。我们若照他的旨意求什么，他就听我们，这是我们向他所存坦然无惧的心。"（约壹 5）

## 真正的满足

话讲回来，我们能否帮助孩子真正肯定自己的价值？我们自己呢？我们自己找到了真正的价值没有？

有一位母亲，在一次意外事件中，孩子的父亲离开了世界。这位母亲自己也无法应付这突然发生的事故。她应付的办法就是把十来岁的孩子，送去另一城市上学，希望给自己一点安宁。可惜，孩子变得自闭寡言，性情暴躁，一不如意，就大发脾气。母亲来看他的时候，因为不想有不愉快的情形，所以总是他要什么就买什么给他。但是，又受不了他的脾气，不敢和他在一起久一点。

明显的，母亲自己没有处理丧夫带来的痛苦，也没法帮助儿子处理丧父之痛。同样的，父母自己没有连上那永恒者，没有找到永恒的亲情来填满我们自己的需求，也就不能帮助孩子真正得到满足。

我们需要从自己做起。你有否发现你在不知不觉中，也是要以拥有物质，来建立自我的价值呢？你快乐吗？或是你摆出一个快乐的样子？你满足吗？或是你只告诉孩子要知足？你知道你自己的价值吗？或是你只洗自己的脑，告诉自己"我很好，我有价值"而已呢？你的人生追求什么？你确知你追求的必定得到吗？你确知你得到之后一定叫你满足吗？或者像这位智者的经历："我为自己动大工程，建造房屋，栽种葡萄园……有许多牛群、羊群，胜过……众人所有的。我又为自己积蓄金银和君王的财宝，并各省的财宝。又得唱歌的男女，和世人所喜爱的物，并许多的妃嫔。这样，我就日见昌盛……凡我眼所求的，我没有留下不给他的；我心所乐的，我没有禁止不享受……后来我察看我手所经营的一切事，和我劳碌所成的功，谁知都是虚空，都是捕风，在日光之下毫无益处！"（传2）

以前我们讲过，教养儿女，不能用骗的办法，因为到头来，他会发现是被骗了，那么，我们不但前功尽弃，而且也失去了儿女对我们的信任。所以，教养儿女，必须用真理。同样的，我们自己的生命，我们的自我肯定和自我价值，也必须是照着真理；要不然就自己骗自己，到头来"谁知都是虚空"！为什么这位最有智慧的所罗门王会发现“都是虚空”呢？因为“可叹智慧人死亡，与愚昧人无异”。死，否定了一切我们劳碌追求的物质，因为死亡，叫我们什么也带不去。当我们知道这事实之后，我们不得不问，“谁可以叫我不死？”世界上只有一位，是胜过死亡，从死里复活，不能再死的，就是历史上的耶稣，他是那位从天上降下来赐生命给世界的。因为他就是生命(我们已提供了证据)。耶稣的降世，划分了人类的历史——主前，主后；将人类分成两种——活的，死的：“耶稣对他说：复活在我(我是复活)，生命也在我(我是生命)，信我的人，虽然死了，也必复活，凡活着信我的人，必永远不死。”(约 11)

当我们的生命回归生命的源头，好像没有根的树，又得以接回树根。我们有了耶稣基督的生命，就可以说：死啊，你得胜的权势在哪里？死啊，你的毒钩在哪里？感谢上帝，使我们借着我们的主耶稣基督得胜！而且，上帝就是爱，我们得到这永恒的亲情，人生就不再空虚。我们从上帝的创造知道自己在创造者眼中确是有价值的，上帝肯定了我们的价值。他照着自己的形像造男造女。他肯定了女人的价值，也肯定了男人的价值。而且，耶稣基督是爱我们的主，“无论是死、是生、是天使、是掌权的、是有能的，是现在的事、是将来的事，是高处的、是低处的，是别的受造之物，都不能叫我们与上帝的爱隔绝，这爱是在我们的主耶稣基督里的”(罗 8)。当耶稣是“我们的”的时候，我们就真的得到满足了。“上帝若帮助我们，谁能敌挡我们呢？上帝既不爱惜自己的儿子，为我们众人舍了，岂不也把万物和他一同白白地赐给我们吗？”(罗 8)有了真的价值，谁还要代替品呢？

所以，亲爱的父母亲，你自己先得到真品，万王之王是你们的“阿爸父”，再帮助儿女也得到耶稣基督，让他们也有王子的身份；然后以言语、行动和态度提醒儿女行在天父的爱中。

如果你愿意得到一个丰盛的生命，你可以诚心向主耶稣作出以下的祷告：“亲爱的主耶稣基督，宇宙的创造者，我感谢你，你造了我，给我尊严和价值，是没有人可以否定的。你为我死在十架上，又从死里复活，要给我新生命。我诚恳地求你，赦免我自作主张的罪，过去我以自己为标准，从今以后，我要遵从你的旨意，以你为我一生的主人。请你给我永生，就是你的生命，给我圣灵，引导我进入真理。赐我你的平安和喜乐，让你的爱充满我的心。叫我们全家享受你永恒的爱，得到真正的满足。祷告奉主耶稣基督的名，阿们。”

请你每天有一段时间：15－20 分钟，和儿女一同读“人生手册”——圣经。照着天地之主宰的吩咐来思想、说话、行动。你会发现你对自己、对他人和对世界的看法会改变。你和儿女都不会再要求以名牌货、房子、车子等物质来做代替品，因为你已连接上那“真货”——永恒的生命，永恒的爱，宇宙的主人，万王之王，万主之主。你得到了生命的价值。你的心终被填得盈满了。

## 嫉妒与任性

“我有一个四岁的孩子，我们都很爱他……但每次我们夫妇俩拉手而被他看见，他总是醋意很重，很不高兴地把我们俩的手拉开。还说：‘你们都不爱我’，有什么方法可以改变他的想法呢？”

“用美国方法教的孩子会变成自我中心和任性。”

“五岁小孩总是缠住大人，很爱哭，怎么办？”

“我女儿今年六岁，平时都在托儿所，每当在家时生活都很有规律，自动自发看书玩耍。可是每次出外时都很顽皮，为什么？该怎样教？”

讲到幼儿园和小学年龄的孩子，我们先要了解，每一个孩子都不同。上帝造的是独特的人，书本描写的多是“平均”的人，所以跟你的孩子不一定是一样的。五岁的小孩，有的很独立，但是，有的还要缠住大人，都是正常。我们如果照着圣经真理的原则，去尊重他，了解他，与他谈心，我们会发现他缠着大人的理由，可能是他还没有到可以离开大人的程度。那么，我们不要逼着他，一定要离开。那位出门就顽皮的孩子，也许就是因为平常都在托儿所，见不到父母，有机会在家，就觉得满足，不愿意再出去。大人也会有同样的感受，出去太多了，就想在家轻松一下。就像外面的食物吃多了，就想要吃清淡的家常便饭。暑假时，我们和小儿子到东南亚各地——包括马来西亚、菲律宾、澳洲和中国台湾——巡回演讲去，因为路程遥远，我们这次一去七个星期，之前又四五星期在北美各地，到后来，小儿子说，各地的人都很热情，都要他吃当地特别的食物，只是他倒是想念平常家里简单的食物。是的，在家是件愉快的事情，在家可以轻松一点。对孩子来讲，又可以多睡一点，不用每天赶来赶去，赶车子，赶飞机，连吃饭也赶。那位在家里就乖的孩子，可能就是想要与父母在家，同享温馨。所以，如果不必要送孩子去托儿所，就让天真的小孩子在家中，让他享受常有父母在身旁，小小的心灵有温暖，有安全感。上帝造人，头几年是不能自立的，一定要靠大人才能生存。所以，父母应该尽可能地成为他们的依靠。因为这样，父母才有机会教导孩子成为敬虔的人，合乎上帝原来的设计。

孩子看见父母亲热，应该是很满足、很高兴的事。其实，父母不和才叫孩子担心和不安。刚才有位高中生给我看他的成绩单，他有一年成绩特别不好，他告诉我，那年父母离婚。这位提出问题说孩子不喜欢父母亲热的家长，下次可以试一试，你们两口子亲热的时候，孩子看见了，就请孩子一齐来："过来，我们一齐亲亲，爸爸爱你，妈妈爱你，我们全家都相亲相爱。感谢天父，祂爱我们每一个人。"你们就拥抱在一起，说一些甜蜜的话。人生苦短，家人可以在一起，表达爱情，享受天伦的时间不多。希望各位尽量表达，尽量享受吧！你这样做，也同时是教导孩子，正常的夫妻家庭生活是怎样的。

从东南亚、远东来北美的家庭，常常以为美国方法教出来的孩子是自我中心，没有礼貌，不尊敬大人的。这实在是不公道，因为美国人之中，有不少的家庭，教出有爱心，懂关怀，有礼貌，尊重人

(不但尊重大人)的孩子。美国人之中,爱心大到愿意收养中国弃婴(特别是被生身父母丢弃的女婴)的,比中国人还多。但是,话讲回来,美国人确实也教出不少自我中心的青少年。所以,问题不在"美国方法",问题在"家庭教育"。当然,小孩本身也要负责任,因为人与生俱来有自主权,他可以自由选择,自由做决定。父母教得对,他可以选择不要;父母教错了,他也可以拣选不从。不过,那不是教养者的责任,也不是教养者能左右的事。所以,这不在我们讨论的话题中。

因此,我很希望各位很明确地了解,每一种文化,都有它的对错优劣,不要以文化背景为我们教养儿女的准绳。因为没有一种文化,没有一个社会背景,也没有一个哲学思想是尽善尽真尽美的。唯有以真善美设计这宇宙的创造者,祂才是准绳,祂的话才是至真至善至美。除祂以外,没有标准。乍听起来,好像是冷酷无情,但是,感谢上帝,祂却是充满着爱的:"耶和华是有怜悯、有恩典的上帝,不轻易发怒,并有丰盛的慈爱和诚实。为千万人存留慈爱,赦免罪孽、过犯和罪恶,万不以有罪的为无罪。"(出 34)

任性的孩子,我们要用爱开导他,叫他了解为什么一定要遵从上帝的话。最近,我得到一个"计算机秘书",说明书上说:请勿同时将备用电池及主电池取出,必须用 4 号碱性电池两粒。请勿自行拆卸本机。勿使用稀释剂、汽油等擦拭本机。避免直接或间接的撞击……这些"必须"、"勿"都是设计者给我们的"律法",就像设计人的耶稣基督给人的律法。我们照工厂的"使用律法"来用这机器,才不会坏,才能发挥它的功能。正如我们照设计人的耶稣基督的律法,才不会不理想(不理想就是"罪"的原意),才能发挥我们的天分,过快乐的生活。要是我们任性——自作主张,照自己的意思——只有自己不理想,自己吃亏,自己受苦。同时因为没有一个人是真正孤立的,所以自己的不理想、吃亏和受苦,都会影响到他人,叫他人的生命和生活也不理想。任性不是自由,任性是叫我们失去自由。一条鱼,照着上帝的计划,在水里,它是自由的,任性的鱼，自作主张，要离开“限制”它的水，到陆地去，它必定失去自由，结果是死亡。因为，上帝造我们，祂知道我们应该怎样活，才有真自由。要是我们任性，自以为聪明，自作主张，要离开或违背上帝律法的“限制”，则我们一定像鱼一样，失去自由，结果是死亡。我们教孩子不要任性，我们自己也不要任性，所以要小心，我们要教的，不是自己的律法，而是上帝的律法，不是自己定标准，而是遵从上帝的标准。

## 口出恶言

如何矫正孩子的坏习惯？譬如，仇视弟弟，口出恶言，对长辈没有礼貌，看不起他人。

习惯，就是做多了，自然而然习惯性地继续做。是的，习惯是很难改的，但是，不一定是不可能改的。要改一个坏习惯，最有效的方法是养成另一个好的习惯。

以上提出的坏习惯，有一些共同点：这个孩子不是一个快乐的孩子。他不觉得自己被人家看得起，他不觉得被爱。所以，医治的目标要使他成为一个快乐的人。但是，难就难在我们没有办法叫一个人快乐，除非他自己要快乐。所以，不一定能够达到目的。孩子越小就越容易改。我常看见父母要“训练”孩子对长辈有礼貌，所以有客人来时就要小孩子叫人，有时候孩子害羞，不愿照大人的要求叫某某阿姨，某某叔叔，父母就会大声骂：“叫不叫人啊？”或是“快点叫人啊！”“快点，快点，怎么不叫人啊？”这类的叫骂只会令孩子不自然，不喜欢。故此，我们作父母的应当自我反省，平日自己是怎样对待长辈，是否彬彬有礼？是否客客气气的？另一方面，假若我们对孩子说话，都是客客气气，彬彬有礼，他自然就会效法有礼貌。不是有客人来的时候才有礼貌。什么意思呢？我们为人父母的要习惯性地有礼貌。可以建立这新习惯吗？可以的，只要你决定要。从我们自己改善，则儿女也有希望改善。太多父母亲对自己的儿女，自己的丈夫或妻子，自己的家人，没有礼貌。这是很难了解的，因为对家人，理当最好最有礼貌。但是，事实则刚刚相反。让我们从自己做起。因为事实是，我们只能改变自己，不能改变他人。让我们到我们的创造者、大能者那里，请祂给我们力量，请祂改变我们。

同时，我们不必向孩子要求一定要照我们的方式才是最有礼貌。重要是他尊重长辈，他可以用笑容和点头打招呼，也可以有礼貌地说声“你好”，或简单地说声“嗨”。主要是心思和态度，不是被强迫地做戏。我们自己对孩子的态度也要有正确的教导，教他们尊重别人，叫他了解尊重人就是尊重造人的上帝，他一方面觉得被尊重，一方面也自然尊重他人。

父母亲要小心自己的态度和言语，我们有没有尊重他人，或是我们常批评他人？让我们自己注意养成欣赏人的习惯，称赞儿女，也称赞他人。正如圣经说：“凡事不可结党（自我中心之意），不可贪图虚浮的荣耀。只要存心谦卑，各人看别人比自己强”（腓 2）。耶稣基督，天地之主，万王之王，竟然谦卑自己，取了奴仆的形象，“人子来，不是要受人的服事，乃是要服事人”，我们这些本来是尘土的人，难道不能谦卑吗？让我们听主耶稣的话说：“谁愿为大，就必作你们的用人，谁愿为首，就必作你们的仆人。”（太 20）原来做大为首的，不是作威作势，恶言发令，而是做佣人做仆人，是服事人的。上帝的定义，和败坏社会的定义，原来有天渊之别。

如果孩子仇视弟妹，口出恶言，我们要试试以关怀和爱来聆听孩子的心声。可能起初使他仇视弟妹的原因他已经忘记了。我们要以温和谦卑的态度表达我们的爱。如果孩子以为父母偏心，我们要省察自己，是否有什么行动或说话，或是一次突然的反应，叫他以为父母偏爱弟妹。是的话，要先道歉，“彼此认罪，互相代求，使你们可以得医治”（雅 5）。父母有意无意地偏心，叫孩子看轻自己，以为没价值，同时也看不起他人——既然我没有价值，那你又何来有价值？

最近有一件事叫我很伤心:一对夫妻,女的本来出于基督徒家庭,但没有读创造者的说明书,不知道造人者有些不可违反的规矩,是为了保护人。她和未信者结婚,现在闹得婚姻濒临破裂。男的要分家产和孩子,他挑了一个孩子说,他只要这个,不要其他的。孩子被这样弃绝,实在太叫人伤心了。幸亏"我父母离弃我,耶和华必收留我"(诗 27);"耶和华是我的力量,是我的盾牌,我心里倚靠他,就得帮助,所以我心中欢乐,我必用诗歌颂赞他"(诗 28);"上帝说:我以永远的爱,爱你,因此我以慈爱吸引你。我要再建立你,你就被建立。你必再以击鼓为美,与欢乐的人一同跳舞而出"(耶 31)。是的,就算父母离弃,天上的爸爸不会离弃。因此,我们的快乐不必建立在人的接受或喜爱上,我们可以靠主长久喜乐。我希望被伤害的儿女们,一方面不必仇恨,另一方面不必自卑。因为,天父以永远的爱,等着爱你。告诉祂吧:我亲爱的天父,我愿意接受你的爱,永远活在你的爱中。我要效法我救主耶稣基督。是的,父啊,赦免他们,因为他们所做的,他们不晓得。

# 第五章　儿女社交的建立

社交始于家中

社交生活的建立(一)

社交生活的建立(二)

社交生活的建立(三)

帮助儿女交朋友

孩子得罪了小朋友

预防『失落感』

孩子说：我不喜欢做中国人

为孩子寻根

## 社交始于家中

常常在讲座中，有听众问："你的孩子那么早进大学，他们的社交生活怎样？"或是："十岁的孩子和十八、九岁的大学生，如何沟通？"还有："孩子那么早进大学是否失去了童年？"

过去六年的夏天，我们和小儿子应邀到各处去演讲（有几次长女也去，在北美还有四位儿女都在场的时候），遇到这类的问题，我们就交给儿女回答。问的人常常以为孩子应该和同年龄的人才能沟通，才能有社交生活。但是，事实是否如此呢？在北美，一切都是以岁数来定的，比如，二十一岁才可以喝酒，十八岁才可以看某种电影，五岁才可以进幼儿园，自助餐则是十二岁以下照年龄付钱，六十二岁以上才有老人福利等等。处处都影响我们的思想，以为岁数是极为重要，小孩的朋友都要是同龄的。有一次，大儿子也在场，他回答说："我不一定要跟同岁的人才能够讲话，我跟二十岁的人，就讲他有兴趣的话；跟四十岁的人，讲四十岁的人有兴趣的事；跟两岁的孩子，又可以讲他喜欢的题目。"所以，虽然他上大学的时候只有十岁，但是他一样可以跟同学有交往。

社交是什么呢？社交其实就是建立正常的人际关系。如果我们知道正常的关系是怎样的，我们就有方针，帮助儿女建立各种正常的人际关系，让他们早作准备，一生中都可以顺利地建立这些关系。好的关系是人生快乐的重要因素。我们会用好几篇来谈谈这题目，彼此勉励。

孩子从小就有机会建立父母儿女的关系，之后可能有手足兄弟姊妹的关系，又有朋友的关系。上学之后加上师生、同学的关系。然后可能有异性朋友、夫妻、主仆、劳资的关系，有官民的关系等。对于这些关系的正常观念，应该是十岁左右以前就有了，才不至于建立了不正常的关系而受损。

小婴儿从与父母接触而学习到父母与儿女的关系，成为他们日后为人父母的自然模式。父母很自然的，会爱护自己的儿女："神说，你带着你的儿子，就是你独生的儿子，你所爱的以撒"（创 22）；"王就心里伤恸，上城门楼去哀哭，一面走，一面说，我儿押沙龙啊，我恨不得替你死，押沙龙啊，我儿，我儿"（撒下 18）。连背叛他，要置他于死地的儿子，大卫王还这么爱他！"父亲怎样怜恤他的儿女，耶和华也怎样怜恤敬畏他的人"（诗 103）；"妇人焉能忘记她吃奶的婴孩，不怜恤她所生的儿子"（赛 49）；"母亲怎样安慰儿子，我就照样安慰你们"（赛 66）。是的，父母的本性是爱儿女的，当父母照着真爱的真理来爱儿女的时候，孩子就建立了父母儿女的亲情和正常的关系了。我们要给儿女的模式，不但是感情上的爱，更是合乎真理的爱，所以要小心，才不致不知不觉间把自己当做上帝，要儿女顺从我们，而是要清楚地指向真理。耶稣说："我就是真理"。我们要把这讯息传递得清楚，正如经上说，"你们作父亲的，不要惹儿女的气，只要照着主的教训和警戒，养育他们"（弗 6）；"你们作父亲的，不要惹儿女的气，恐怕他们失了志气"（西 3）。同样的，教导孩子听从，也要教清楚："你们作儿女的，要凡事听从父母，因为这是主所喜悦的"（西 3）。因此，儿女真正要听从的，要讨喜悦的，是主。父母不要无意中取代了主的地位。那样我们就不会有人治的家庭，父母就不会说：

"我不许你……"

"你吃我的饭，就要听我的话。"

"总之你在我的房子里头，就要照我的规矩。"

"你实在太气人了，非打不可。"

这类的话都是以自己取代了上帝的地位。

父母对儿女的爱，儿女对父母的听从和孝敬，都是在主的范围里，都是照主的规矩，都要讨主的喜悦。我们知道正常的亲子关系是怎么样，我们以身作则，教导孩子建立正常的亲子关系，他长大了也就自然会建立这种人际关系了。

孩子大一点的时候，他可能要建立兄弟姊妹之间的关系。父母也是教导的人。手足不但要相亲相爱，彼此欣赏，更是要相护相助，“弟兄为患难而生”（箴言17），“弟兄和睦同居，是何等的善，何等的美”（诗133）。

## 社交生活的建立（一）

树小的时候，很容易纠正，如果歪了，很容易使它长得直；但是，等到树长大了，要纠正不但不容易，而且常常是不可能了。

社交的技巧，也是一样。要从小在家里就训练，习惯成自然，孩子长大了，自然有好的人际关系。让我们从“人生手册”的教导，来得到一些智慧：

1. 爱人不可虚假。因为人是照着创造者的形像样式被造的，所以人人要存着敬畏创造者的心彼此尊重，以爱心相待。以真诚的爱心，照着创造者的真理来爱人。不是虚假，不是作戏，不是假意，俗语说：“皮笑肉不笑”，只有外面没有内心。我们要分开人与事，就像耶稣给的模范：恨恶罪，但是爱罪人。孩子小的时候，我们就依照这原则教他。教导他爱人，尊重人。

2. 恶要厌恶。善恶的标准是创造者规定的，我们没有造天地，也没有全部的知识和智能，所以也不能自定善恶的标准。创造者说不好的，我们要清楚地教导孩子，不是让他自己决定，也不是随着社会的标准。今天，魔鬼正极力破坏上帝创造的精心杰作——人。特别是得罪自己的身子：“你们要逃避淫行，人所犯的无论什么罪，都在身子以外，惟有行淫的，是得罪自己的身子”（林前6）。教导儿女厌恶所有上帝说是恶的，不论社会上多数的人怎么说。

3. 善要亲近。善，只有上帝是善的。善是上帝的标准。常常听见未信的人批评基督徒没有爱心，因为没有照他所要的。基督徒也以为要照他的要求才是有爱心。但是，不要忘记，真的爱是要照着真理的。上帝是真理，也就是善，我们要抓紧这善。不是依从人，也不是依从自己的心。教导儿女何谓善，而且善的就要紧紧地抓住。

4. 爱弟兄要彼此亲热。待人要有温暖，要有感情的流露。特别是弟兄，就是有共同生命的人，不要冰冷无情。孩子如果常常脸上有笑容，有感情地与人来往，必是人家喜欢亲近的人。孩子在家中所看到的，是否亲切温暖的父母？

5. 恭敬人，要彼此推让。让人家先走。就是让他人得到称赞，走在前面。这跟今天社会上所教的可能相反，今天，大家都争先恐后。但是，上帝给我们的教导是：不要为自己争，推让给人家。就如孔融让梨，自己拿小的，大的让给他人。我们教导孩子，让人家先得，让人家得称赞，自己并不会吃亏。因为我们有天父在暗中察看。照着上帝的话做，只有得到福气。“高举非从东，非从西，也非从南而来，惟有上帝断定：祂使这人降卑，使那人升高。”（诗 75）一位恭敬的人，推让的人，必有好的社交生活，好的人际关系。

6. 殷勤不可懒惰，要心里火热，常常服事主。人际关系不能离开与上帝的关系，因为那是我们得生命、得智慧、得力量的源头。所以要看自己为上帝的奴仆，灵里殷勤火热，不懒惰，才能够有力量行出善和爱，才有智慧照着真理而行。教导儿女紧紧地仰望主人，顺从主人，就是生命的主宰，耶稣基督，才不致被魔鬼所欺骗了。

7. 在指望中要喜乐。一个常常喜乐的人，也是带给人喜乐的人，必是人人所喜欢亲近的。我们的家要是常常喜乐，父母和孩子的接触，和孩子的对话声调用词，都是喜乐的，孩子也很容易喜乐。这是我妈妈留给我不朽的财富。她知道她有指望，她知道“在我父家里有许多住处；我（耶稣）去原是为你们预备地方，我若去为你们预备了地方，就必再来接你们到我那里去，我在那里，叫你们也在那里”（约 14）。

8. 在患难中要忍耐。人生免不了有困境，有压力，因为这是罪的结果，在这不完美的世界上，有不理想的情形。孩子从小也会有遇到不理想的事物，我们可以抓住这种机会，帮助儿女在患难中有毅力，在压力下有耐力，可以继续支持，因为我们有得力的源头。

9. 祷告要恒切。用时间有恒心的祷告，是我们得力的秘诀。好的人际关系，不是单凭意志，更是要有从上头来的内在力量，才能自然而然地活出来。让我们教导儿女随时随地祷告：向造天地的耶和华祷告。为自己，为他人，为社会，为国家祷告。“耶稣设一个比喻，是要人常常祷告，不可灰心”（路 18）；“应当一无挂虑，只要凡事借着祷告、祈求和感谢，将你们所要的告诉上帝。上帝所赐出人意外的平安，必在基督耶稣里保守你们的心怀意念”（腓 4）。

让我们把上帝的话记在心中，又殷勤地教训儿女，不论我们坐在家里，行在路上，躺下，起来，都要谈论。更加上言行一致。这样，必定在日常的生活中，建立起好的社交能力。

## 社交生活的建立（二）

孩子之间常因玩具、食物等而争吵；见到生疏的场面或生人会害羞；如何帮助他们从小建立美好的社交生活呢？

10. 圣徒缺乏要帮补。与人分享是社交生活很重要的一部分，但是，人生来好像就很自私，不会自然与人分享。所以父母亲要训练儿女，与人分享，训练的方法仍然是“谈论”和“行动”。言行合一的训练法，当然是最自然有效的办法。比如说：吃完饭，我们切了些苹果，一家人一起来吃，大家分着吃，谈话中关心到吃得比较慢的：“呀，哥哥好像只吃了一小块，再来一块好吗？”

我们家中，常常是吃到剩下一块的时候，就没有人愿意拿这最后的一块，感觉上好像我拿了，他人就没有了。所以我常常要把这最后一块切成好几块小的，勉强一人一小块吃完它。孩子自己要喝什么，要吃什么，就想到其他的人。我们大人以身作则，就有潜移默化的作用。我们常常在言语上关心到他人物质上的需要，行动上分享我们所有的物质，孩子就也会关心他人。天父是丰富的，我们不怕给了人家，自己就不够。去年我搬了家，因为没空整理，很多东西还没有拿出来用，但是，我就发现，那些东西不用，也没有什么大的影响。不久我又要搬家，我看看，经常在用的东西并不是那么多，经常穿的衣服大概每季五套也就足够了，但是衣柜里头不少于二十套衣服，这些不是必须的，应该与他人分享，可以送给救世军等福利机构。我们不但做，还要谈论，让孩子知道为什么我们把这些好的衣服送出去，不是等到过时或坏了才送出去。主日学的小朋友们，我们要认识，特别有一些新移民，我们可以和孩子商量，我们一起去看看这些孩子，你去了他的家，你就会看见他们有什么需要，回家的途中就可以和孩子谈论，看看自己家里有什么可以送给他们，与他们分享的。可能孩子也会提议，他的玩具有哪一件要送给那家的孩子。

最近印度尼西亚发生暴动，暴民抢劫纵火焚毁的产业，百分之九十九以上都是华人的产业。当然我无法完全了解个中复杂的原因，但是，我心里在想：华人勤劳经营，掌握印度尼西亚经济，有没有与当地有缺乏的人分享他们勤劳而得的果效呢？如果每个华人或是有钱的华人，都很明显地回馈社会，举办各样福利事业，关心社会上有需要的人，是否情形会有不同？

11. 客要一味地款待。有时候，孩子很怕生，所以到了一所新的学校或是主日学，会觉得不自然。我们可以借着这种机会教导他“客”——就是陌生人——初到一个地方的感受，让他了解新来的人的感受是怎么样，然后教导他如何去关心款待陌生人。比如：有陌生的孩子到主日学来的时候，主动去和人家谈话，主动带他到洗手间，让他有一个朋友在身边。主日学老师可以教导孩子珍惜每一位同学，平时预备他们，如果有新朋友到的时候，指定一、二位旧同学做他的特别朋友，那天就一直陪伴着这位新朋友，叫他不觉陌生。可以用轮流的办法，比如：有新来的男孩子，就轮旧的男孩子和他做特别朋友；有新来的女孩子，就轮旧的女孩子做他的特别朋友。如果鼓励得好的话，每个孩子都会觉得做特别朋友是很荣幸的事。

要是小孩自己是新来的陌生人，他也不需要觉得陌生。我们鼓励他去找其他的新人，和他们做朋友。在学校里，更是容易办到，因为有注册，老师早就可以知道哪一天有新同学到，早几天就可以预备旧的同学如何尊重珍惜新同学，早就可以安排谁做他的特别朋友，带他熟悉学校里的事物。如果每天有一位旧同学做他的特别朋友，一周下来，他已经有五位朋友了。

家里尽量款待客人，以愉快的心情来款待。看这为福气，不是看为麻烦事。我们家在孩子小的时候常常有机会招待过路的传道人，因为那时我们住的地方没有很多家庭可以招待客人，所以差不多所有路过的传道人都在我们家做客。结果我们自己和孩子们都有机会聆听很多传道人宝贵的经验，实在是我们的福气。孩子学会让出房间，学会体贴疲倦的客人，学会接触不同的人，学会帮忙接待客人，小的事情，如请客人来吃饭，问客人有什么需要，预备客人用的毛巾等，很小的孩子就已经能够做了。我相信，这些经验和他们后来与陌生人应对自如，上台不怯场有一定的关系。

## 社交生活的建立（三）

孩子有时候觉得老师不公平，或是被同学欺负，我们怎样帮助他呢？参加比赛当有的心态是怎样的？要是得奖，或是落选，又怎样呢？

12. 逼迫你们的，要给他们祝福，只要祝福，不可咒诅。人生的道路上，常会碰到不如己意的情形，有时候是孩子觉得老师不公平，有时候是老师真的不公平，就如父母与孩子的关系一样；有时候是孩子觉得父母不公平，较爱另一位；有时候是父母真的不公平，爱一个孩子较多。无论是真的被逼迫或是孩子以为被逼迫，我们当教孩子不可咒诅，只要祝福。乍看起来，好像不合理；但是其实是合理的。为什么不可咒诅，只要祝福呢？因为上帝是公义又公平的，祂是无所不知、无所不能的，祂当然知道人的心，也知道谁是逼迫人的，谁是欺负人的。我们的孩子是否被老师欺负，是否被同学欺负，上帝都知道得清清楚楚。上帝是公义的，祂当然有公义的报应。我们可以教孩子放心，交给上帝：

"来，我们一同来告诉上帝：一同来祷告，把你觉得不公平或被欺负的事全告诉上帝，请祂给你心中平安。"

你和孩子祷告完了，解释给他明白："老师可能不是故意不公平。"或是：

"老师可能不了解怎样才是公平。"或是：

"我们也为老师祷告，他可能有不快乐的事发生，可能他心中有受伤，只有上帝能够医治他，叫他得安慰。"

"我们求上帝给老师得到公平的待遇，得到福气，他就不会因为心中的不平和忿怒而做错了。"

"上帝爱世人，甚至在人不承认祂，不感谢祂，甚至在人骂祂，敌对祂的时候，上帝也同样爱我们。祂叫日头照好人，也照歹人；降雨给义人，也给不义的人。就是因为上帝只愿祝福，不愿咒诅，我们才有机会得到祂的救恩，成为祂的儿女。我们既是祂的儿女，也就像祂：只有祝福，没有咒诅。"

"同学欺负你，也是因为没有上帝的爱在他心中，没有上帝给的平安，心中没有喜乐。所以有时是故意的，有时是无意的欺负人。让我们学习像上帝，因为我们本来被造的时候就是照着上帝的形像样式被造的，本该像上帝。不过，在我们不知道，或是故意地违背上帝之后，我们就不像祂。幸亏上帝的儿子耶稣基督降生，为我们而死，给我们开了新生之路，经过耶稣，我们可以有新生命。脱去以前行为上的旧人，心志改换，穿上新人。这新人是照着上帝造的，叫我们可以得回上帝的形像，有真理的仁义和圣洁。我们现在可以像祂，柔和谦卑，以恩慈待人，存怜悯的心，彼此饶恕，正如上帝在基督里饶恕了我们一样。”

我们应当帮助孩子了解:(1)上帝是谁,祂是宇宙的创造者,能力之大是无可比的,什么都能做。(2)上帝是爱,祂爱人是永远的爱,不变的爱。因为爱,一定把最好的给我们;因为祂是全能的,祂的心意必定可以成就。这两点,孩子们了解了,就自然能够交托信靠上帝了。

13. 与喜乐的人要同乐,与哀哭的人要同哭。要彼此同心,不要志气高大,倒要俯就卑微的,不要自以为聪明。现代的社会,常常鼓励竞争,所以,你的孩子常常有机会参加各种比赛,钢琴、小提琴等音乐比赛;棒球、足球等球赛;还有各种各式的比赛,连小女孩子也参加选美!为人父母的也跟着孩子比起赛来了,我们带孩子到此到彼,鼓励他们努力,替他们紧张,带着照相机、录音机,忙得团团转。孩子参加比赛到底应存什么样的心态?赢了,输了,又应如何处理?有个小女孩,被谋杀时只有六岁,但她已经在母亲的“引导”下参加了许多次选美了。据报章报道,不少其他女孩的父母,当发现那小女孩也参加同一选美赛时,就不要自己的女儿参加同一赛,因为一定会输。东南亚某地有句俗语:“怕输”,这好像是现代人心理的描写。我们太注意与他人比较了!其实上帝造人,并不是要人比人,而是要我们好像摩西所得到的称许:“摩西为人极其谦和,胜过世上的众人”(民 12);“摩西在上帝的全家尽忠”(希 3)。相反,所罗门得到了人一切的称赞,好像什么都赢了,但是,“耶和华向所罗门发怒,因为他的心偏离向他两次显现的耶和华以色列的上帝”(王上 11);“所罗门行耶和华眼中看为恶的事”(王上 11)。当孩子从父母的言、行、态度上,了解上帝的标准之后,他们自然会看比赛为练习集中精神做一件事的机会,赢输都好,不会患得患失,只要存心谦卑,向上帝忠心,负责任,在比赛中仍披戴基督,散发基督馨香之气。如果赢的是别人,也当然能够与喜乐的人同乐,不会妒嫉,不会埋怨,不会推卸责任,不会失去喜乐。有人哀哭吗?我们能够表同情,和人家同思想,而不是把头抬高到云端里去，目中无人，自以为聪明。而是能够俯就卑微不被人看重的人或事，虽然是人所不看重的，但上帝的眼目却是察看全地的。耶和华的眼目，看顾敬畏祂的人，和仰望祂慈爱的人。但愿我们的儿女有正确的价值观，不被世界当代的进化思想——弱肉强食——而影响。让我们学习以创造者的眼光来看祂所造的人，彼此欣赏，欣赏上帝创造的奇妙，把颂赞荣耀归与全能全爱的创造主。

## 帮助儿女交朋友

孩子渐渐长大，生活圈子也渐渐扩大，正在迈进人生的正常途径，父母能够帮助他吗？

怎样的孩子才是好的朋友呢？圣经说："朋友乃常时亲爱"（箴17）。我们可以帮助孩子爱朋友，从很小的时候开始，让他生活在爱中。父母爱的行动是儿女学习爱的模范，如果教会里面其他家庭也有小孩子的话，我们可以邀请他们来家里玩，那么，小孩也可以有机会学习交朋友。很小的孩子应该有大人和他们一起玩，才可以随时处理情况。主人家的孩子学习做主人，客人的孩子学习做客人，帮助他们彼此尊重。小主人主动把玩具借给小客人，小客人回家的时候记得说谢谢，但是不要把玩具带走。选择孩子不疲倦的时间，一起玩的时间不要太长，越小的孩子，时间越短，因为疲倦的时候容易不听话，不讲理。所以预先规定时间，不要等到开始疲倦了才离开。

如果大人和小孩玩在一起，我们就可以以身作则，作个好榜样，怎样快乐地玩，怎样轮流玩，怎样彼此推让，怎样表示感谢，怎样彼此欣赏。如果孩子争玩具，最容易的办法，就是自己抱自己的孩子，去不同的角落，让他们可以平静下来。千万不要在另一个小孩的面前骂自己的孩子（当然更不要骂人家的孩子），或打自己的孩子。要是需要教导的话，要带到安静的地方，再慢慢地教。

孩子会讲话之后，我们可以先讲好，朋友来的时候怎么样玩，要玩什么玩具，或是什么游戏，要请朋友吃什么东西，怎样做个有爱心的朋友。这些爱的行动和表达，父母应该很自然地反映在日常生活中的行动和表达，所以，我们不能“做戏”，父母亲要自己习惯性的有礼貌，习惯性的表示感激，习惯性的“温温和和的待众人”（提后2）。我们也可以先讲好，朋友一起玩必须是愉快的，如果不愉快，比如争玩具，那么就要分开了。圣经说：“要殷勤的教训儿女”（申6），意思是再三地讲，讲一二次，会忘记的，我们要殷勤地讲，让上帝的话深入孩子的心中。

做个人家喜欢的朋友，圣经给了我们一些智能的话：“慈爱和诚实”，“不可使慈爱和诚实离开你，要系在你的颈项上，刻在你心版上，这样你必在上帝和世人眼前蒙恩宠，有聪明”（箴3）。孩子在很小的时候，我们要灌输的观念是：“我们应当彼此相爱……上帝就是爱，上帝既是这样爱我们，我们也当彼此相爱”（约壹4）。所以我们要常常有这思想在自己的脑海里，我们就会带给孩子同样的思想：耶稣爱你，耶稣也爱他，因此我们要彼此相爱。孩子觉得不公平或被伤害（当然，如果我们负有看顾的责任，孩子不会受不必要和严重的伤害）的时候，我们要他了解的观念是：“赦免他们，因为他们所做的，他们不晓得”，和“不要以恶报恶，不要自己伸冤，因为主说，伸冤在他，他必报应。不可为恶所胜，反要以善胜恶”（罗12）。比如，你的孩子被朋友打了，你就带你的孩子到一边，安慰他，看看有没有受伤，需不需要包扎医治，整理好了身体的问题，减少了他的痛苦之后，你就解释给他听。“现在好一点了吗？妈妈亲亲，某某人不懂，我们赦免他，就像耶稣一样，那些兵丁用钉子把耶稣钉在十字架上。你想想用钉子来钉手脚是多么痛啊！我们皮破了一点都痛得哭了，如果被针刺到都痛得不得了——所以妈妈缝衣服的时候要很小心——你想想钉子比大的针还要大，会是多么的痛啊。但是，耶稣说：‘父啊，赦免他们，因为他们所作的，他们不晓得。’耶稣知道人还没有学会爱他，还不知道耶稣爱我们，所以耶稣赦免他们。同样的，还有些人不懂得耶稣爱他，也还没有学会爱人，有时候是忘记了，有时候是不小心，所以耶稣要我们赦免他。”

记得耶稣教祂的学生祷告吗？里面有一句说：“免我们的债，如同我们免了人的债”，意思是，我们欠上帝很多很多，我们请祂赦免我们，正如我们赦免得罪我们的人。耶稣还说，如果我们饶恕人家，天父也一定饶恕我们，如果我们不饶恕人家，天父也一定不饶恕我们。为什么呢？因为如果我们真的知道天父饶恕我们很多很多，我们就会了解他人得罪我们的只是一点点而已，所以我们感谢天父，也自然饶恕人家了。耶稣讲过一个比喻，一个王要和他的仆人算账。有一个欠了一千万银子，即是很多很多的钱，他还不起，请王宽容，结果王动了慈心，放了他。但是他离开主人之后看见欠了他十个银子的同伴，却不肯放他去。你说他这样做对不对？当然是不对了。所以王就抓了他去，因为他被饶恕那么多，却不肯饶恕别人一点点。

如果你的孩子得罪了小朋友，又怎么办呢？

## 孩子得罪了小朋友

当我们的儿女和小朋友玩的时候，有的时候会不尊重人，伤害了人家的心，或是伤害了人家的身体，怎么办呢？

教养儿女的目的，是要帮助儿女了解人的基本问题——自我中心，自作主张。然后帮助他了解为什么人会自我中心，自作主张。进而了解问题的解决办法——回去找设计者。车主处理车子的时候，因为自作主张而处理得不当，有了问题，回去找车厂吧。车厂设计了车，他处理的办法当然是对的。上帝创造了人，设计了人际关系，祂处理的办法当然是对的。帮助孩子了解了创造者的真理之后，就帮助他实行，再三谈论和实行就是帮助他建立实行真理的习惯。你见过言行不一的基督徒吗？就是因为以上几个步骤没有做到。所以我们养育儿女的人，千万要用创造者给我们的方法，以身作则，持恒性、一致性地教导他们，养育他们成为耶稣基督的门徒。

当孩子得罪了他人，创造者的方法是：

第一步，认错："我们若认自己的罪，上帝是信实的，是公义的，必要赦免我们的罪，洗净我们一切的不义"（约壹 1）；"上帝的国近了，你们当悔改，信福音"（可 1）。解释给孩子听，让他了解上帝的标准，如果他所做的，在上帝的标准上是有差错——比如"生气却不可犯罪"（弗 4），上帝不要我们"以辱骂还辱骂"（彼前3），要"禁止舌头，不出恶言，嘴唇不说诡诈的话，离恶行善，寻求和睦"等，就当承认自己的罪（没有达到上帝的标准），请上帝赦免。

第二步，悔改：就是转换方向，朝对的方向走——跟从上帝的标准。

第三步，补偿：孩子得罪了他人，也要教导他如何补偿，照着圣经的原则："人若彼此相争，这个用石头或是拳头打那个，尚且不至于死，不过躺卧在床，若再能起来扶杖而出，那打他的可算无罪，但要将他耽误的工夫，用钱赔补，并要将他全然医好"（出 21）。所以，要是孩子伤到人家，我们要教导他赔补和医治。当然，我们不希望有严重的伤害，小的伤害，比如，踩疼了人家的脚指头，也要赔补和医治。就是说：要安慰对方，把弄疼的地方弄到不疼；需医治的地方医治好；还要道歉，安抚他的心灵，直到对方恢复——身体和心灵两方面恢复。

当我们这样教导的时候，孩子就知道得罪他人，伤害他人，不是一件等闲事情，而是件严重的事情。希望教导他小心，不要随便、不经意地伤害了人家。人是照着上帝的形像被造的，我们必须彼此尊重，彼此爱护。有时候我们在讲笑话，我们说："某人呀，你听不听得懂普通话？"他说："我多数听得懂。"我们就回答说："那我不可以骂你了！"意思是说，如果你听不懂我在骂你，那我就可以骂你了，因为你既然听不懂，我骂你也无所谓了。让我们来分析一下这种笑话：对方听不懂或是听不见就可以骂他吗？或是，背后骂人可以吗？“不可咒骂聋子，也不可将绊脚石放在瞎子面前，只要敬畏你的上帝，我是耶和华。”（申 19）原来对方听不见也不可以骂他，因为这是不敬畏上帝，祂是那自有永有的，生命之主，大能者。祂听见一切，祂是那造耳朵的，祂自己当然能够听见。我们不敢伤害人，不敢得罪人，不但是为了人，更是为了敬畏创造者。

另一方面，当我们教导孩子赔补的真理，我们也同时帮助他了解，耶稣基督为我们而舍命的必要性。我们得罪了创造者上帝，不是一件等闲的事情，是必须要赔补的，但是，我们自己赔不起：“那些倚仗财贷自夸钱财多的人，一个也无法赎自己的弟兄，也不能替他将赎价给上帝，叫他长远活着，不见朽坏，因为赎他生命的价值极贵，只可永远罢休”（诗 49）。只有真神降世成人的耶稣基督，祂赔得起。“上帝设立耶稣作挽回祭，是凭着耶稣的血，借着人的信，要显明上帝的义，因为祂用忍耐的心宽容人先时所犯的罪，好在今时显明祂的义，使人知道他自己为义，也称信耶稣的人为义。既是这样，哪里能夸口呢？没有可夸的了”（罗 3）。

得罪了人，需要人来赔补；得罪了上帝，只有上帝可以赔补。所以，我们无论作多少“功德”，赔多少钱，都于事无补。这样，我们可以帮助儿女了解为什么要以信心接受耶稣基督已经完成的救恩。

让我们帮助孩子，建立这认错、悔改和赔补的习惯。照着圣经所讲的，殷勤教训，随时谈论，言教身教，身体力行，以身作则，在家在外，都照着创造者的吩咐。不过，在教训的过程，要记得爱的原则：忍耐加上恩慈，柔和而谦卑；不求自己的益处，不是做给小朋友的父母看；不做害羞的事，不要叫孩子羞愧，不要在他人面前教训孩子，不可发怒，也不可计算人的恶，不要怒视孩子，骂他说：“为什么你总是这么不小心，怎么还学不会”；要照着真理，就是上帝的标准，不是自己的标准；不要取代了上帝。千万不要给孩子一个错误的观念：比如他问：“为什么？”你回答：“因为我这样说。”这是把自己当作上帝，让我们在言语行动和态度上敬畏创造万物之主。

## 预防“失落感”

当儿女进入青少年时期，常听到他们父母的无奈。十多岁的青少年是否必须经过所谓的叛逆期？

二十世纪的绝症——艾滋病——之所以可怕，是因为身体的抵抗力被病毒大大地摧毁了。所以，什么病菌都能够带来疾病。我们一天到晚都在接触病菌，事实上，到处都是病菌。我读细菌学时曾经做过一个实验，要看看我的手指上有多少细菌。我用肥皂和水洗了手，把手指印在培养细菌的凝胶体上；再洗，再印；连续一共十次。培养了一天，回去看看细菌有多少。当然，只洗一次手，还有数不清、无数的细菌，那不奇怪；奇怪的是，洗了十次之后，还有很多细菌。所以，我们一天到晚都和细菌为伴，其中有不少是可能致病的，但是，一个正常人并没有一天到晚在生病，因为我们身体正常的抵抗“军”，把这些致病的“敌人”杀掉了。但是，一个有艾滋病的人，抵抗军太弱了。所以就被敌人乘虚而入，这个人就天天打败仗，什么病都有。身体的抵抗力是非常奇妙的，没有它，我们活不了。所以，孩子从小就要打各种的预防针，叫他们对不同病菌有抵抗力，才不致夭折，这是众所周知的。

可是，父母为了孩子身体的健康，费尽心思，两个月大就开始按时打预防针，我们奉为玉律，从不马虎。你听过正常的父母说过：“啊，不要紧啦！等他大了，要打针的话再打吧！”这类的话吗？当然没有！但是，为孩子心灵的健康，很多父母却不留意。比较关心的父母，就带孩子到教会上主日学，在主日学学什么也不一定知道，谁在教也不一定知道。殊不知孩子的心灵要健康，也必须打预防针，所以要从小的时候预防起。

最近有一位母亲说：“我的孩子没有叛逆，不过回家也没跟我谈几句话，我就是服事他，煮给他吃，弄给他住，洗他的衣服，还有为他付钱。我不能说是伤心。因为他也没有什么问题，我问其他家长，他们的情况也差不多，大概这是青春期吧。不过，我还是有失落感。”失落感，我想这正描写了不少父母的无奈。青少年视家好像旅馆和餐厅，和父母的交谈大概也只像和旅馆餐厅的职员交谈一样。这实在叫父母有失落感。

要预防失落感的病，就要从小与儿女谈心。要谈心，则必须真心要听对方。要真心听对方，则必须分出时间来，看对方是重要的。你如果还有小的孩子，请赶快预防。如果您的孩子只有五六岁或以下，只要您有耐心，照圣经的原则，几乎可以担保一定成功。

记得吗？圣经的原则要从明白并实行创造的事实开始。尊重孩子是照着创造者的形像样式被造的，创造者造他是独特的，是好的，是男女平等的；但人要自作主张，以致无法达到原来理想的标准；耶稣基督的降生和代死及复活成就了唯一重回生命源头的道路；每个人要作决定邀请耶稣基督为救主和生命的主宰，才能通过最后的审判。其次要明白并实行爱，就是长久忍耐又有恩慈的爱，无私的爱，照着真理的爱，这爱只有从爱的源头支取，才有力量，才用不完。如果以前的沟通不是以这真爱，那么就要改，创造者应许我们“我靠着那加给我力量的，凡事都能做”(腓 4)。秘诀是：不要靠自己，要靠主耶稣基督。意思是：圣经说要怎样做我就怎样做，不再自作主张，不再有“但是”、“不可能”、“不会吧”、“做不到”这类的话和思想。换成：“因为你这样说，我就照样做”，“隐秘的事是属耶和华我们上帝的，惟有明显的事，是永远属我们和我们子孙的，好叫我们遵行这律法上的一切话”(申 29)。如果您言行合一，照着主的真理，以爱讲道，当可开始正常的谈心。

但是如果孩子稍大，已有些叫您有失落感了，则要有更大的耐心，因为已经有“病”了，需要医治。一般来讲，十岁、十一岁以下的孩子，只要您不放弃，不气馁，不生气，还能够赢回孩子。

如果孩子已是青少年，失落感的症状也真的出现了，那就只有大医师可以医治了。医治的药方是“所以你们要彼此认罪，互相代求，使你们可以得医治”（雅5）。上一节说“出于信心的祈祷，要救那病人，主必叫他起来，他若犯了罪，也必蒙赦免”。所以要以祈祷开始，在祈祷中，向神认罪，也求神光照，知道什么地方要更正。在我接触的父母中，常发现他们和儿女的谈话是以命令式；以自己为标准；家里的决定是自作主张，不是照圣经；容易发怒；少有笑容，家里气氛紧张；舍不得称赞儿女；少有拥抱等亲情的流露。

神造人，就是要我们享受爱；婚姻，也是为了爱；有儿女，也是因为爱。让我们求全能的主，我们的创造者，叫我们恢复原来的用意，叫我们享受爱。不但享受家中暂时的爱，更是享受在神家中永恒的爱。“耶和华向我显现说：我以永远的爱爱你，因此我以慈爱吸引你”（耶31）。

## 孩子说：我不喜欢做中国人

“九岁的女孩子说：我不喜欢做中国（华）人，最佳的回应是什么？”

“我们可以怎样帮助儿女寻华人的根和文化？”

“你们是否教你们的孩子学中文？有什么经验？”

“从你成功养子的过程中，你对生长在北美的华裔儿女学习中文有什么看法？用什么语言来进行家庭沟通？”

以上是一些听众的问题，都是真人真事，相信也是不少侨居各地的华人家庭所关心的。

让我们来分析一下，为什么孩子不喜欢做华人，不喜欢学中文。

我们都希望得到他人的肯定和接纳，当孩子在某地生活，但是周围的人不接纳他，不看重他的时候，他觉得不快乐，他希望被接纳和肯定。在北美，孩子在学校里同学不和他玩，或是笑他黑头发，或是笑他的名字，或是笑他英语讲得不好，举动异于他人，他迟早会发现同学对他的不公平是因为他是中国（华）人。所以他认为他之所以受苦，是因为他是华人，因此，他不喜欢华人。他以为只要他和同学一样，他就会快乐，但是事实告诉我们，同样是白种人也彼此取笑侮辱。

记得我刚到香港的时候，我不会讲广东话，香港人又不会讲普通话，我不会念书，因为不知道如何发音，多数同学不和我玩，他们称我为上海妹，其实我根本不是上海人，也没去过上海。有一位坐在我旁边的同学例外，她和我交流，但因为言语不通，我们以写字条沟通。这位同学原来是基督徒，我们互通主日学所学到的金句、诗歌。（如果这位同学看到这文章，希望她和我联络。）她是一位有爱心的人，我十分谢谢她，她使我在人地生疏的时期得到温暖。当时非广东人就被称为外省人，还被笑“唐人唔识讲唐话”，但后来我到了北美念书，这外省人的观念不同了，只要是华人，不管是不是香港人，都觉得亲热，不再分香港人和非香港人了。分界线变成是“人”与“鬼”（一笑）：上海人也是人，台湾来的一样是人，但那些白皮肤的则叫做“洋鬼子”。

在北美，有黑人白人之分。有一位华人到了美国南部，要填写的表上只有白黑两栏，他不知道如何填，当地人告诉他，你不是黑人，那就填白种好了。（他笑说，那天他才发现自己是白人！）我讲这些例子，是要我们了解，人性是排除异己的，但是谁是异己？那界线是不确定的，妯娌同住，各人都会把他人的孩子看为异己，甚至手足间也可能排除异己，为什么人会这样排除异己呢？因为人的罪（不理想）性是自我中心的，如果父母没有教导儿女遵从真理的话，孩子就不知不觉之间，自我中心，排除异己。当我们的始祖亚当夏娃听了魔鬼（反对上帝的天使）的话：“你们便如上帝，能知道善恶”之后，他们决定要自我中心，自以为是，不要创造者善恶的标准，以为可以自立善恶的标准，他们没有创造者全盘的智慧，因为自我中心，自作主张，不但带来自我性命的不理想，也带来人际关系的不理想。当时，虽然只有两个人，人际关系已经不好了，女的要缠住男的，男的要管辖女的！

现今，在基督里，我们不必要继续在这不理想的关系里，我们可以帮助自己和孩子看见问题的所在，然后看见主耶稣基督为我们完成的医治。一方面知道我们的价值是谁才能肯定，谁的接纳才是我们真正要的；另一方面知道世人的无知，因而可怜及饶恕他们对我们的伤害，希望他们也有机会认识生命的主宰，创造天、地、海和其中万物的上帝，接受耶稣基督的爱，代死和复活，悔改跟从降世为人的耶稣基督，当我们的儿女还没有碰到问题时，我们就可以先预备他们：

上帝造我们，大家都有两个眼睛、一个鼻子、一个嘴巴、两个耳朵，但是奇妙的是，每一个人都是特别的，没有两个人完全一样的。这是因为我们的上帝是大能者，他很有创造性，可以创造出这么多不同的人来。你想上帝最爱谁呢？华人？美国人？非洲人？印度人？不错，祂爱每一个人，就像爸爸妈妈有几个孩子，但是每一个都是最爱的，上帝不偏心，祂爱每一个人，所以我们也爱每一个人。

如果你同学头发的颜色和你的不同，上帝会不会因此不爱他？如果你同学的肤色和你的不同，上帝会不会因此不爱他？如果你的同学的才干和你的不同，做事的速度有异，语言不同，家庭背景不同……上帝会因此少爱他们吗？

有时候有一些人不懂，看不起与自己不同的人，或是惧怕与自己不同的人，但是你懂得，你会学天父爱所有的人。记得耶稣说要爱仇敌吗？祂告诉我们为什么要爱仇敌，因为我们的天父叫日头照好人也照歹人，降雨给义人也给不义的人。我们是天父的儿子，所以像天父(太 5)。

让儿女明白天父的称赞和接纳才是有价值的，因为我们的创造者才是我们的审判者，祂的评价才有用。我们只要追求得到天父的肯定，不要被人无知的评价影响我们对自己的看法，这样我们就有健全的自我形象。因此，如果同侪嘲笑孩子，他们就不会因此不喜欢自己是华人，相反的，儿女会因认识创造者而感谢祂奇妙的创造，正如作诗的说："我要称谢你，因我受造奇妙可畏，你的作为奇妙，这是我心深知道的，我在暗中受造，在地的深处被联络，那时，我的形体并不向你隐藏，我未成形的体质，你的眼早已看见，你所定的日子，我尚未度一日，你都写在你的册上了。上帝啊，你的意念向我何等宝贵，其数何等众多。”（诗 139）

我喜欢我是华人，是因为天父爱我，祂又是全能的，祂比我聪明得多了。祂的意念高过我的意念，祂向我所怀的意念，是赐平安的意念，不是降灾祸的意念，要叫我末后有指望（耶 29），祂要我有前途和盼望，祂要我有平安，因祂爱我。“为义人死，是少有的，为仁人死，或者有敢作的，唯有基督在我们还作罪人的时候为我们死，上帝的爱，就在此向我们显明了。”（罗 5）因此，上帝造我是华人当然是对我最好的，我感谢祂，对着镜子看见自己是华人，我们的儿女就会因我们真理的教导而感谢上帝。

当孩子说：我不喜欢做华人，问题不是表面的，是更深层的，是不明白、不认识创造主，最佳的回答是把握这机会介绍创造者，引导孩子与创造主建立个人亲密的关系。

## 为孩子寻根

“我不喜欢做中国（华）人。”孩子说。

“怎样帮助儿女寻中国（华）人的根和文化？”

有时候父母亲因为希望儿女成为当地的一分子，可能会处之太急，常常有父母听了我们的讲座，当我们表达父母自己照顾儿女的重要性，特别是学前的五、六年时间，他们的反应是：“我们送儿女去托儿所，因为我们希望儿女学英语，免得他们英语讲得不好，我们希望儿女接触本地人，将来才能自然地进入当地的社会。”

但是，当孩子到了青少年时，不会讲中文，不喜欢中国（华）食物，不喜欢和华人在一起，不懂得中华文化，看不起中国（华）人，那时候，父母又问：“怎么办？”我常常听到父母亲说：“我们跟孩子很难沟通，因为他们听不懂中文，我们英语又不够好，不能流利地表达。”

在机场等候的时候，见到一位很可爱的小女孩，我们看着她笑，告诉她妈妈，女孩真可爱。但是这小女孩并不表示接受我们的称赞，只是抱住妈妈的腿，抱得好紧，然后把头埋在妈妈的腿上，你看见吗？小孩是多么看重父母亲，只有父母亲能带给她安全感。这是创造者赋予人的自然情况，是正常的。小孩不找父母那才不正常，既是这样，父母就有机会教他、影响他。小孩学讲话很容易，这必是创造者造人的蓝图，孩子小的时候，父母和他讲什么话，他就学什么话，我们一般称为“母语”，因为一般来讲，母亲和孩子讲话比较多，所以孩子就学了母亲的话，这是正常的（当然，如果父亲和孩子讲多点话，孩子就学到“父语”）。上帝设计孩子，有那么多年的时间需要有人照顾，才能生存，就是要孩子得到教导，成为虔诚的人。父母如果知道自己的责任和福气，就会好好地使用这些年的时间，既然我们懂得中文，我们自然应该和孩子讲中文。一般来讲，孩子两三岁之前，就学会讲话，也可以表达自己。如果我们是自己照顾孩子的话，他们也学会了讲中文，也可以用中文表达。因为他们与父母有亲情，也会对中文发生“亲情”。父母在这段时间之内，也可以在日常生活中，很自然地谈到中国（华人）食物、中国（华人）文化、中国（中华民族）故事等，不但谈到中华文化好的方面，也谈到中华文化不好的方面。当然，各位读者已经晓得，所谓好与不好是以“天国文化”（圣经）为标准。这样，我们不但在介绍中华文化，我们也在告诉儿女，世上的文化都不是十全十美的，只有创造者才是十全十美。所以只有创造者的文化，才是十全十美的。不知不觉，我们在教他们以圣经做一切文化的衡量标准。儿女长大了之后，也不会“全盘”接受任何文化，当然我们自己也要以言语行动来支持我们所教的。

当孩子学会了母语，就可以加上另一语言。住在北美的家庭，理所当然地学习英语，可以选择健康的电视节目或录像带来做学习英语的工具，我们和孩子一起看，就可以管制时间和内容，开头时可以稍为加以解释，孩子很快就会学懂了。那时，如果他去上一点幼儿班，他不会觉得是门外汉，什么都听不懂，加多一种语言，是加多一个与人沟通的技能，是福气。以后如果再学其他语言，也以同样的心态学习，也可能将来有机会学更多中文和中华文化、历史等。他的心态是同样的——多一点与人沟通的技能。不但如此，我们也可以在很自然的情况下，让他们了解上帝的创造和计划。一方面感谢上帝创造我们是华人，有接触中华语言和文化的机会，一方面也感谢上帝让我们生活在北美，有接触另一语言和文化的机会，我们要把握上帝给我们的机会，尽量多学习。

我们的老大从出生到两岁，我们主要是和他用母语沟通，一岁半时才开始教英语字母，两岁之后才加上一些英语，很快他就可以读英文了。因为他了解了字母的发音，自己就能读了。老二在一岁半时自然学会了一些英语，过一年零三个月才自己读英文书。老三什么时候开始用英语，我忘记了，但三岁时就会读书了。老四因为有哥姊，中英文大概同时学，四岁开始看英文书，他们都会讲“母语”（闽南话），也从小学了一点汉文字。以后，因为教会里用国语（普通话），又在大学选修汉文（他们早点进大学，10至14岁，可能也有助于学语言），所以也都会普通话。当然，每个人都不同，我只是用我们的孩子做个例子而已，请不要把这当标准。不过，我希望你了解的是：孩子，一般来讲，是受父母影响的，除非父母弃权，让他人来影响，父母对于自己是华人的看法是否健全，是否以上帝造你是华人引以为荣，对中华文化知道多少，能否以圣经的标准客观地评判中西文化，都会大大地影响儿女的自我形象。

让我们为人父母的从自然做起，客观地反省一下，我与神的关系是否正常，是否与创造者和好，是否存感谢的心看自己——是多么高贵、多么尊荣，因为创造者照着自己的形像样式造我，祂所做的一切都十分好。虽然世上的人忽略了或者低估了我的价值和尊严，但我的天父却依然看重我："人算什么，你竟顾念他，世人算什么，你竟眷顾他，你叫他比天使微小一点，并赐他荣耀尊贵为冠冕。"（诗 8）

# 第六章　成长的烦恼

乖不乖

防止孩子赌博

反叛打架

为生活细节而口角

为何不相爱？

调解纷争（一）

调解纷争（二）

避免孩子争权夺利

从小学习事奉

养不教父之过

找寻离家的孩子

## 乖不乖

"我是单亲,有两个孩子,都上小学,我与父母同住。为什么我的父母都抱怨说,我不在家,孩子都很乖,我一回家,孩子就一直吵着要东要西?"

"六岁的孩子,平常都在托儿所,每晚在家都很乖,可是,每次出外时都很顽皮,为什么?怎样教?"

孩子如果不是自己照顾的话,常常有这类表现。为什么?简单的回答是:孩子需要父母。父母不在的时候,照顾他的人怎样照顾呢?做父母的知不知道?托儿所怎样照顾你的孩子,你知道吗?他们怎样教你的孩子?怎样教他对自我的看法?怎样教他人际关系?什么叫做乖?什么叫做不乖?乖的时候怎样处理?不乖的时候又怎样处理?孩子得到不自私的爱吗?孩子得到合理的管教吗?孩子有没有被误会?被冤枉?被打?被骂?被羞辱?被讥笑?被看轻?被阻止表达?被……?你知道吗?就算托儿所或祖父母都是好心的人,但是他们的爱心足够吗?他们对爱的了解是否合乎圣经?他们有恒久忍耐吗?发脾气吗?……

最可怜的是很小的孩子,因为还不会讲话。如果是小学年龄,那还比较好一点,因为可以讲话。父母需要和孩子多多讲话,而且是愉快又轻松的讲话,你需要和孩子建立彼此的信任,"爱是凡事相信"(林前13)。这样子,孩子才敢告诉你他的生活。

怎样做呢?你一天忙着在外上班,上下班又赶着来回交通,已经筋疲力尽了,回到家,又忙着做饭和其他家事。人一忙了,精力上不够应付,就容易性急。性子一急,讲话就不温柔,孩子也不享受你的讲话,气氛就不轻松,不愉快。所以,我们处理这情况,要从两方面着手,一方面是外在的因素,另一方面是内在的因素。外在的因素,要尽量不赶,不躁。因此,在上班方面,不要对自己的工作过分要求,只要做自己分内的事,忠心地负责任就好了,不必要求额外的表现;不必与人竞争,只要安分。这时期,你在外的工作是为了养家而已。路上交通尽量节省时间，最好可以住近你的工作地点。可能房子小点，又贵点，但是，你计算一下，节省下来的时间和交通费用，是否值得？如果必须自己打理家务（祖父母不能替你打理，不能煮饭菜的话），那么就要凡事简单，从买菜到煮饭，都要简单。这样，希望不会把你的精力全部用在处理衣食住行方面，而是还有时间享受你的孩子。内在的因素，则要保持“长久温柔安静的心”（彼前 3）；耶稣说：“凡劳苦担重担的人，可以到我这里来，我就使你们得安息。我心里柔和谦卑，你们当负我的轭，学我的样式，这样，你们心里就必得享安息。因为我的轭是容易的，我的担子是轻省的”（太 11）。内在要能够保持长久的温柔和安静，并不是那么容易，温柔是正面的，不是负面的，不是没有主见，只是随着人家指使支配，而是正面的控制情况，但是以温柔的态度控制，坚定而柔和。安静也不是负面的不说话，而是正面的超越环境，不被环境搅扰心情，无论在何处境都可以安然而稳定。耶稣可以给我们这力量，因为祂是全能的创造者，祂愿意和我们一起负轭背担。你如果要的话，祂就照祂的应许来成就。为什么祂的轭是容易的呢？因为耶稣在世上所住的地区，耕田的牛是一对对的，两只牛，同用一个轭，这轭是 T 字形，一只在左一只在右，同负一轭。耶稣基督是创造主降世成人，在世上完成了救赎的工作之后，从死里复活而升天，今日长远活着，替我们祈求（来 7）。耶稣既是全能的创造主，祂与你同负一轭，你当然就容易又轻松了。在主耶稣里，你可以柔和又平静，因为你可以把你的重担交给祂来担。“你们要靠主常常喜乐，……应当一无挂虑，只要凡事借着祷告、祈求和感谢，将你们所要的告诉上帝。上帝所赐出人意外的平安，必在基督耶稣里，保守你们的心怀意念”（腓 4）。上帝的平安在我们里面，就可以保守我们，叫我们的感觉和思想意念不会混乱无章，看守我们的心态不致错误。这样，我们就能平静了。在平静的心态情况下，就能与孩子轻松而愉快地讲话了。

当你轻松而愉快地与孩子交谈，你也可以知道为什么孩子出外时顽皮,你可以与他谈在托儿所的情况。如“今天最高兴的是什么事?”“中饭吃什么?”“是不是同学都到了?”“哪一位同学常常喜乐?”从轻松的事情谈起,他就会在不经意的时候告诉你一些重要的事情,你也可以“不经意”地谈到他在家和在外不同顽皮度的事情。建立了信任,才能谈话。

至于祖父母抱怨你不在家孩子都很乖,你一回家孩子就吵,这种情况有时候是因为孩子想念妈妈。好不容易等到妈妈回家了,一肚子的闷气才能舒展。就像气球里面的空气,当气球被解开来时,气就一下子冲出来了。孩子要妈妈,需要妈妈,他们尽量找机会要和你在一起,要和你谈话。希望你享受这亲情,聆听他们的心声。使他们知道你爱他们,你喜欢他们跟你谈话,你喜欢听他们的心声。其他事情等一下再做,先享受一下亲子情。把他们抱过来,一齐拥抱在沙发上,亲亲他们与他们欢笑。告诉他们,再告诉他们:“我爱你们,我好想念你们呀,见到你们真开心,抱着妈妈的小宝贝,忘记了一天的辛劳。感谢天父,我们可以在一起!”

## 防止孩子赌博

“孩子吵着要买东西,怎么办?两个孩子整天打架,怎么办?孩子完全不听我的话,怎么办?”一位母亲写了一连串的问题。我为了要了解发生这些问题的原因,所以希望了解这个家庭背景。有人带了这位母亲来和我交谈。我们坐下来了,但是她没说话。于是我开始问些小问题:“你家住在附近吗?”“你有几个孩子?”“孩子多大了?”她都以最短的词句回答我。“一定心里有重担,”我想。于是我大胆地问:“孩子的爸爸在本地吗?”

不得了,一问之下,她泪流满面,伤心极了。我又大胆地试试,“他离开了你们吗?”她点点头。“你知道他在哪里吗?”不料,她突然回答说:“他跳楼死了!”

赌博,真的是害死人!赌博不但害死赌的人,更害了留下的妻儿！丈夫好赌，欠了一身债，债主追债，他又东借西借，不是借去还，是借去再赌。可能希望赢个大的，就全部还清。于是越赌债越多。旁边的人尽量要帮他，但是他不能停止赌博。终于有一天，走投无路，跳楼身亡。但是事情没有就此完结。虽然债主不认识妻子，没有逼她替丈夫还债，但是，因此带给妻儿活着无比的痛苦。全家都不能处理这惨剧所带来的问题。外在的问题是经济的问题，时间的问题，体力的问题。妻子突然间要一个人负担起家庭的经济，要一个人照顾孩子，体力时间都成问题。更难受的是内心的问题。妻子面对这么大的悲剧，内心的痛苦难以承担，情绪也难以稳定，不能吃不能睡，体力更是不支。大孩子不知道如何处理这悲剧，不能读书，又把妈妈当代罪羔羊。说爸爸是妈妈害死的，妈妈要他做什么，他都说爸爸不会要他做的。妈妈打他骂他，他就反叛，说爸爸不会打他骂他的。小的孩子也成了代罪羔羊，常被大的欺负。小的来投诉的时候，大的又把一切怨气往妈妈身上倒。家里真的一团糟，名符其实的活受罪！

赌，多么可怕！不但杀害当事人，更是全家的刽子手！这些受害人还会带来更多人的痛苦。今天的社会，不论东西南北，都可以看见赌场林立，而华人中赌博的特别多。多么可怜！“预防胜于医治”。各位身为父母的，请你不能不注意。

圣经说：“然而敬虔加上知足的心便是大利了，因为我们没有带什么到世上来，也不能带什么去，只要有衣有食，就当知足。但那些想要发财的人，就陷在迷惑，落在网罗，和许多无知有害的私欲里，叫人沉在败坏和灭亡中。贪财是万恶之根，有人贪恋钱财，就被引诱离了真道，用许多愁苦把自己刺透了。”（提前 6）

要教儿女不赌，当然最重要的是自己不赌。有些赌场，用便宜的假期来吸引人。有某家庭，常到赌城去度假，因为机票、住宿、膳食都便宜。而且到了那里，全家各成员都可以去做自己喜欢的玩意儿。可以大赌小赌，可以吃自助餐，可以看表演、电影，可以玩电子游戏等等，没有人会因无聊而埋怨。太可怜了！不但失去了全家度假的目的——与家人多点时间聚首谈心——更介绍了可怕的刽子手给家人！岂不知“孟母三迁”的道理吗？近墨者黑，不知不觉就被引诱了，那时恨不当初已来不及了。

让我们从儿女年纪小的时候就教导他们不要贪，不要赌。不要鼓励他们贪小便宜，不要容许他们赌小钱。有些人玩麻将，赌小钱。他们说，只是玩玩而已。这是十分危险的。不但害了大人，也害了看见大人在赌的小朋友。有些人赌马、赌球。这些都是同类的，千万不要做。让我们视赌如毒蛇猛兽，千万不要走近，要避之三舍。也把这观念传给我们的儿女。

在我们所住的城市、国家，如果你有发表意见的自由，也要尽所能地不让赌场进入这城市、国家，尽所能地影响旁边的人，不要被骗。特别是经济不景气的时候，有人以为有了赌场，可以增进社会的收入。这实在是又近视又打错算盘。历代以来，赌博只有带来社会问题，带来社会各方面的亏损。创造主的话永远是对的，只有祂知道人心，也只有祂有全部的真理，只有祂是智慧的源头。“贪财是万恶之根”；“行为完全，遵行耶和华律法的，这人便为有福……少年人用什么洁净他的行为呢，是要遵行你的话……我将你的话藏在心里，免得我得罪你”（诗 119）。

## 反叛打架

两个孩子整天打架，又恶言骂妈妈，怎么办？

前面写了“防赌”一篇之后，那个家庭一直在我脑海里，挥之不去。我想，他们的问题，可能也是其他某些家庭的问题。事情已经发生了，爸爸因赌欠债，被债主追逼，跳楼身亡。妈妈对着两个孩子，大的孩子一方面生气，说爸爸是被妈妈害死了，一方面向大人小孩出气；小的一天到晚啼哭，投诉大的打他欺负他。母亲要想办法谋生，又不知如何教养孩子，心情极不安宁，又怕债主找到他们，白天紧张，晚上不能睡，终日以泪洗面。怎么办？

在人不能办的，在上帝凡事都能，因祂是创造主，生命的源头，能力的源头。只有上帝才有能力处理这千头万绪的问题。第一样要做的是回到上帝的家中。

回到上帝的家中，包括两方面。一方面是这位妈妈自己回家，向创造主说："对不起，我以前是照着自己的意思做人，所以人生有许多不理想的地方。我的婚姻没有遵从你的旨意。事实上我根本没有请求你的意见，没有在你祝福的范围里面。我不认得你是创造宇宙的独一真上帝，一味我行我素，求你赦免。现在我承认主耶稣基督是创造主上帝降世，成了肉身，来为我的罪，死在十字架上，代替我承担了罪的工价，就是死亡。我感谢主为我从死里复活，叫我得到新生命。我要诚恳地求主耶稣基督住在我生命中，做我的救主，救我脱离自我，脱离那恶者（反对上帝的天使——魔鬼）。求主来管理我的一生。我的问题全交给你。求你照你的应许给我平安和喜乐。求你复活的大能在我身上，给我从你那里来的力量，活得有意义。求你照你的应许赐我真理的圣灵，给我智慧，带领我的道路。你是爱的源头，求你的爱充满我的心，叫我以爱来教养孩子。我要照着你的应许，先求你的国（你的管理）和你的义（你的标准）。你说你知道我们所需用的一切东西，你会都加给我。我感谢你，叫我不再为明天忧虑。过去一切错误的敬拜，我现在全否定了，划清界线。单单属于你，单单听你的话，专心诚意地归于你。我这样祷告，是奉主基督耶稣的名求。阿们（我是诚心的，耶稣你是信实的）。"

回到上帝家中的另一方面，是成为家中的一员。基督徒在一起，是一群被上帝呼召出来的人。在家里，也就是上帝的家，你可以得到保护、接纳、喂养，得到教导、安慰、鼓励等。希望这位妈妈成为家里的一员。家里其他的成员，要帮助她身心灵的需要。"上帝能将各样的恩惠，多多加给你们。使你们凡事常常充足，能多行各样善事"，"祂施舍，周济贫穷，祂的仁义存到永远"（林后 9）。那赐种给撒种的，赐粮给人吃的（上帝），必多多加给你们种地的种子,又增添你们仁义的果子,叫你们凡事富足,可以多多施舍。就……使感谢归于上帝……不但补圣徒的缺乏,而且叫许多人越发感谢上帝。在上帝的家中,互为肢体,彼此照顾,彼此帮补,乃是上帝所喜悦的,也是蒙福的途径。“你们要小心,不可将善事行在人的面前,故意叫他们看见……你施舍的时候,不要叫左手知道右手所作的,要叫你施舍的事,行在暗中,你父在暗中察看,必然报答”(太 6)。

妈妈自己回到上帝家中,也希望可以带领孩子回到上帝家中。如果孩子还小,比较容易,就从妈妈做起。以前打骂孩子,现在请上帝管理。情绪越趋正常,就可以不打骂,耐心地和孩子交谈。不要怕将实情告诉孩子。父亲不认识上帝,自作主张,自己以为要做的就去做,结果当然不理想。向孩子解释耶稣的爱和代死。在这过程中,做妈妈的千万要依靠主耶稣。不要发脾气,不要打骂孩子。因为你需要一段时间来取得孩子的信任,改变孩子对你的印象。你需要一两位姊妹,是你可以信任的,不会多言多语,不会传话的,和你一同祷告,听你倾诉,让你自由地哭。孩子看见你的改变,也就慢慢地相信你是爱他们的。如果不小心生气了,打骂了孩子,要向上帝和孩子认错,请上帝给你平安和智慧。请孩子帮助你:“妈妈在学习不生气,你们也学习不生气,做乖乖的孩子。如果妈妈用讲的方法教你们,你们就学好了,那么妈妈不需要用其他方法来教你们了。”

当两个孩子打架的时候,你教导的目的是“你们要追求与众人和睦”(希 12)。你可以先分开两个孩子,个别与他们交谈。交谈的目的是要了解他,让他有机会把心里的感受告诉你。你一方面接纳他的感受(不要否定他的感受,他的感受可能不合理,但却是真的感受。你要了解他的感受。他可能说:“妈妈,我恨你,你害死了爸爸。”你不要生气。你可以说:“谢谢你告诉我你心里的感受。虽然我听了很伤心,因为我很爱你。不知道什么原因叫你以为我害死爸爸。但是,事实是,爸爸是被赌博害死了。我也十分伤心。但是，爸爸已经不在了，我们怪他也没用。我希望靠着爱我们的主耶稣，可以从新建立一个有爱的家。我们都需要耶稣的爱，我们都需要耶稣的安慰和医治，这是我现在学习的。妈妈爱你。”一方面叫他看见你对他持久的爱，这样你就可以帮助他面对他心里的创伤，分析他情绪的问题，帮助他得到在基督耶稣里的医治。和小的孩子交谈，了解刚才打架的原因，减少孩子冲突的情况。比如，小的去拿哥姊的东西，大的不喜欢，你可以帮助小的不要去动哥姊的东西，先改变一下习惯，平息冲突之后，再建立手足正常的关系。

希望经过患难创伤的母亲或父亲，能够立志回家，回到慈爱的天父家中，也带领孩子回到天父家中。在天父的家中，有弟兄姊妹的爱和帮助支持，身心灵都有再生的机会。

## 为生活细节而口角

“我的女儿十岁，读六年级，但每天都要我叫她起床、洗脸、刷牙、做功课、温习、练琴。每天都是为这些问题争吵，如何才能够改正她，叫她有好习惯，能够自律，而不用我提醒她？”

这孩子比一般孩子早一点读六年级，可能是因为以往的成绩很好，所以跳了一级。不过，以前觉得功课容易不等于现在也一样觉得容易，需要重新估计一下。

你是否知道她在学校的情况？她快乐吗？她喜欢学校的什么课目或活动？有什么叫她惧怕的吗？她与老师的关系如何？她与同学的关系如何？可能学校的环境对她有压力，或沉闷，或不愉快，或失去兴趣。你有没有和她谈心？

你要知道女儿的心思和感受，需要先建立信任和沟通。所以，第一件要做的事情就是要叫孩子信任你的爱。每天为生活中的细节而口角当然不能沟通你的爱，这只能叫孩子更没有生活的乐趣。请替她想想：她每天的生活有什么叫她向往的？她早上起来做什么？要面对什么？试试看，先不要和孩子吵，不要生气。如果她生气的话，你也保持愉快和笑容，你的话语保持温柔。这可能需要一段时间，请忍耐。记得吗？“爱是恒久忍耐”。

我建议，第一件要做的事情是不要口角。无论她是否自动起床，你不要生气。你可以带着笑容和她讨论：

“让我们试试看，下礼拜每天早晨你能不能自己醒来，自己起床。因为你能够自己醒来才是够睡的现象。妈妈不愿意你睡不够，希望你睡得够。如果不够睡的话，再调整你晚上上床的时间，让我们试试看。不过，你不要担心，平常应起床的时间，妈妈还是会去看看你，如果你没有起床，我会帮助你。要不要我拿温暖的毛巾给你，让你节省洗脸的时间？”

你的态度是愉快、轻松而充满着爱。千万不要喊来喊去，好像练兵一样。孩子在身旁的年日非常少，一下子就长大离开了。你要留给孩子怎样的印象？

“和妈妈在一起，我觉得十分平安，被尊重，又被爱。我喜欢和妈妈在一起。我做母亲的话，要像我妈妈。”或是：“妈妈真啰嗦，真讨厌。”或是：“我巴不得快长大，可以离开家，就自由了。”

请你“远视”一点，看远一点：这孩子再几年就长大了，她会珍惜你和她的亲情吗？今天的口角，是否会影响她长大后快乐的回忆？洗脸、刷牙、做功课、温习、练琴都是重要的，但更重要的是你们的亲情。

孩子需要提醒并不是一件大不了的事情，事实上，就是因为孩子还没有建立自律的习惯，所以才需要父母亲。因此，父母与孩子一同长大，在长大的过程中，父母帮助孩子建立自律。十岁还是小，还需要你。这在上帝的创造中可以知道。人不像禽兽，禽兽很快就成熟，长大，离开父母。但是人却不同，人长得很慢，十年还未长成。这是因为上帝要给父母多点时间来教养儿女。禽兽要做的较简单，人要做的很复杂，包括身、心、灵方面。而且上帝的心意是要人有虔诚的后裔，所以祂给为父母者较长的年日来教养儿女："我们所听见所知道的，也是我们的祖宗告诉我们的。我们不将这些事，向他们的子孙隐瞒，要将耶和华的美德和祂的能力，并祂奇妙的作为，述说给后代听。因为祂在雅各中立法度，在以色列中设律法，是祂吩咐我们的祖宗，要传给子孙的。使将要生的后代子孙，可以晓得，他们也起来告诉他们的子孙，好叫他们仰望上帝，不忘记上帝的作为，惟要守祂的命令。"（诗 78）

无论是做功课、是温习、是练琴，要成为你们两人都享受的事情。你享受她的成长，她享受你的帮助和鼓励。你们两个人都享受在一起的时间。希望你的问题不是"如何改正她"，而是"如何改正我，叫我和她一起成长，一起学习好习惯，一起学习自律，一起建立亲情，一起享受上帝所赐天伦之乐"。这样，你就不会停留在生活的细节上，也不会因这些细节而口角。反之，你会看到人生的大方向，就是爱："耶稣回答说，第一要紧的，就是说，以色列啊，你要听，主我们上帝是独一的主，你要尽心、尽性、尽意、尽力爱你的上帝。其次就是说，要爱人如己。再没有比这两条诫命更大的了。"（可 12）

## 为何不相爱？

为何世人不相爱？为何有人杀害无辜？为何有人要偷人家的东西？

"哇！……"三岁的孩子大哭，因为他的同学一手把他推在地上。

老师走过来，扶起孩子，安慰他一番。

过一阵子，孩子拿着玩具，同学走过来，一下把玩具抢去了。孩子追去要玩具的时候，那同学又把他推在地上。

不久，这三岁小孩也学会推倒人家。这是我在幼儿班所看到的现象。父母看见自己的孩子被欺负，怎么办呢？我们是否应该教孩子为了自卫也去推人家，也去抢玩具？为何人不相爱？是否因为有人不相爱，我们也教孩子不相爱？

挪亚的时代，因为人不相爱，“地上满了强暴，上帝观看世界，见是败坏了，凡有血气的人，在地上都败坏了行为。上帝对挪亚说，凡有血气的人，他的尽头已经来到我面前，因为地上满了他们的强暴，我要把他们和地一并毁灭”（创6）。可见，强暴带来了上帝的审判，带来了地和地上有气息的，都被洪水所淹灭。什么是强暴呢？这里所用的“强暴”一词，是指以暴力待人、压迫人、欺负人、尖刻、盛怒；不但是行为上的强暴，也是思想上和言语上的强暴；就是任何反对真理、正直、公义、良善的言行或思想。

今天我们所目睹的恐怖事件，不是突然发生的，不是偶然发生的，而是有很长久的历史背景。从思想上的强暴，发展到言语，发展到行为上的强暴。我们可以从人类历史上所记载的第一件强暴中学到一些功课。

第一对父母，亚当、夏娃，生了两个儿子，老大起名叫该隐，该隐的意思是“得”。妈妈说：“我得了一个男子。”第二个儿子叫亚伯，虽然创世记没有告诉我们这名字什么意思，但是亚伯一字与传道书“虚空”同一字根，意思可能就是虚空。不重要，不持久，过渡之意。总之，该隐是父母很看重的，亚伯则不一定是被看重的。有一天，他们两兄弟长大了，工作了，他们要奉献给上帝。该隐拿他工作的报酬——地里的出产，奉献给上帝。亚伯也从他工作的报酬——羊群中头生的和羊的油脂，奉献给上帝。但是，上帝悦纳亚伯的奉献而不悦纳该隐的奉献，该隐就大大地发怒。结果，各位都知道，哥哥杀了弟弟。这是人类历史上记载的第一件凶杀案，即是家庭命案。

今天，地球上的人，都是同一家。因为我们不但都是亚当、夏娃的后代，我们也都是亚当之后第九代的挪亚的子孙。但是，今天我们到处看见人类凶杀强暴的事件，很多都是家庭惨案！

如果你是基督徒，你又是“好”基督徒，你做礼拜的时候奉献，你的思想是什么？“我奉献为教会传福音之用”，或“教会有各种开支，有各种需要，每个月单租用这地方就需那么多费用，我应该奉献，尽我一份心意，尽我一份责任”，或“牧师讲得很好，我奉献多一点”，或“不好意思，来做礼拜总是要奉献一点钱的”，或是你说“我把上帝赐给我的，拿一部分奉献给祂，希望祂悦纳我爱祂的一点表示。我原不配得到祂的接纳，但是感谢主耶稣基督，为我的罪恶过犯代死，叫我因信祂而罪得赦免，因此上帝的恩典，因基督耶稣的救赎，就白白地称我为义。上帝设立耶稣作挽回祭，是凭着耶稣的血，借着人的信，要显明上帝的义。因为他用忍耐的心，宽容人先时所犯的罪，好在今时显明祂的义，使人知道祂自己为义，也称信耶稣的人为义人”（罗 3）。因此，当我们奉献的时候，我们要清楚知道上帝悦纳我们的奉献是我们的福气。不是我们配得，只有合乎上帝的标准者，上帝才接纳他的奉献。因耶稣的缘故，上帝称我们为义，为合祂的标准，这样祂就接纳我们的奉献。上帝不需要我们献上的金钱物质，祂接纳我们的人，才接纳我们献上的物质。

回到该隐和亚伯，圣经说：“耶和华看中了亚伯和他的供物，只是看不中该隐和他的供物。”人重于物。上帝先看人；看中亚伯，也看中他的供物；看不中该隐，也看不中他的供物。该隐因此大大地发怒，变了脸色。发怒和相爱是完全相反的事情，所以哥林多前书告诉我们“爱是不轻易发怒”，这意思就是“爱不被激怒”。

为何不相爱？我们看见其中一个原因是发怒。我们会继续探讨这个问题。但是，今天，让我们立刻开始学习不要发怒。可能，该隐得父母特别宠爱，因此造成他总要赢的心态，有什么不顺他的意思，他就发怒。有时自己发怒还要怪人家激怒他。常有母亲告诉我说：“要不是孩子激我，我也很少发怒。”希望我们了解，发不发怒是我们自己要负责的，不可以把责任推给人家。有一位母亲，情辞十分激烈地告诉我，孩子怎样不听她的话，我告诉她说：“如果我们平静地跟孩子说话，可以帮助孩子也比较平静。”她又急躁又大声地回答我说："如果我和你这样温柔的人住在一起，我也会温柔一点，但是我妈妈是又急又不讲理的人，她整天就是大吼大叫。我小时候她一不高兴就一巴掌打过来，你叫我怎样可能平静呢？"

可能她讲的是事实。是的，他人是我们不能改变的，我们却是可以决定自己要改变，从自己做起吧，我们不能替别人负责，却是要为自己负责。

"为什么他请姐姐去他的生日会而不请我？"

"为什么他钢琴比赛得奖而我不得奖？"

"为什么学校选他为毕业生致临别辞而不选我？"

该隐的表现是否和今天很多孩子的表现一样？

"妈妈只爱妹妹，不爱我"，或是"爸爸爱弟弟比爱我多"，甚至"弟弟若不出生多好"，"我不喜欢妹妹"……

我们常听到孩子说"不公道！"。

甚至耶稣的门徒彼得，当耶稣告诉他"你年少的时候，自己束上带子，随意往来，但年老的时候，你要伸出手来，别人要把你束上，带你到不愿意去的地方。你跟从我罢！"的时候，彼得看见约翰，就问耶稣说："主啊，这人将来如何？"这就如你告诉老大："不要看电视，好好作你的功课。"老大回答说："那弟弟呢？"

该隐很生气，心里向上帝说："为什么你要他的，不要我的？"

当我们的儿女，或是我们自己，有这类思想的时候，我们要立刻警觉，因为这是危险的讯号。我们要了解，创造主上帝是公义的，是公平的，也是正直的。祂是一切的标准。

上帝的公道和公平并不等于"一样"。你和我或以为"一样"才是公平，但上帝并不是这样看。祂是创造者，满有创造性。祂没有把所有的树造成"一样"的；祂也没有把所有的花，全部造成一模一样的；他创造人，也各不相同，但都是公平的。因此，我们不要自定标准，以自己的"公道"为"公道"的标准。我们要以上帝的标准为标准。儿女彼此的比较，或是我们用儿女来和他人比较，都是自我中心，自定标准，都是不正确的。

“除了我以外，再没有上帝！我是公义的上帝，又是救主，除了我以外，再没有别神！地极的人都当仰望我，就必得救。因为我是上帝，再没有别神！我指着自己起誓，我口所出的话是凭公义，并不反回。万膝必向我跪拜，万口必凭我起誓。人论我说：‘公义、能力，惟独在乎耶和华。’人都必归向他，凡向他发怒的，必至蒙羞”（赛45）；“我耶和华所讲的是公义，所说的是正直”（赛45）。

这段创造主的自我介绍清楚地告诉我们：上帝是公义（也是公平的意思）正直的，他不会有差错，因为祂是爱我们，保护、照顾我们的创造主。祂的话我们要听，不要向祂发怒，因为我们是非常有限微小的被造者。有限的人怎能向无限的造物主责问或发怒呢？“受造之物岂能对造他的说：你为什么这样造我呢？窑匠难道没有权柄，从一团泥里拿一块作成贵重的器皿，又拿一块作成卑贱的器皿吗？”（罗9）

我们这些受造的人，应有的态度是：“上帝，你造我，你是老板，我听从你。”“你告诉我做什么我就做，你告诉我什么不要做我就不做。”

要是该隐存这心态，就不会有不相爱的事件，更不会发怒而引至凶杀！

“耶和华对该隐说，你为什么发怒呢？你为什么变了脸色呢？你若行得好，岂不蒙悦纳；你若行得不好，罪就伏在门前，他必恋慕你，你却要制服他。”

啊！多盼望时光可以倒流！要是该隐说：“对，我若行得好，必蒙悦纳。那我要行好。哇！要是我行得不好，罪就伏在我面前，那还了得，我不可以行不好。而且罪要恋慕我，不得了，罪要把我缠住呢！我当然要制伏罪了，我一定不肯让罪把我缠住。是的，上帝我的创造主啊，我要听你的话，对不起，我不应该生气，我不应该发怒，我不应该变了脸色。主啊，求你赦免我，求你救我，求你加给我力量，叫我可以行得好，叫我制伏罪，不让罪缠住我。求你告诉我怎样才是行得好，我一定照着去行。我的智慧和能力都非常有限，我需要你。求你帮助我欣赏我的弟弟，学他行得好。”要是该隐这么说，那多好啊！

上帝给该隐忠告，又告诉他如何蒙悦纳；上帝也给该隐警告，告诉他罪的可怕。什么是罪呢？罪是“不中目标”，“达不到标准”之意。为什么达不到标准呢？自我中心，自作主张，不听从创造主的话。该隐不是创造者，当然智慧能力有限，骄傲自专不听从创造者，当然达不到被造的标准。今天，你我也不是创造主，我们都是被造的，让我们不要自我中心，自作主张；让我们存着敬畏的心，顺从爱我们的上帝。他要我们彼此相爱，他也告诉我们何谓爱，他也警告我们：“各人被试探，乃是被自己的私欲牵引诱惑。私欲既怀了胎，就生出罪来，罪既长成，就生出死来”(雅 1)。

让我们从该隐的失败学习功课，不要重蹈覆辙。不过，什么才是行得好呢？

## 调解纷争(一)

“圣经如何教导我们为人父母者，调解孩子之间的纷争——小的时候吵架，争玩具，大的时候互看对方不满？”

这是父母常常问到的问题。这位发问者问得很好，他已经知道我们需要的是圣经的方法。因为圣经是我们的人生手册，只有圣经能够给我们真正的解决办法，而不是假的解决办法。真正的解决办法是设计者的办法，假的解决办法是人的办法，只可能得到暂时的“效果”，但可能有长远的伤害。因为圣经是设计者给我们的手册，照着创造我们的上帝的办法，一定是最好的。

为什么孩子有纷争？我们看看圣经的记载，以得到智能。知道原因，再找医治的办法。

亚伯兰的牧人和罗得的牧人相争。“与亚伯兰同行的罗得，也有牛群、羊群、帐棚，那地容不下他们，因为他们的财物甚多，使他

们不能同居……亚伯兰的牧人和罗得的牧人相争。"(创 13)

牛群羊群需要吃草,但是草有限,你吃了我就不够吃;我吃了你就不够吃。为了我自己,我要争先吃。对吗?相争的其中一个原因是:依人看来,不够大家用。你有,我就没有,我要争才有。

看看这问题如何解决。亚伯兰就对罗得说:"你我不可相争,你的牧人和我的牧人也不可相争,因为我们是骨肉(弟兄)……你向左我就向右,你向右我就向左。"(创 13)亚伯兰事实上说什么?他在说,我们不要争,你先选你要什么,我让给你。

结果呢?"罗得举目看见约旦河的全平原……都是滋润的……如同耶和华的园子……于是罗得选择约旦河的全平原。"你想,亚伯兰的牧人会怎么想?"亚伯兰老爷,你是不是老糊涂了,你是长辈,你怎么让你的侄儿先选呢?你把他宠坏了";"起码把那么好的畜牧区平分一下吧,怎么让侄儿全拿去了!""我们替你力争,你怎么一点不了解,也不欣赏呢?""亚伯兰呀,你太善良了,怎能存活呢?这是个功利社会啊!"

今天的社会都在教我们争取,虽然父母亲和幼儿园老师表面上是教孩子不要争,要礼让,但是实际上我们并不一定相信"不要争"。我们在日常的生活中常常不自主地与人相争,也要求儿女与人相争;"我没有要我的孩子考第一,我只要求他考五名之内",一位母亲说。"要往上爬,就要竞争,没有竞争,怎会进步呢?"一位爸爸说。"大鱼吃小鱼,大店吃小店,弱肉强食,适者生存",社会这样告诉我们。

但是,亚伯兰呢?"罗得离别亚伯兰以后,耶和华对亚伯兰说:从你所在的地方,你举目向东西南北观看,凡你所看见的一切地,我都要赐给你和你的后裔,直到永远。我也要使你的后裔如同地上的尘沙那么多,人若能数算地上的尘沙,才能数算你的后裔。你起来纵横走遍这地,因为我必把这地赐给你。"亚伯兰没有争,但是上帝把更多的赐给他。为什么?

很多时候我们纷争,是因为只看见眼前的物质有限,只看见其他也要物质的人，但是没有看见掌管宇宙一切的上帝。但是，其实，上帝看见一切，也掌管一切，祂也照着自己的旨意而行。上帝是公义的，他以公义待人。他看见人的心思意念和行为，“常施慈爱给认识你的人，常以公义待心里正直的人”，“不要为那作恶的，心怀不平，也不要向那行不义的，生出嫉妒，因为他们如草快被割下，又如青菜快要枯干。你当倚靠耶和华而行善，住在地上，以祂的信实为粮。又要以耶和华为乐，祂就将你心里所求的赐给你。当将你的事交托耶和华，并倚靠祂，祂就必成全。祂要使你的公义，如日光发出，使你的公平，明如正午。你当默然倚靠耶和华，耐性等候祂，不要因为那道路通达的和那作恶谋成就的，心怀不平……惟有等候耶和华的，必承受地土。”(诗 36－37)

当我们教孩子每时每刻都思想到公义的上帝和祂的话，孩子就不但看见目前的东西和人，更看见上帝。孩子知道上帝喜欢赐福给倚靠祂的人，上帝喜悦行公义的人，上帝喜悦以慈爱待他人者，“爱人不可虚假，恶要厌恶，善要亲近，爱弟兄要彼此亲热，恭敬人要彼此推让”(罗 12)。孩子就不需要纷争，安心交给上帝处理。让我们也同样依靠上帝，交托给祂，不必心怀不平。

## 调解纷争（二）

相争的原因之一是：我认为这东西不够你我用。你有我就没有，我有你就没有。所以，为了我，我要争。

另外一个相争的原因不是争拥有物质，而是争感情。创世记 37 章开始，记载了雅各儿子们争取父亲的宠爱。雅各特别喜爱约瑟，有好多原因，一来约瑟是他的爱妻拉结所生；二来约瑟是雅各老来所得的儿子；三来约瑟好乖。但是，无论如何，雅各偏爱约瑟，这是事实。

孩子纷争，也常是因为父母偏爱。孩子都不同，父母也有不同性格，因此，很容易偏爱。有人宠爱儿子，不爱女儿；有人宠爱老大或是老幺……孩子对父母的爱十分敏感，如果孩子们认为父母偏心，他们就会纷争，认为对方夺取了父母的爱。父母常常这么说："我没有偏心啊。"是的，可能你没有偏心，但是，孩子是否"觉得"你偏心？

一位妈妈问："为什么我们那四岁的孩子总是要和二岁半的弟弟争？"我问她："你有几个孩子？"她说："三个。老大七岁多。"

我和她一同分析。老大是第一个孩子，她和孩子的爸都很高兴有了孩子，当然诸多爱惜。老二生了不久又怀老三，有了老三又忙得不得了，没有特别注意老二。有没有可能从老二的角度，他以为父母不爱他呢？

多少时候不是父母偏心，而是无意中忽略了孩子，叫孩子以为父母偏心。所以我们需要站在孩子的角度来看自己。孩子能够讲话之后，要常常和孩子讲话，彼此了解。问问孩子，他们知道我们爱他们吗？告诉孩子，我们对他们的爱是一样的，每一位都是我们最爱的，我们重女，我们重男，我们欣赏他们每一位，因为每一位都是上帝大爱的创造，上帝因为爱我们，也把他们赐给我们，让我们用爱来照顾他们，照着天父的教训和警戒来养育他们。

雅各的父母偏爱：父亲爱老大，母亲爱老二，导致家庭纷争，兄弟反目，弟弟出走，爱雅各的母亲至死没有再见到他。但是，雅各并没有从这个失败的历史中学到功课。雅各自己也偏爱约瑟，他也因此导致诸般痛苦，自己也深受伤害。他所爱的儿子约瑟因此被更多地伤害，更不在言下。

但是，"公平"并不等于"一样"。上帝造人，没有任何两位是"一样"的。但是上帝待每一位都是公平的。父母亲常以为他们给孩子的是"一样"的，就是不偏心了，其实，我们没有办法做到"一样"。比如说：你买了一个蛋糕，家里四个人，每人四分之一个蛋糕，你以为这是公平，但是，孩子可能觉得不公平："我这么大，弟弟这么小，为什么我们得到的是一样大小？""爸爸这么大，为什么也只吃四分之一块蛋糕？""他的那块有多一点糖花"……

所以，我们要教的不是“一样”，我们要教的是“爱”。“爸妈爱你们，你们也彼此相爱”。“凡事都不可亏欠人，惟有彼此相爱，要常以为亏欠，因为爱人的就完全了律法”（罗 13）；“如今常存的有信，有望，有爱，这三样，其中最大的是爱，你们要追求爱”（林前 13，14）；“所以你们既是上帝的选民，圣洁蒙爱的人，就要存怜悯，恩慈，谦虚，温柔，忍耐的心……在这一些之外要存着爱心，爱心就是联络全德的。又要叫基督的平安在你们心里作主……且要存感谢的心”（西 3）。

当孩子学习了彼此相爱，他们不会计较是不是“一样”，他们会彼此照顾，为他人着想，又会感恩。您的孩子是否斤斤计较？

“我带两个孩子去买菜，他们都要一种饮料，但是只剩一瓶。买回来之后，我拿了两个杯子，把这瓶饮料平均倒在两个杯里，我分的十分平均，但是他们还是争，还是说不公平！”一位疲倦的妈妈说。

我们要教的是爱，不是“一样”。如果我们目标错了，我们将永远失望，因为上帝造的人并不是“一样”的，他造的人都不一样。他要我们彼此相爱，彼此配搭，而不是彼此竞争。

有一首歌：两只饿猫找到一块饼，两只赶快拿来分，只是它们都认为自己的小一点。一只聪明的猴子说：“你们对，实在不公平，让我把大的咬一点。”结果这块咬一点，那块咬一点。哈哈，你知道怎么了——饼被猴子全吃了！

## 避免孩子争权夺利

儿女不但会争东西，争宠爱，还可能争权利。希望我们为人父母者先知先觉，以达到预防避免之目的。当孩子还没有这种心思意念之前，先教导先预警。因此，圣经说：“你们做父亲的，不要惹儿女的气，只要照着主的教训和警戒养育他们。”（弗 6）圣经中有不少警戒，目的是要我们活得好，活得快乐，活得有意义，活得幸福。我们的天父不愿意我们活在痛苦中，甚至活不成；也不愿意我们一生为某次失足而后悔莫及，一生有污点。

利未的曾孙可拉，流便支派的大坍、亚比兰等二百五十个首领，就是有名望选入会中的人，聚集攻击摩西和亚伦说："你们擅自专权，全会众个个既是圣洁，耶和华也在他们中间，你们为什么自高超过耶和华的会众呢？"（民16）

在这功利社会里，我们的儿女很容易被社会功利主义影响，也要争名争利。连称为上帝选民的以色列人，也要争。而且这些人还是有名望的人！魔鬼是十分厉害的，他自古以来用的方法其实并没有多大分别，只是换汤不换药，他用的方法，还是"自我"。这方法非常有效，因为这是导致全人类败在他手下的方法。我们要每天和儿女一同读圣经，而且帮助他们建立自己与上帝约会——灵修——的习惯，希望借着亲近上帝，读祂的话，学习祂的旨意而能够洞穿魔鬼的诡计，不要掉进魔鬼的陷阱中。

结果呢？地开了口，把这些要争权夺利的人活活吞下去。请看摩西是如何胜过这场争权之战："摩西听见这话就俯伏在地"（民16）。这是摩西常有的反应，他的反应是祷告，上帝就为他伸冤。摩西没有为自己辩护，没有替自己争一口气，他知道上帝是公义的，他知道"不要以恶报恶"，"不要自己伸冤，宁可让步，听凭主怒"，因为经上记着，"主说，伸冤在我，我必报应"（罗12）。

不但世上有名望的人会争权夺利，就是亲如手足，也会因某些原因而争夺。其实，最伤心的就是一向和自己很亲爱的兄弟姊妹，与自己反目。摩西娶了古实女子为妻，米利暗和亚伦因他所娶的古实女子，就毁谤他，说，"难道耶和华单与摩西说话，不也与我们说话吗？"（民12）甚至在这么伤心的情况下，圣经告诉我们的是，"摩西为人极其谦和，胜过世上的众人"。摩西一点不骄傲，他看自己是上帝的仆人，没有什么好骄傲的。我们和我们的儿女都要做谦和的人。"人应当以我们为基督的执事，为上帝奥秘事的管家，所求于管家的，是要他有忠心"；"使你与人不同的是谁呢？你有什么不是领受的呢？若是领受的，为何自夸，仿佛不是领受的呢？”(林前 4)当我们真知道自己一无所有的时候，我们就自然谦卑了。

一位去了北美留学的大孩子回家，父母觉得他变了：要参加选美，不读书，要急功近利，走“快捷方式”。他告诉我，在北美看了一些书，告诉他要跟着自己的梦想走。他说他的梦想是走快捷方式，立刻名利双收。他说现在他发现只要往自己的梦想走，实现自己，一定可以成功，要做什么都可以。

“我靠自己，凡事都能做”。这是今世代的教导。

我问他，这种想法是不是事实？比如，我从十层楼跳下来，我满有自信，我靠自己，一定可以飞。对吗？“实现自我”，仍是魔鬼的毒药——“自我”。圣经怎么说？“我靠着那加给我力量的，凡事都能作”(腓 4)。我告诉他，当我几年前在马来西亚哮喘病发，呼吸困难的时候，我连走路也不能，说话也困难，这时我真知道自己是一无所有，我的气息生命不在我手中。还有什么好讲呢？想想看，事实是否如此，你不需有哮喘，也知道我们真是一无所有。

当我们了解事实之后，我们就会谦卑，我们就不会争，因为到头来连生命也抓不住，那还有什么好争的呢？上帝要给，无人可以抢去；上帝不给，争也无用。当我们帮助儿女了解事实，他们就不必患得患失，可以活得愉快，潇洒，轻松。只要眼睛看着主耶稣，照祂的话去行，做个忠心良善的仆人，祂必带领我们的道路。“敬畏你(耶和华)投靠你的人，你为他们所积存的，在世人面前所施行的恩惠，是何等的大呢。你必把他们藏在你面前的隐密处，免得遇见人的计谋，你必暗暗的保守他们在亭子里，免受口舌的争闹……耶和华保护诚实人，足足报应行事骄傲的人。”(诗 31)

## 从小学习事奉

儿女从父母学到人生观，世界观，也学到事奉的观念。为什么教会里面的人，也有纷争呢？

照理，圣经从头到尾都教导属上帝的人要尊上帝为大、为圣，“诫命中哪是第一？”耶稣回答说：“第一，就是说，以色列啊，你要听，主我们上帝是独一的主。你要尽心、尽性、尽意、尽力爱主你的上帝。其次，就是说，要爱人如己。”（可 12）

圣经的教导，最中心的思想就是爱。爱上帝，爱人。“人若说，我爱上帝，却恨他的弟兄，就是说谎话的；不爱他所看见的弟兄，就不能爱没有看见的上帝。爱上帝的人，也当爱弟兄，这是我们从上帝所受的命令。”（约壹 4）

但是，为什么我们常见到教会中有纷争。而且有时候，纷争是在热心事奉的弟兄姊妹中发生的？为什么？我们为父母的有什么可做的，以教导儿女事奉的心志和态度呢？

当我们分析圣经中纷争的事件，很明显的，最主要的因素是“自我”。而“事奉”有好几方面的意义。

一方面是做仆人，事奉主人。当然，仆人不能自我中心，也不自作主张，乃是听从主人，照主人的意思。

另一方面，是忠心作分内应做的事，或是忠心作职分里被指定应做的，如忠心执事。这也不能自我中心，而是忠于职分，不能自作主张。

还有一方面的意义是作个器皿。器皿在主人手中，主人要怎么用就怎么用。当然，器皿不能自我中心，也不可自作主张。“所以弟兄们，我以上帝的慈悲劝你们，将身体献上，当作活祭，是圣洁的，是上帝所喜悦的，你们如此事奉，乃是理所当然的。不要效法这个世界，只要心意更新而变化，叫你们察验何为上帝的善良、纯全、可喜悦的旨意”（罗 12）。这可以帮助我们建立一个正常的事奉态度。

希望为父母者教养儿女，从小养成正确的事奉态度。无论在生命的哪一阶段，都学习事奉上帝，在教会、在家庭都没有纷争，也帮助他人事奉而不纷争。

上帝是慈悲的，祂知道我们的软弱，祂晓得我们不过是尘土，祂愿意帮助我们。但是，我们要决定接受祂的帮助，照祂的办法，才能得到帮助。就如一位在大海中浮沉的人,双手抱着一个气球,暂时可以叫他不被淹死。有人从直升机放下一个救生圈要他抓住,以便救他。但是,如果他固执己见,一定不放气球抓救生圈,则救生员也难救他!上帝是慈悲的,祂要帮助我们。让我们放下自我,跟从祂的办法吧!

上帝的办法就是"将身体献上"。

但是,在此之前,有"所以"二字,这"所以"是跟着上文的,上文就是罗马书前十一章。前面十一章讲到人的问题和上帝的办法。人的问题就是"自我",不要创造主。因为"自我"就是自以为聪明。虽然知道上帝,却不当作上帝荣耀祂,也不感激祂。他们的思念变为虚妄,无知的心就昏暗了,自称为聪明,反成了愚拙。

教儿女从小的事奉,最基本的就是荣耀创造主,感谢祂。在实际上的生活上,常常提醒儿女上帝的创造。花草树木,鱼鸟虫兽,都是上帝造的。每个人,也是上帝造的。自己的一切:身体、外貌、聪明、智慧、身心灵魂,都是上帝造的。生命气息,也都是上帝所赐的礼物。这种知道上帝、荣耀上帝、感谢上帝的思念心志,十分重要。因为常存这心态,就不会自以为了不起,也不敢自我中心。因此即使最小的孩子,也能够存感激的心,与他人分享食物、玩具。不以自我为中心,这是他的事奉。

有新朋友到主日学班上的时候,帮助孩子欢迎新来的孩子,和他们玩,而不是"自我中心",只跟旧朋友玩。有时听到父母说,他们的孩子不喜欢到主日学,因为没有朋友。小朋友都一堆堆,和各人的朋友玩,不愿意和他的孩子玩,因为是新来的。我听见这种话,觉得十分伤心。希望父母及主日学老师,都特意教导孩子,存着感谢上帝的心,接纳上帝所造的每位小孩,这是他们的事奉。有玩具,有食物,大家分享;用剪刀,用蜡笔,大家公用。这种教导应该是经常性的教导,又是预防性的教导。意思是,积极的教导,不是等到孩子纷争才教,而是每次先教,叫这思想深刻地留在孩子脑海中。比如:

每主日先唱些诗歌,提醒孩子上帝是创造者,我们每一位都是祂造的，要彼此相爱，彼此分享。主日学老师的言语行动，带出这讯息；父母则每天带出这讯息。

如果不是经常确实明显地知道创造主，经常心知意晓地荣耀祂，感谢祂，心思意念就会变为虚妄，变为错误，变为无知而昏暗了。跟着就会有了错误的敬拜事奉的对象。“将不能朽坏之上帝的荣耀，变为偶像，仿佛必朽坏的人，和飞禽走兽昆虫的样式。”

事奉的对象错误了，走样了，不是事奉造天地的主，而是事奉能朽坏的被造之物。见过孩子因为扮演天使、牧人、约瑟或马利亚而纷争吗？见过孩子因为没有被选加入某一节目而纷争吗？不要说孩子，有时候父母亲竟然因为孩子没有当某个角色而纷争！这是因为事奉的对象走了样。

见过有人因为没有选上当执事或其他职位而生气吗？有人因为自己的意见不被接纳而不高兴吗？甚至某些开始的时候很忠心事奉创造主的教会、学校、机构、神学院等，因为要得到维持这组织的经费而在真理上或目标上妥协。为了要迎合社会的看法而妥协，或是为了迎合某些“大人物”的看法而不专一忠心地跟从上帝的话。不少著名的大学，原先开始的时候是以传扬上帝的话为立校的宗旨，但是过了几代，甚至一、二代之后，竟然走样了，不但不再传扬真理，竟然有些变成反对上帝的大本营！与专一事奉唯一真神创造主的人和组织大大地纷争！让我们教导孩子，事奉上帝，是做上帝的仆人，是在上帝手里做器皿，上帝是主人，祂可以随祂的时间和意思，使用我们，我们需要认定事奉的对象是上帝，不是人，不是物，也不是机构和组织。我们需要忠心专一地听从上帝，不可自作主张，自我中心。

## 养不教父之过

主日在九龙某教会讲完一堂之后，要赶去另一间教会，姊妹叫了一辆出租车，告诉司机地址之后，就连带说我们在赶时间。

“礼拜日赶什么呀?”司机说。

“要去开会。”姊妹回答。

“礼拜日还开什么会呀?”司机说。

我说:“我要去告诉他们怎样教孩子。”

“这个年头呀,孩子都不能教了,他们都不听话了,不同我做孩子的时候,我是六十年代的人,那时代孩子都很乖,哪里像现在这些孩子呀……”

这是我们常常听到的。是的,孩子确实愈来愈难教,因为社会愈来愈离开宇宙的真理。

一位母亲,她两个儿子真的很不同,大的不喜欢读圣经,小的喜欢,大的总要买东西,小的不会。大的在好多事上叫她头疼,她现在回想,问题是以前总认为孩子还小,还不懂,所以没有家庭灵修,没有和老大从很小的时候就天天与他读上帝的话和谈论上帝的话,虽然有带他去主日学,但是显然不够。小的孩子则是从两岁开始,天天与他读圣经(因为知道要天天有家庭灵修的时候,小的只有两岁)。是的,如果早点知道,早点实行,那该多好,其实如果更早知道的话,就可以在老大刚出生的时候就开始!各位亲爱的父母,请你千万要每天带孩子亲近上帝,不但祷告,更要读圣经,言教身教,不厌其烦地教。不要以为孩子太小,不懂。愈小愈会全部吸收,你的孩子吸收了什么?

“不要效法这个世界。”(罗 12)

这里用的是被动词——不要让世界把你压成他的样子,这个世界是怎么样的呢?他会把你的孩子压成挤成什么样子呢?“全世界都卧在那恶者手下”(约壹 5)。哇,现在了解为什么我们不能袖手旁观,不能说“等孩子大点才教他,他现在太小,听不懂”。

这世界并没有说:“等孩子大一点我才影响他,他现在太小,我不能把他压成挤成我的模式。”

从第一天开始,这世界就在影响我们的孩子。孩子从出生就在接受影响,这世界是主动积极地在把我们的孩子挤成他的模式。

如果我们没有主动、积极地去正面地影响孩子，又积极地保护孩子不被世界影响的话，那我们等于残忍地看着孩子卧在那恶者手下，任其宰割！你当然不会是这么残忍的！可惜，有很多父母，虽然不是故意的，但实际上却成了那么残忍的父母！

一起吃饭的时候，一位姊妹说："虽然你中学之后，就很少和你母亲在一起，但是你讲话真像你的妈妈！"是的，好几十年前，我妈妈中学的同学打电话到我们家找我妈妈(她们三十年没有见过面，这同学从来没有见过我)。我接了电话，她就说："你讲话和你妈妈一模一样！"是的，我妈妈对我的影响极大，她影响我的讲话，影响我的表情，虽然我在她身旁只有十几年，但这是人生接受影响最重要的时间。

妈妈教我分辨是非对错，上帝给我们的十诫，从小就在我的脑海里，我知道上帝的诫命是不可以违背的。虽然小的时候不知道为什么不能违背，却是肯定那是不可违背的。所以我从来没有怀疑过"不可奸淫"是否过时了，不合时代了。妈妈教了我敬畏上帝的心。"人活着不是单靠食物，乃是靠上帝口里所出的一切话"。所以我不会怀疑"同性恋"是逆性的，是不合理的，也是上帝所憎恶的。同样的，我从来不敢不去做礼拜，因为上帝说"不可停止聚会"。十分之一的奉献也是不可少的，因为我怎敢抢夺上帝呢？奉献可以多于十分之一，但一定不可以少。不与人争，不自己伸冤，以善报恶，与喜乐的人同喜乐，与哀哭的人同哀哭，以慈爱和诚实待人等等的很多观念，早就根深蒂固在我生命中。后来我慢慢了解了"为什么"，叫我更确定这些正确的观念。还没有了解"为什么"之前，我已经有了很大的福气，就是这些观念已经成了习惯，我不需要苦苦地去建立这些习惯。

爸爸对我的影响，除了教我数学和英语，让我喜爱数学，虽然当时对英语没有什么兴趣，却是看见爸爸自己忙中还为我写下生字查字典，把生字的定义写下，(我当时觉得有点奇怪，为什么这些字爸爸已经知道它们的意思，还要去查字典呢?)这叫我有了处事负责任和慎重的观念。爸爸和我玩猜谜游戏，叫我思想活用，喜欢思考，最重要的是爸爸影响我对婚姻的观念和对事奉的态度。

爸爸对妈妈的恩爱和温柔教导了我什么是夫妻的恩爱，爸爸对妈妈的忠诚纯一，叫我从没有怀疑过一夫一妻的永恒性，爸爸从后面悄悄地走到妈妈背后，轻轻地抱着妈妈，而妈妈甜丝丝地微笑着说："你吓了我一跳"。这些情景深深印在我脑海里，爸爸全部的收入，交给了妈妈，又教了我家庭对钱的看法。

爸爸在教会负责司库多年，好几次我看到他做账到三更半夜，因为有几分钱没有平衡！不是为了几分钱，而是为了忠心负责。是的，上帝所看重的就是良善和忠心。

我现在看见有多少初信耶稣基督为救主的人，在建立新习惯时有好多的难处，我更感谢上帝给我的父母亲，在我小的时候带给我的影响。我也能够在我们儿女还小的时候，帮助他们不要效法这个世界，不要被世界把他们挤成世界的模式，不被世界的价值观影响，乃是效法创造者上帝，乃是遵从上帝的价值观。

你是残忍的父母吗？我相信你不是残忍的，你不肯，一定不肯，让你所爱的儿女，卧在那恶者魔鬼的手下，任其宰割！不会的，你一定不会那么残忍的。

那么，请你不要再认为孩子太小，不懂事。请你赶快抓住机会，爱惜光阴，将上帝的话积极地带给你的儿女。将上帝的世界观、价值观积极地教导儿女。叫他们从小养成正确的习惯，不再是自我中心，乃是以上帝为中心，以主耶稣基督的心为心，效法耶稣基督。

当你在教导儿女时，千万记得以言语、行动、态度传递上帝的爱和你的爱。常常自己检讨："孩子收到这双重爱的信息没有？"愿宇宙的主宰，创造者上帝祝福你。

## 找寻离家的孩子

刚从香港回美，在香港时，《成报》有这么一段报道，"寻女被推跌的女中医蹲在地上饮泣：母聘私家侦探寻回离家女儿”：“一名十三岁叛逆女童，离家出走数日后，任职中医的母亲，终于透过私家侦探，在湾仔寻回爱女。惟与失踪女童同行的金毛青年，因拒绝同赴警署，双方发生纠缠，女中医师被推跌受伤，报警求助……岂料，事隔十六小时，该女童因母亲禁止她外出，昨晚在家中大吵大闹，更一度以利刀架颈与家人对峙……”报纸更附上一张照片，是母亲被推倒，蹲在地上饮泣。此情此景，怎不叫为父为母的跟她一同饮泣呢？

十三岁，只有十三岁！怎么可能呢？但是，这是当代的事实，不只发生这一次，是一次再一次地重演。

家，原来是创造者为了人类的幸福所设立的，但是，今天，却有千万家庭，不是幸福的港湾，而是无尽的苦海。在过去的十三年，这位母亲是怎样教育她的女儿，以致有这叫人悲哀的情景呢？我不知道，但是，不少和我交谈的父母，叫我有了一些了解。

不少父母亲，以为教孩子最重要就是给他们足够的衣食住行，注重他们的学业，这就够了。其实，教养儿女最重要的是教他们人生的真理，然后，其他如衣食住行和学业，自然会上轨道。

我们家四位儿女，最近有几天团聚，小儿子用他的数码相机拍摄了五百多张照片，绝大多数是他两位外甥女的照片。而这两位一岁和半岁的小女孩，却是常常离不开她们的母亲。小儿子说，一岁的甥女有点不舒服，流鼻涕，呼吸因此不舒畅。好像有一条无形的三尺长带子，系在她身上，她离不开妈妈三尺！

有没有想过，为什么孩子是那么小？长那么慢？又为什么总是离不开父母？

这是创造主奇妙的设计。创造主设计人的目的，是要人与祂建立爱的关系。当文士问耶稣说，“诫命中哪是第一呢？”耶稣回答说，“第一，就是说，以色列啊，你要听，主我们上帝，是独一的主。你要尽心、尽性、尽意、尽力，爱主你的上帝，其次，就是说，要爱人如己。再没有比这两条诫命更大的了”（可 12）。文士对耶稣说，

“夫子说，上帝是一位，实在不错。除了他以外，再没有别的上帝。并且尽心、尽智、尽力爱祂，又爱人如己，就比一切燔祭和各样祭祀好得多。”

耶稣见他回答的有智慧，就对他说，“你离上帝的国不远了。”

上帝造人，是照着祂自己的形像，祂要与人建立爱的关系，与人来往，与人沟通。祂要与人在一起，以马内利——上帝与人同在。虽然始祖亚当夏娃不遵从上帝的命令，自作主张，自立标准，听从魔鬼，以致怕见上帝，以致躲避，藏了起来，但是，上帝还是要爱人，要寻找人：

“天起了凉风（在一天凉快的时候），耶和华上帝在园中行走……耶和华上帝呼唤那人，对他说，你在哪里？”

上帝今天还在找世人，不愿一人沉沦，乃愿人人悔改。祂从开始就设立了一个回头的办法，一条回头的道路，就是“道成肉身”的道路：

耶稣说：“我就是道路、真理、生命，若不借着我，没有人能到父那里去。”（约 14）

“你们要进窄门，因为引到灭亡，那门是宽的，路是大的，进去的人也多。引到永生，那门是窄的，路是小的，找着的人也少。”（太 7）

父母亲要教儿女这一条永生的窄路，叫他们“从小明白圣经，这圣经能使人因信基督耶稣，有得救的智慧”（提后 3）。

而且，“圣经都是上帝所默示的，于教训、督责、使人归正、教导人学义，都是有益的，叫属上帝的人得以完全，预备行各样的善事”。

要不是尽为父母的责任，殷勤教导儿女，以致从小明白圣经，信了基督耶稣，有得救的智慧，又因熟读圣经，得以装备得完全无缺，行各样的善事，后果将是多么可怕：

1. 不荣耀上帝，也不感谢祂。

2. 成了愚拙，拜人手所造的偶像。

3. 逞着心里的情欲，行污秽的事，彼此玷辱自己的身体。

4. 放纵可羞耻的情欲，欲火攻心，同性恋，害己害人。

5. 行不合理的事：不义、邪恶、贪婪、恶毒、嫉妒、凶杀、争竞、诡诈、毒恨、谗毁、背后说人、怨恨上帝、侮慢人、狂傲、自夸、捏造恶事、违背父母、无知、背约、无亲情，不怜悯人（罗 1）。

各位亲爱的父母亲，我在世界各处，和多少伤心欲绝的父母交谈。我是多么希望各位作聪明人，不要再迟延，立刻采取行动，教导儿女成为爱上帝的人。爱上帝和爱父母是连在一起的。爱上帝的儿女，也一定爱父母，也一定爱自己，也一定爱人。

因为爱上帝，自然遵从祂的话。

因为爱父母，自然不会离家出走。

因为爱自己，自然不会自暴自弃，作伤害自己的事，如吸烟、吸毒，荒废学业，浪费时间，滥交损友，玷污自己，浪费金钱等。

因为爱人，自然不会做对人有害的事情，自然会帮助同侪，爱己爱人。

你是否将教养儿女爱上帝摆在第一位？作为最重要的？难道我们比耶稣更聪明吗？难道你我比创造宇宙的主更有智慧吗？

你心里说："是的，我要教养儿女第一是爱上帝。"

那么，你就不要说，"但是，……"

"但是，没时间呀！"

"但是，功课总要作呀！"

"但是，配偶不同心呀！"

"但是，要参加才艺比赛呀！"

"但是，……"

因此，摩西呼天抢地，"将生死、祸福陈明在你面前，所以你要拣选生命，使你和你的后裔都得存活。"（申 30）

# 第七章　与孩子沟通的秘诀

当孩子面临转学

心意更新迎春接福

新年纳福

有福的人

福气由生命开始

太迟了？

暑期作业

快乐的暑假

怎样回答孩子的问题

孩子与恐龙的问题

恐龙有进方舟吗？

好人上天堂吗？（一）

好人上天堂吗？（二）

如何面对恐怖时代

## 当孩子面临转学

“我们十多岁的儿子，成绩不好。现在常常不上课，早上叫不起来，怎么办？”

这位妈妈说她快要发疯了，她辛辛苦苦为了儿子，但是现在儿子变成这样了。

在交谈的过程中，我知道他们家刚回来不久，过去两年是在另一个国家生活的，孩子很不欢喜那两年的生活，父亲以为要严严地管教，但是最后孩子在学校和同学、老师都不和睦，常常生气，又打架，做母亲的只好把孩子带回本来居住的地方。但是现在又有这情况，孩子不好好念书。

我问她两年多前的生活是怎么样的，她告诉我，那时孩子并没有多大问题，不过家庭没有沟通，父亲作主，一切由他决定。他以为他在养家，所以他是主人，妻儿都要听他的话。

“你们在搬家之前有没有和这孩子商量？”我问。

“没有，父亲说他要发展事业，所以要搬家。”

“孩子喜欢搬家吗？”

“他不喜欢，但无可奈何。”

“有没有先去哪个国家旅行一趟？”

“没有。”

“那国家用的语言是否和本来住的地方用的语言是一样的？”

“不是，完全不同。”

“你们给孩子上的学校是用什么语言？”

“那国的语言。”

“孩子突然换了国家，换了语言，你们如何帮助他适应？”

“我们想，孩子总会适应。那时他十三岁，还小，应该还容易学。”

“他在新的地方，新的学校，快乐吗？”

“当然不快乐，在学校不快乐，功课不会作，回家也不快乐。”

“你们如何处理那情况？”

“父亲打他骂他，告诉他搬去那里是为他好，因为希望赚更多钱。孩子总不明白，反驳父亲，说不见他有赚更多钱，而是只听他说没钱。爸爸反驳说，事业刚开始，当然是没钱，以后事业建立起来了，就会有很多钱。他们两人常常吵架，我也不知如何是好，劝他们，又被丈夫骂，又被儿子怪。在学校，老师因他成绩不好，又处罚他，同学因为他语言不通，又欺负他，因此他又和同学打架。最后，送他去纪律最严的学校。父亲说，要严严地管教他，才能成材。可是，到最后闹了大事，我只好把他带回来，留丈夫在那里。其实丈夫从来就不看重我们，几乎没有时间和我们在一起。有时间回家的话就是打骂。”

说到这里，她也哭成泪人了！

“要不是我几个月前信了耶稣，我真想死了算了！”

“你已经信了耶稣？”

“说来也奇怪，我本来不步入教堂的，但孩子说他有朋友请他去参加些活动，要我送他去。结果，我倒信了耶稣，他却不信。”

这类的事情，层出不穷，实在可怜！事情到了这地步，怎么办好呢？

感谢主耶稣基督，在祂没有难成的事。这位母亲有了很好的开始，她已经请了耶稣作她的救主。已经有了通天的道路，有了希望。我告诉她，成绩不是最重要的事。先把成绩的问题放在一边。现在要帮助孩子分析当前的处境，了解他的心事，安慰和鼓励他。而且，要知道她不能替丈夫或儿子作决定，也不能替他们负责任。她不能改变他人，但可以改变自己。所以，可以做的事是从自己做起。她既然已经有了主耶稣的生命，就当活出这新生命来。

耶稣要帮助她，但是耶稣不勉强她，要她自己愿意耶稣来帮她。上帝的慈悲就是：“孩子，我知道你的痛苦，你过去不懂，什么事都自作主张，结果自食其果，现在你回家了，我有能力帮助你，你要不要？不要勉强，你要我帮助的话，我就帮助你，但是你不可又自作主张了。”

上帝满有慈悲，祂要帮你，祂有能力帮你，因为祂是大能者，宇宙是祂造的，祂命立就立，说有就有。祂什么都能做。上帝满有慈悲，祂爱你，不愿你受苦。祂爱每一个人，不愿一人沉沦，乃愿人人都悔改(彼后3)。

“所以，弟兄们，我以上帝的慈悲劝你们，将身体献上，当做活祭，是圣洁的，是神所喜悦的，你们如此事奉，乃是理所当然的。”(罗12)

“主耶和华说，我不喜悦那恶人之死，所以你们当回头而存活”(结18)。

“主耶和华说，我指着我的永生起誓，我断不喜悦恶人死亡，惟喜悦恶人转离所行的道而活。以色列家啊，你们转回吧，离开恶道，何必死亡呢?”(结33)

人都是上帝所造的，祂爱每一个人，但是祂也因为爱人，给人自由选择的主权。要祂帮助的人必须自动请祂。这位母亲，要自己决定接受上帝的慈悲。每天自动地将自己献上，当作活祭。活着不再是为自己，乃是为主而活；不再自作主张，乃是听从上帝。为此，她必须先决定每天与上帝有约会，聆听上帝的话，遵从祂的话。

比如，我见她和孩子说话都是命令的口气。我告诉她：“对不起，因为你问我怎么办，我只好直言。你刚才对孩子说：开门，可以改为：请你开门。刚才冷冰冰的命令口气，可以改为温柔的口气，用笑容请他开门。”

她说：“我心情也不好，怎么笑得出来呢?”

“圣经的话：‘你们要靠主常常喜乐’(腓4)。你就靠主吧，你跟耶稣说，主啊，我要靠你常常(长久)喜乐，我自己无法喜乐，但我要靠你喜乐。你可以读圣徒的见证，看他们怎样在逆境中喜乐；你可以思想主，看祂如何喜乐。你一定可以靠主长久地喜乐。”

“我们既有这许多见证人，如同云彩围着我们，就当放下各样的重担，脱去容易缠累我们的罪，存心忍耐，奔那摆在我们前头的路程，仰望为我们信心创始成终的耶稣。他因那摆在前面的喜乐，就轻看羞辱，忍受十字架的苦难，便坐在上帝宝座的右边。那忍受罪人这样顶撞的，你们要思想，免得疲倦灰心。”（来 12）

## 心意更新迎春接福

刚下了飞机，立刻看见香港人的创意：到处的广告都取“吉利”，比如“羊年飞扬”，“喜气洋洋”，“洋洋得意”。

我们生为华人，特别有福气，人家过一个新年，我们过两个新年！过了阳历新年又过农历新年，这倒是给了我们两个更新的机会。

但愿在我们迎接新年的时候，有新的立志，每天先把自己献上给生命之主，接受祂的慈悲。叫这新的一年充满上帝的祝福。

您的儿女，要怎样才能真正的喜乐呢？怎样才能真正“迎春接福”呢？新年，正是更新的好时机。

“不要效法这个世界，只要心意更新而变化，叫你们察验何为上帝的善良、纯全、可喜悦的旨意。”（罗 12）

我们的心意要更新而变化，孩子的心意也要更新而变化。什么意思呢？前面我们谈到一位少年，他父亲突然要搬家，带来很多不愉快。见到这类事情，给我们带来警惕，帮助我们未雨绸缪。当你的孩子还没有这问题的时候，我们要先作预备，目的是避免问题。前面所描写的情况：问题出在哪里？

显而易见，问题在为父的自作主张，惟我独尊，为母的任由父亲独断独行。结果孩子不被尊重，不被了解，不被视为家庭的一员，带来孩子的不幸、怨恨、委屈、怒气；带来母亲的伤痛；带来全家的困难，家庭都失去了应有的喜乐，全家陷在痛苦之中。

这叫我们学习不要独断独行，叫我们学习家庭成员要有沟通，叫我们学习要尊重每一位家人，连孩子在内。如果历史可以从头再演一次的话，这位事业心很重的父亲，应该在还没有结婚之前先考虑好他是否真的想要一个家？是否真知道家是什么？是否懂得爱家？是否了解孩子的价值和尊严？

那么，我们为父母的应有什么行动呢？一方面反省自己在家庭里的言行，一方面教导儿女长大后如何做父母。

首先，反省自己的言行。俗语说：旁观者清。当我们观察人家的处境的时候，我们比较清醒。“那位父亲独断专行，我呢？”你是如何作决定的？如果我们发现自己也有独断独行的倾向，就要立志更新，也问问家人，他们有没有觉得你独断独行，如果他们说“有”的话，你就借这机会听听他们的心声，先了解他们的观察和感受，再思考如何应对。不必立刻为自己辩护——我们很容易立刻为自己辩护，对吗？如果慢一点辩护，我们的态度和用词都比较容易控制。我们要为自己辩护的冲动，又叫我们了解儿女也是人，也有同样的感受，所以千万不要冤枉儿女。如果不小心冤枉了儿女（可能我们自己不知道），儿女要为自己辩护的时候，我们也能够了解，不会禁止他，也不会阻止他。因此，如果家人认为我们有独断独行的倾向，我们可以静心地聆听。然后先谢谢他们的沟通。家人能够、也肯把他们心里的话告诉我们，那是很好的现象。我们要学习以平静认真的态度来沟通。

然后，我们应该先表示接受家人的反应。不要说：“我哪里独断独行，我都是为了你的好处。我为你付出那么多，你都一点儿不感恩……”我们可以说：“对不起，我的言行叫你觉得我有这倾向。其实我的心意是……在那个情境，因为某某原因，所以我当时那样行。如是有同类事情，你有什么建议，叫我们的沟通会更好呢？”“如果你是爸爸/妈妈的话，你要怎样做，才能与你的家人有好的沟通呢？”

教导儿女长大后做好的父母。当我们平静认真地和儿女交谈，聆听他们的心声时，一方面有了解儿女的机会，另一方面也是借着这种交流，叫儿女思考如何做父母。让我们面对现实。时间过得飞快，一下子儿女就长大了，他们一进大学，可能就等于离开家庭了。你可以问问自己,“十年,二十年之后,我跟儿女的关系会是怎么样的关系?”你会发现,你真正盼望的是有亲情的亲子关系。既是这样,我们就当往这目标进行,在现在儿女还在身旁时,建立好的亲子情。

但是,怎样才能有这心意上和行动上的更新呢?上次我们提到第一步,就是要天天自动地献身与上帝。天天有这心志,也向上帝说:“我把自己的身体献上,当作活祭,不单是我的思想,乃是我的全人,都献上,求你保守我,我要过圣洁的生活,这才是上帝你所喜悦的。感谢主耶稣基督为我的罪而死,叫我可以因接受你的代死而被上帝称为义,称为圣徒。我如此事奉,是合情合理的。今天,我献上自己,把自己交在你手中,你是主人,你告诉我,今天要如何活,我就如何活。奉主耶稣基督的名祷告,阿们。”

“奉主耶稣基督的名”之意就是:“在主里面”,“在主的范围里”,“照主的意思”,也是“因主的能力”。“阿们”之意是“真实”,“我是真诚的,主耶稣你也是真诚的,你一定可信,也有把握能够实行你所应许的”。

当我们每天读创造主上帝给我们的“人生手册”——圣经的时候,我们就能分辨什么是对的,什么是错的。我们就有了绝对的标准,叫我们知道何去何从。因此圣经告诉我们,“不要效法这个世界,只要心意更新而变化”,那么我们就能够“察验何为神的善良、纯全、可喜悦的旨意”。当我们照着上帝这美好的旨意而行的时候,自己就有真正的喜乐,真能够喜气洋洋了。

在这新的一年,你愿意以身作则,心意更新,迎春接福吗?

## 新年纳福

新年,真希望这个新年带来福气,希望我们的孩子有福气。我们彼此恭喜,希望家家有福。这是正常的盼望。但是,怎样教孩子,使他们成为有福的人呢?

（一）有福的人＝禄？寿？

首先，我们要知道什么是有福的人。一个有钱的人是不是有福的人？不一定。你曾见过很多有钱的人是你不认为有福分的，对吗？不久之前，香港有一位很有钱的人，但是他的妻子和儿女竟然因为争财产而闹得满城风雨。起先，我还以为那些儿女大概不是那位妻子亲生的，所以才会争家产。后来发觉原来是亲生的，真叫人不理解！那个有钱人不久也就撒手人世了。我们可能会说他很可怜，不会说他真有福气。我们不愿意我们的儿女像他们，对吗？

长命的人是不是有福气的人？不一定。起码我们立刻想到，长命不死，卧病在床，那真是苦呀！我认得一位老人家，中风之后不能行动。每次见到他，他总是自叹命苦。他妻子也叹命苦，这二十年来，服侍丈夫，起居饮食，洗澡如厕，都要服侍。有病的人又常心情不好，嫌这嫌那，妻子一谈起就泪流满面。口上不好讲出来，心中是否嫌他太长命呢？

“贪爱银子的，不因银子知足；贪爱丰富的，也不因得利益知足”。可见，有钱不一定有福。“货物增添，吃的人也增添，物主得什么益处呢？不过眼看而已。劳碌的人，不拘吃多吃少，睡得香甜；富足人的丰满，却不容他睡觉。”真不错，能够睡得甜，比有钱睡不甜，来得有福气。

“财主积存资财，反害自己，因遭遇祸患，这些资财就消灭……他所劳碌得来的，手中分毫不能带去……并且他终身在黑暗中吃喝，多有烦恼，又有病患呕气”；“我所见为善为美的，就是人在上帝赐他一生的日子吃喝，享受日光之下劳碌得来的好处。因为这是他的分。上帝赐人资财丰富，使他能以吃用，能取自己的分，在他劳碌中喜乐，这乃是上帝的恩赐”（传5）。

原来，能吃能用能睡香甜，能取自己的分，能在劳碌中喜乐，不烦恼，不呕气，才是福气。

（二）有福的人＝势力？学问？

自古以来，多少有权有势的人，仗势凌人，但他们是否一定是有福的人呢？相信各位不必多想也知道答案。当然，无权无势的人，常被欺压，但是，有势力的人，明争暗斗，如履薄冰，提心吊胆，哪里可以叫做有福的人呢？“看哪，受欺压的流泪，是无人安慰；欺压他们的有势力，也无人安慰他们”（传 4）。

我们华人十分注重读书，认为读书至上。“书中自有黄金屋”，于是造成父母以督策儿女读书为至高的任务，家庭气氛也因此而紧张。

“我儿子十八岁了，现在一天在家，也不上课也不找工作，一天睡觉和看电视，我每天下班回来见到他这样子就为他心急。”一位母亲说。

“你还能和他谈话吗？”我问。

“我每天一回来就和他谈话。”

“你们谈什么？”

“我每天都问他：你什么时候要回去读书啊？什么时候要去找工作啊？”接着，她若有所发现地说：“我想只是我讲话而已，他从来就不回答的。”

华人父母实在太紧张儿女读书求学，但是，单追求学问是否就带来福气呢？你一定见过“书呆子”，听过“天才短命”这类话吧？事实上，常常有人问我们这类的问题：“孩子这么小，给他读这么多书，会不会把头脑用坏了？”“九岁就考进了大学？你们给他太多压力吧？”

从这类话，我们就知道，虽然一方面华人父母很紧张自己儿女读书读得好；但是，谈到别人的孩子时，却又是相当“理智”，知道单注重读书不能带给儿女福气。请听一位大学问家怎么说：“我心里议论说，我得了大智慧，胜过我以前在耶路撒冷的众人，而且我心中多经历智能和知识的事。我又专心察明智慧、狂妄和愚昧，乃知这也是捕风。因为多有智慧，就多有愁烦，加增知识的，就加增忧伤。”（传 1）

“我儿，还有一层，你当受劝戒，著书多，没有穷尽；读书多，身

体疲倦。"(传 12)

那么,怎样才是有福的人呢?要做有福的人,有没有先决条件,有没有先决事项?

## 有福的人

人人希望自己的儿女成为有福的人。然而,单单有禄有寿不一定有福,有势力有学问也不一定是有福的人。那到底谁才是有福的人呢?你希望你的儿女成为有福的人,有什么是必须做的吗?

有福的人必须具备生命,而且是丰盛的生命。无论拥有什么,但是如果没有生命,或是没有丰盛的生命,那又有什么用呢?一朵被采下来的花,虽然看起来很好看,很新鲜,但却是死的,没有根。所以,你要你的儿女成为有福的人,首先具备的条件是,帮助他们与生命的源头接上。今天活在世上的人,如果没有接在生命的源头上,就像没根的花一样,看似活的,其实是死的。因此,拥有什么都不是有福气,因为没有解决首要条件——生命。

耶稣说,"我就是道路、真理、生命。"(约 14)他又说,"复活在我(我是复活),生命也在我(我是生命)。"因为耶稣是创造天地的主宰,所以祂是生命之主,生命之源,也因此祂可以说:"信我的人,虽然死了,也必复活。"耶稣自己做了给我们看,祂自己从死里复活了。祂告诉门徒,"人子必须受许多的苦,被长老祭司长和文士弃绝,并且被杀,过三天复活。"(可 8)当时,门徒不记得,杀耶稣者却记得:"祭司长和法利赛人聚集来见彼拉多,说,'大人,我们记得那诱惑人的还活着的时候曾说,三日后我要复活。因此请吩咐人将坟墓把守妥当,直到第三日。'"(太 27)

事情如何发生呢?"天使对妇女说,'不要害怕,我知道你们是寻找那钉十字架的耶稣,他不在这里,照他所说的,已经复活了。'"(太 28)我们的儿女,必须是连于生命之源,才能谈到福气。因此,圣经告诉我们："上帝赐给我们永生，这生命也是在祂儿子（耶稣）里面，人有了上帝的儿子就有生命，没有上帝的儿子就没有生命。"（约壹 5）

在这新的一年，也是新的世纪（主后第一年是第一世纪的开始，因此 2001 年是二十一世纪的开始），让我们确实肯定我们有尽本分帮助儿女得到生命。如果孩子还小，还是学前年龄的话，请你赶快趁着他需要你，喜欢和你在一起的年龄，介绍宇宙之主、生命之主给他。你可以从日常生活中的一切，介绍这位创造花草树木、动物人类的大能者给孩子。"诸天述说上帝的荣耀，穹苍传扬他的手段。"（诸天记载数算上帝所做的工作，所完成的产品。）（诗 19）"你且问走兽，走兽必指教你，又问空中的飞鸟，飞鸟必告诉你；或与地说话，地必指教你，海中的鱼也必向你说明。看这一切，谁不知道是耶和华的手作成的呢？"（伯 12）

从上帝所造的介绍上帝，祂是造我们的，因此称为天父。从祂造物之美好，介绍上帝的智慧；从祂造给我们一切养生的，介绍上帝的慈爱；从风雷闪电，介绍上帝的能力；从人的自我中心，指出人的问题；从病痛死亡，指出自我中心带来的结果——离开生命之主，不以宇宙主宰为主，要自己做主，因此生命不理想，达不到造物主造我们的标准。（罪的意思就是达不到标准，不理想。）从父母的爱介绍上帝，天上父亲的爱"不愿有一人沉沦，乃愿人人都悔改"（彼后 3）。因此，创造者自己来到人间，因此祂的名叫"耶稣"——耶和华拯救。

每天和孩子谈圣经，谈圣经的历史（不要叫做故事，以免孩子混乱，以为是像白雪公主、青蛙王子之类的幻想故事）。在讲故事时应常加上"你想青蛙是不是真的会变成王子呀？"这类的话，让孩子知道这些是幻想，不是事实。在讲圣经的记载时，要加上"动物园的狮子好大好可怕呀，但是为什么但以理在那么多又大又可怕又肚子饿的狮子中间一点也没有受伤呢？是的，因为上帝差遣天使封住狮子的口。可能狮子的肚子饿，想要吃但以理,但是它们的口被天使封住了。如果把你的口封住了,还能吃东西吗？试试看用手封住口,哈哈,怎么能吃呢？天使的力气一定很大,狮子都没办法。你知道天使是上帝使用来服事信耶稣的人吗？上帝差这些能力很大的天使来保护祂的孩子。你也要做上帝的孩子吗？”每天和他读圣经,他自然知道耶稣是谁,做了什么事,祂的出生,祂的生平,祂的代死,祂的复活等事迹。常给孩子邀请耶稣为救主,管理一生的机会,带他祷告,请耶稣住在他心中(生命中)。

要常常肯定孩子已请耶稣为救主:

“你记得你和耶稣谈话,请祂做你的救主吗？”

“不知道。”

“没关系,要不要妈妈爸爸再和你一同告诉耶稣？”

如果孩子说:“我记得。”你可以加强:

“耶稣整天都和你在一起,你永远不是单独一人的,没有爸妈在也不怕,因为耶稣永远不会离开你。”

如果孩子比较大了,头脑比较复杂,外界的影响比较多,就要加强理解。

## 福气由生命开始

如果没有生命,财富、学问、势力、地位等都没有意义。

有了真生命——永恒理想的生命——才能开始谈福气。如果孩子已经是学年儿童,已经看了不少电视,可能以为他是千万年进化的结晶。进化是弱肉强食,因此欺负人是应该的,被欺负也是命定。

那么父母就要学习一些科学的事实,帮助儿女看见什么是事实,什么是幻想,什么是某些人的意见或解释,帮助儿女分辨和认识事实(观察到的事实)和解释(人的意见和想法用以解释事实)。

儿女如果特别聪明,他们可能已经看了好多书。如今常有以描写恐龙等动物而灌输进化思想的书。聪明的孩子特别喜欢看，却不知不觉被潜移默化，相信了进化的构想。真可怜！我巴不得可以和这种孩子谈话，希望还有机会帮助他们回到真理，得到真生命。因为这是唯一得到福气的途径。要不然，他们的思想变为虚妄，无知的心就昏暗了。自称为聪明，反成了愚拙，他们将上帝的真实变为虚谎，去敬拜事奉受造之物，不敬奉那造物的主(罗 1)。

要帮助孩子知道在天父之外，自己的父亲、父母也很重要，孩子需要体验到父亲的爱，也观察到父亲不是自作主张，而是谦卑地学习上帝，照着上帝的话教导孩子，并且以身作则。生身的父都是暂随己意管教我们，惟有万灵的父管教我们，是要我们得益处，使我们在祂的圣洁上有分(希 12)。你们作父亲的，不要惹儿女的气，只要照着主的教训和警戒，养育他们(弗 6)。如果父亲不在或是做不到，请母亲帮助他完成他的本分。不要等父亲在家或是等父亲了解了情况再执行责任，孩子一天天长大，不能等了，赶快趁着还有机会，带他走当行的道。

在我的观察中，父母向孩子发脾气是一个最常见的破坏。希望为了孩子永远的福气，也为了你自己享受亲情的福气，千万不要发脾气。因为人的怒气并不成就上帝的义(雅 1)。人的怒气——从人里面出来的本性——是以自我为中心，不是以上帝为中心，所以不能成就或完成上帝的标准。爱是喜欢真理，爱的行动是要按照上帝的真理，不是按照自己的感受，也不求自己的益处。因此，爱是不发脾气的，爱是不被激怒，不被挑起怒气。所以，反过来讲，父母激怒，总不是爱的行动，孩子感受不到爱的讯息。要带领小学年龄的儿女得到耶稣基督的生命，父母不动怒是一项很重要的行动。

如果你是母亲，而父亲常动怒，你要做个帮助他的人。你要自己不动怒，一方面不向儿女动怒，另一方面不向丈夫动怒。你要站稳立场，心里坚定，知道什么是对，什么是错。一方面让孩子明白发脾气是错误的表达，另一方面帮助孩子不仇恨父亲，了解父亲也是人，也需要上帝的生命和上帝的管理。如果孩子确实有错——按上帝的标准，不是按人的标准——就要耐心、诚恳地解释给孩子，让他了解上帝的标准，帮助他按照上帝的标准归正。如果孩子没有错，就帮助他恒久忍耐，承受刺激，学习温柔，回答柔和，使怒消退，以免言语暴戾，触动怒气（箴 15）。你可以一面肯定他的对，一面帮他做成熟的人，学习耶稣。“父啊，赦免他们，因为他们所作的，他们不晓得”（路 23）。与孩子一起祷告，求上帝加力量，加智慧。

如果你是父亲，而母亲发怒，你也可以同样的做法，孩子就觉得有支持，有肯定，有帮助，有希望。

父母与儿女有亲情，有共识，就容易每天和他们一起读经祷告，介绍唯一的救主，带领孩子与天地之主谈话，承认耶稣基督是上帝的独生子，道成了肉身，降世成为人，住在人间，为我们不理想的人生死在十架上代替我们。祂的宝血是立约的血，我们与祂立约，承认自己没达到上帝的标准，承认祂为我们的救主和人生的主宰，祂就依约照办，洗净我们一切的罪，就是不理想、不合上帝标准的和不义的。我们承认耶稣复活的事实，因祂胜过罪所带来的死亡，叫我们得新生命。祂胜过死亡，以大能显明是上帝的儿子。祂有权柄赦免罪，我们也能够蒙上帝的恩典，因基督耶稣的救赎，就白白地被称义。上帝的义，因信耶稣基督，加给一切相信的人，并没有分别。因为世人都犯了罪，亏缺了上帝的荣耀……上帝设立耶稣作挽回祭，是凭着耶稣的血，借着人的信，要显明上帝的义。因为祂用忍耐的心，宽容人先时所犯的罪，好在今时显明他的义，使人知道祂自己为义，也称信耶稣的人为义（罗 3）。

孩子如果到了初中或高小年龄还未得到耶稣的生命，就比较不容易了。但是，在人是不能，在上帝却不然，因为上帝凡事都能（可 10）。

## 太迟了？

常常有父母对我说："要是我十五年前（或十二年，十八年等）信了耶稣就好了，今天不必面对这么多问题，孩子已是青少年，叫他来教会他也不肯，太迟了！"

去各地讲座之后才体会到各处都有很多后悔的人。最先见到一位母亲，儿子十一岁，母亲说他十分反叛，不肯听话，母亲一说他，他就大发脾气，对母亲十分没有礼貌。那一次，当地的教会安排了一个周末几天的聚会，邀请我们小儿子和我去讲。那位母亲竟然带动了孩子去参加第一堂，母亲在自觉没有力量教孩子的情况下，邀请耶稣为个人救主。她说十一年前教会已经有人邀请她参加教会活动，但是她去了又停了。她叹息那时不懂得信耶稣的重要性，现在又怎么办呢？

盼望孩子得到福音的父母，知道没有生命就没有福气。有了主耶稣的生命才是真有生命，因为那是胜过死亡的生命。有了生命，加上学问，加上财富等，就有意义；没有生命，加上什么都没有意义。但是，以前不晓得信耶稣是这么重要，自己未信或是未带孩子信，那现在怎么办呢？

这次，这位母亲告诉她十一岁的孩子，讲员是一位和他一样土生土长的年青人，十三岁进了大学，去看看他有什么奇特没有。这引起了十一岁小孩的好奇，竟欣然赴会。我整天都对"大人"讲，儿子整天都对"小人"讲。第一天，妈妈了解了她自己的问题，知道需要唯一的救主耶稣基督。回去后对孩子的态度立刻有了改变。第二天，孩子也请了耶稣做救主。我儿子说，他看见孩子的表情软化了。这个周末，母子的关系有了突破。感谢主，在人不能，在上帝凡事都能，"耶和华岂有难成的事吗？"

只要我们照着上帝的办法，不要自作主张，上帝能够解决一切问题。我们不能改变他人，但是我们可以立志让上帝改变我们。当上帝改变我们的时候，他人也必看见，于是他也许肯打开头脑心思，考虑我们所信的真理。不要放弃盼望，因为上帝是无所不能的，而人的意见也可以改变。所以，不要说："这个人没有希望了，算了吧！"

看看圣经中记载的税吏撒该吧（路 19）。他是税吏长，是个财主。他之所以发财是因为不诚实，讹诈了自己的人民，这是当时众所周知的。大家都以他是"罪人"，可以说，他大概是已经被犹太民族定罪为"无可救药"了。但是，竟然有一天，他"要看看耶稣是怎样的人"。可能只是好奇心，看看热闹。到了热闹地点，却发现人多自己又矮，什么也看不见，就人急生智，爬上桑树。竟然因此接触到圣洁的耶稣基督。出乎他的意料，耶稣竟然接纳他，且要到他家去住宿。这在当时是不可思议的事情，因为没有人会去这"千夫所指"的罪人家里。撒该立刻看见自己的罪污而诚意悔改："主啊，我把所有的一半给穷人，我若讹诈了谁，就还他四倍"。他要救主耶稣为他的主人，也愿悔改前非而补偿之。于是耶稣说："今天救恩到了这家"。是的，全能全爱的上帝降世为人，就是为要寻找拯救失丧的人。只要人愿意见上帝，他就有希望了。

亲爱的朋友，我多么盼望你们都有快乐的家，儿女孝敬父母，父母爱护儿女，享受天伦之乐。如果你还在徘徊，我祈望你了解耶稣基督是唯一的救法，此外别无他路，赶快先自己得到这唯一的道路、真理、生命，照着"人生手册"——圣经，按部就班来经历神的丰美和祝福。之后你就有从能力之源而来的能力，帮助你的孩子和家人。

你可以这样和创造者说话：

"亲爱的天父，我赞美您，耶稣基督，我感谢您。您是创造宇宙的真神，降世为人，因为您爱我，为我的罪死在十字架上，流宝血洗净我一切的不义，从死里复活，叫我得新生命。我诚恳地请求您，请主耶稣基督进入我心中，做我的救主，管理我的一生，请您赦免我的罪；就是我自作主张，没有遵从您的话。从今以后，我要遵从您的话。求您赐我永生，就是您的生命。赐我您的圣灵，引导我进入真理。赐我您的平安和喜乐，让您的爱充满我的心。求您看顾我的家，叫我们全家归您，享受您的爱，带领我的前途。我这样祷告，是奉主耶稣基督的名求，阿们。”

你也可以用这祷告文带你的儿女信主，请你不要再等，趁着他们年幼，带领他们行正路。

## 暑期作业

夏天又来临了，孩子快要放暑假了，这二三个月的时间，应该如何使用呢?

记得我小时候，最高兴就是放假，而暑假，因为是最长，所以也最高兴了。还记得你小时候对暑假的喜恶吗?我们都可以从自己的背景学到孩子利用暑假的好用法。也可以从自己的历史得到经验。

无论是暑假与否，都是人生的一部分。三千多年前，圣经经摩西的手，带给我们智慧，“我们一生的年日是七十岁，若是强壮可到八十岁”；“求你指教我们怎样数算自己的日子，好叫我们得着智慧的心”(诗90)。

这是我们要教我们儿女的指引。

比如说，你的孩子今年十岁，他还有六七十年可以活得有智慧，在这些年之后，他就要面对他的创造者，在祂台前被审判。创造主给他生命，给他时间，给他能思考的头脑，能做事的双手。创造主造他是有目的的。他完成祂的目的没有?他的生命是否反映创造者的形像和样式?

放暑假可以用不同的时间表，不同的形式，但是，目的还是一样的。暑假有二三个月，占了一年的五分之一，从小学到高中，就有十个左右的暑假，也就是等于两年的时间，好好使用，可以得到满意的结果。

如果你的孩子在公立学校念书，一年十个月都要一早起来，每天六个小时在学校，加上来回，一天八个小时不在家。暑假则可以有不同的安排，比如，早上不必早起（特别是青少年，他们需要很多睡眠），但晚上也不可以太迟睡。在暑假的开始，开个家庭会议，讨论一下，大家对这暑假有什么愿望，有什么想做的事情，有什么想去的地方，先定下一、两个星期是全家一起去度假的日子（如果你的工作许可的话）。在这家庭会议的过程中，不一定能够定下整个暑假的行事表，但起码可以有点头绪，知道各成员的想法和应作的“研究”。

比如：爸爸说他八月可以有一个星期放假。连同前后的周末，可以有九天假期。那么，大家可以研究一下，如果开车去度假，最远可以去多远。

甲：“公路时速一百公里，一天开八个钟头，一天可以开八百公里。四天去，四天回，逗留一天。我们可以去到三千公里以外！”

乙：“哇，那么我们可以从温哥华去很远的地方呀！”

甲：“是呀！我们可以从温哥华去到墨西哥，也可以从温哥华去到芝加哥呀！”

丙：“我们就每天一直开车，晚上睡旅馆，早上起来又开车，这样好玩吗？会不会无聊？会不会累死？”

甲：“是呀！那不可以，我们每天开四小时好了，一天到晚只开车，那不好玩，也会累死！”

乙：“要不要我们就用一天开去，一天开回，中间七天留到同一地点玩？”

丙：“让我们拿个圆规，从温哥华作圆心，半径八百公里看看有什么地方我们可以去，也不一定只去目的地，不过可以有个范围，不要去得太远。”

…… ……

“暑假我想学游泳。”

“那我们去研究一下，什么地方有教游泳，什么日期、时间，多少费用。”

…… ……

“暑假我想学打球。”

“你想学打什么球，去研究一下，时间、日期、地点，和需要的用具、费用等，看看我们能不能做。”

“我想看书，有一些书一直想看，但没有时间看。我想最好我每天下午去图书馆，我可以搭公交车去，图书馆又有冷气，比在家里更舒服。”

“唉呀！我只想睡觉！上课的时间都不够睡，我要大睡一觉！”

…… ……

写下各人提出的事件，再分配各人去做研究，需要什么信息，商量一下，彼此帮助，怎样找信息，哪里可找到信息，再定一个时间，明天或后天再开会。

家庭会议其实就是定下一个时间，全家专心彼此交谈，在交谈的过程中，一方面彼此认识，一方面也是在教导计划和办事。儿女长大的过程，一直要学习与人相处，聆听他人的意见，分析事情，彼此商量，“各人不要单顾自己的事，也要顾别人的事”。我们可以从祷告开始，也读一段圣经。这可以由父母或大点的孩子负责。“会议”的过程要保持欢笑愉快，因为是为了要享受一个有意义的暑期而“开会”的。有不同意见时可以彼此尊重，小心聆听，有礼貌地发表意见。把意见和人分开。（我们华人有时容易把意见和人连在一起：如果你不同意我的意见，则等于你不接纳我这个人。这是为什么社会上开会的时候有发怒、意气用事的表现。但是我们要教导儿女，“以基督耶稣的心为心，存心谦卑”，就能够彼此学习，彼此欣赏，彼此和睦。）

暑期的时间安排要排得轻松，不要排得满满的，要做一些平时没做的事，换一换头脑，以不同的方式学习。也不一定要去很远的地方，你住的地方附近，可以研究一下，有什么可以学习的，如动物园、植物园、本地历史、本地华人历史、本地出产、本地地理、教会历史，或是认识教会的家庭，问各会友得救的见证，写一些文章，让教会的大家庭彼此更认识，这类的“采访”还可以通过电话，不一定要开车上门呢！小孩子可以从他主日学班上的同学的家庭做起，你可以帮助他设计几个简单的问话。

## 快乐的暑假

跟女儿谈话中，不知不觉谈到暑假的乐趣，女儿想起以前有一家邻居，他们的暑假生活很“特别”。

我们家想到暑假，就想到可以多点时间和孩子在一起，不论在家或是外出，都可以一起。全家多见面多交谈，真是好呀！但是我们的邻居很特别。暑假一到，他们就分别出去。什么意思呢？父母去度假，请了保姆来料理孩子，孩子留在家里。父母回来了，孩子就去各种营，每个礼拜都有不同的营：少年营，篮球营，下棋营，音乐营，等等，孩子都不在家。什么意思呢？父母在家，孩子就不在家；孩子在家，父母就不在家！你说“特别”吗？

我希望你们家不是这样的“特别”，儿女很快就长大。我们不但要争取有限的时间和机会来使他们成为虔诚的后代，我们也要争取有限的时间和机会来欣赏他们，享受他们。

暑假，正是这种可以争取的时间和机会。安排一些节目，大家一起过个快乐的暑假。可能就在家的附近，不一定要去很远的地方。比如，你可以和孩子记录一下你们住的地方。拿一个照相机，一把尺或可以量长短的东西。量量房子外面各方面的尺寸。在不同的地方拍一张照片。特别有兴趣的地方多拍也无所谓。再量房子里面。然后拍照，你和孩子可以画一两张平面图。比如，用方格纸画一张屋内各房间、门、窗、家具等图画。因为方格纸已有方格，可以很方便地将尺寸以比例画上。如果 1 : 10，就是以 1 尺的方格纸代表 10 尺的墙；如果 1 : 100，就是以 1 尺的方格纸代表 100 尺的墙，依此类推。一间房子如果是 50 尺长，而方格纸的一个方向有 50 个格子的话，则可以用一格代表 1 尺，这样，可以很容易得到 1/5 尺的准确度。用另一张方格纸画房子的外面。也可以将这两张画在一起。一个方法就是把两张图画放在透光的地方,如玻璃窗,一张在另一张上面,这样可以将屋外的图画画在屋内的图上。你和孩子会发现屋内的墙和屋外的墙中间有空隙。原来内墙与外墙之间还有很多东西,如水管、电线、隔热材料等。你和孩子作了这游戏之后,可能他会想到其他类似的游戏,比如你家的后院,他的房间(立体图)等。

另一个游戏是发现你附近的环境。可以带孩子步行你住家的附近。记录各种有趣的事物,也可以摄影(不要摄他人或他人的东西)。你们会发现很多平时没有注意到的事物。

另一建议是带孩子采访教会"老"的弟兄姐妹。"老"的意思不是年龄的"老",而是在教会里面的年数,带孩子去和这些人谈话,先和孩子一起写下一些要问的问题。比如:"您刚来我们教会时有没有全时间的牧者?""那时我们教会有多少人参加主日崇拜?""那时有什么团契?""教会兄姐的年龄分配大概如何?""在什么地方聚会?""您在本教会多久?""看见什么变化?""这些变化您认为是好还是不好?为什么?""您希望教会有什么改善?为什么?""您有什么好办法帮助教会更成熟?我可以做什么?"等等。

类似的采访也可应用在亲友中,我自己很后悔以前没有"采访"祖父母、外祖父母,因此对自己家族的历史也一知半解。祖父母和外祖父母对我来说也都只是老人家,不了解他们年青时的经历和历史,因此也不是真的了解他们。建立的关系只是年老的祖父母和年幼孙儿(七八十岁和十多岁),我没能详细知道他们经历的战乱,逃难的心情我也无从知道。我知道的只有祖父母将近七十岁时住在我们家,不久祖父病床,只能叫人拿东西给他。七十三岁时离世。后来我从父亲处得知祖父九岁时,他和另一位九岁的孩子被疯狗咬了。另外那位孩子死了,但是祖父说上帝告诉他,他会活到七十三岁。这么好的经历,我怎么没有亲自和他交谈,亲耳听到他将当时的情况亲口对我述说?!

父母亲可以做桥梁,帮助儿女和祖父母建立关系。因为,从我自己的经历,对年幼的孙儿辈来说,他们很难自己想到祖父母也曾是孩子、青少年,曾是年青人……很奇怪的,我年幼时,以为祖父母就是祖父母了!哪里会想到问他们年幼的时候玩什么游戏,和他们的父母、祖父母做了些什么有趣的事情!当然也没有想到问他们的日常生活,他们的学校(或没学校)生活等等。

如果暑假要利用时间学一些新的活动,新的知识或上一些课或补一些课的话,请不要把时间排得满满的,要安排得轻轻松松,让孩子有足够的空闲时间,足够的睡眠时间。当然也要有足够的时间个人灵修、家庭灵修、参加崇拜、主日学、查经班、团契等。暑假也是一段很好的时间,很好的机会,把全部圣经从头到尾很快地读一次。

当然,暑假也是全家度假的好机会,度假的目的是全家可以一起游乐,在心情轻松的时候,彼此认识,彼此了解,彼此建立亲情。度假的目的不是要尽量玩,不是要尽量看风景,尽量拍照片,结果筋疲力尽,情绪不好,容易不耐烦,容易因不同意见而冲突,因赶时间而伤亲情。我在实验室的经验告诉我,我计划一个钟头做得完的事情,通常要三个钟头才做得完。因此,计划一天可完成的游乐,要预备三天的时间,才不致筋疲力尽,失去全家同乐的主要目的。

愿主祝福您全家在暑期中享受彼此,建立亲情,爱主爱人,在爱中得到建立。

## 怎样回答孩子的问题

“孩子问我,挪亚的方舟能放世上那么多的动植物及其他东西吗?我不知道该如何回答他。”一位家长问。

孩子问问题是非常好的现象,我们为父母者的心态要很欢迎儿女向我们提出问题，这样我们和儿女才能保持好的沟通。孩子问你，你就知道他在想些什么，我们与他交谈，他也知道我们的思想。因此孩子问我们，是我们的福气，千万不要觉得麻烦。你的态度要很愉快。你不一定需要知道答案，你可以与孩子一起寻找答案。就算你知道答案，也要避免填鸭式的道出答案。尽量使你们的对话是“双行线”，而不是“单行线”。两人都有思想，有贡献，两人都有问有答。当孩子问我们问题的时候，正是沟通的好机会，不必以长辈的姿态和他谈话，而要以朋友的姿态，轻松自然地交谈。

就用上述的例子吧！

“爸妈，挪亚的方舟能放世上那么多的动植物及其他东西吗？”孩子问。

“让我们来研究一下，挪亚的方舟有多大？需要放多少动植物？这些动植物有多大？还需要放什么东西？先看挪亚方舟有多大，好吗？什么地方能找到这信息呢？”父母就可以这样引导。

孩子便会回应：“我知道，应该是在圣经里。”

“你想在圣经哪一部分？是新约还是旧约？”

“我想是旧约。”

“你想是很早期的事情，还是靠近耶稣诞生的时期？”

“我想是很早的事情，可能是在创世记吧？”

“创世记讲什么呢？”

“当然是讲上帝创造天地。”

“还有呢？”

“人不听话。”

“挪亚方舟是为什么呢？”

“那时候的人都不听上帝的话，只有挪亚听。上帝叫挪亚造方舟，因为上帝要用洪水灭世界，只有在方舟里的生物才不致被水淹死。”

“很好，我们就来看这件事的记载吧！”父母便可引用圣经，“不得了，这里说世界在上帝面前败坏，地上满了强暴。上帝观看世界，见是败坏了，凡有血气的人，在地上都败坏了行为(创 6)。当时的人好凶啊，要不是上帝来拦阻，一定要自相残杀，连唯一的好人也杀了！”

“所以上帝要用洪水来消灭坏人，要不然就没有人了，对不对？”

“对啊，就像人身上长了毒瘤，愈来愈大，不把它割掉的话，人就死了。”

“是的，上帝好像是医生，要是上帝不把大毒瘤切除，人类就完蛋了。”

“让我们来看看方舟的描写。”

“长 300 肘，宽 50 肘，高 30 肘。方舟上面要留透光处，高一肘，方舟的门要开在旁边，方舟要分上、中、下三层。什么是肘？”

“一肘就是从手臂的弯处到手指那么长，这是很好的量器，不会忘记带的，哈哈！手臂的弯处叫肘，衣服的肘部就是袖子长到臂的弯处，不长不短，只盖了手臂的一半。我们拿把尺来量一量，看看一肘有多长。”

“妈妈的一肘是 16 寸，爸爸的一肘是 17 寸多，我的一肘只有几寸，那怎么办呢？一肘到底有多长呢？”

“我猜是爸爸的一肘那么长。”

“我也这样想，所以一般都认为一肘差不多是 18 寸左右，如果我们以 18 寸为一肘，那么方舟有多大？18 寸就是一尺半。”

“长 450 尺，宽 75 尺，高 45 尺，分三层。”

“记得方舟是方的，不是尖底的，因为不是要航海的，只是要在洪水中飘浮的。那么方舟的船板面积有多少？”

“长 450 尺，宽 75 尺，每层是 450×75 平方尺，三层是 3×450×75 平方尺，让我们用计算机算一算。啊，101250 平方尺！”

“我们的房子面积是 2000 平方尺，方舟的面积等于多少层我们的房子？”

“101250÷2000＝50 层半，那好大啊！”

“你想方舟的体积有多少立方尺？”

“45 尺 × 450 尺 × 75 尺 = 1,518,750 立方尺，150 万立方尺，那好大啊！”

“让我们想想，大的动物有多少类，圣经说每类一对，各从其类，只有用以献祭的清洁动物才每类七对。”

“牛、象、河马、老虎、狮子、长颈鹿、短颈鹿、猪、羊、马、蛇、鸵鸟……其实并没有那么多类的大动物。方舟足够给他们住的。不过，还要有植物……不过，植物只需带种子就行，但是还要带食物，哗，那么多的动物一年要吃多少食物啊？”

“你想得很周到，大的动物其实没有那么多类，比如马类，可能也包括了斑马等；狗类一对就够了，因为今天大狗小狗都是狗，在二百年前欧洲只有一种狗，今天的所谓纯种狗都是来自原来的野狗。至于食物，在某种情况下动物可能吃得很少或者不吃，猜猜看！”

“冬眠，冬天睡觉就不吃了。在方舟上的动物冬天睡觉吗？”

“让我们看看圣经，创世记 7 章描写洪水时的情况：第一，大渊的泉水都裂开了。第二，天上的窗户也敞开了。第三，四十昼夜降大雨在地上。”

“为什么有一、二、三？不是只有下雨，怎么也有地裂开，天窗打开，那是什么意思呢？”

“我以前也不知道是什么，一直到圣海伦火山爆发了，我才了解到这一、二、三就是当时发生的事情：一、地裂了，火山爆发了，山上的雪化成了水蒸气，火山石炸成灰，都被炸到六万尺八万尺高空。二、在高空中水蒸气冷却了，火山灰也冷却了。火山灰就是小玻璃片，火山灰冷了就是火山玻璃了。水滴凝结在这些小玻璃片上，水滴够大了就掉下来。三、当天，圣海伦火山旁，下了很大的雨。这是二十年前我亲眼见到的。”

“哗，圣经真的描写了那情景。”

“不过圣海伦只是一个火山，洪水的时候是很多火山爆发，多处地震，满天都是火山灰，上帝第二天创造空气时把什么都分开了。”

“让我看看，把水分为上下。我知道了，空气上面的水都下来了，好像天上的窗户打开了，因此下了四十昼夜的大雨。”

“你想火山灰遮住阳光，又下大雨，天气会怎样？”

“对了，就冷了，好像冬天了。我知道了，动物可能就睡觉了。爸妈，恐龙为什么没有上方舟？”

## 孩子与恐龙的问题

自从写了恐龙与方舟之后，好几位家长很有兴趣，有些见面提出，有些打长途电话提出。他们说，这些就是他们的孩子提出的问题，他们不能作答。因此，我们只好再用恐龙为例，“怎样回答孩子的问题？”

“恐龙上了方舟？那么挪亚一家人一定见过恐龙了？为什么书本和电视节目都说没有人见过恐龙呢？”孩子问。

“书本是谁写的？”

“写书的人。”

“电视节目是谁制造的？”

“当然也是人。”

“这些人怎么知道没有人见过恐龙呢？”

“因为恐龙是很古老的动物，六千五百万年前已经绝种了，那时候还没有人，要过了六千万年之后才有人。”

“这是书本和电视告诉我们的，你想这是事实还是作者的意见？”

“当然是意见了，因为如果还没有人，那谁在记年代？谁能够知道千万年前的事呢？”

“太好了，你是有用头脑的孩子，分得出什么是事实，什么是人家的意见。这样，你就不容易把某人的意见当作事实了。为什么有些人说恐龙已绝种六千五百万年呢？他们根据什么才这样说呢？”

“恐龙的化石都是几千万年老的，因为它们都是埋在几千万年老的地层里……不过，地层的年代又是根据什么算的呢？”

“你想得好快！我曾经问过多位地质学家，他们回答我：地层的年代是根据生物的演化史计算的。就是说，地层的年代是根据进化论计算的。进化论认为恐龙之后六千五百万年才能进化到现在的人，所以恐龙的化石起码有六千五百万年。”

“我知道了，恐龙的化石是六千五百万年老，所以埋化石的地层也是六千五百万年老……啊！我不知道我在说什么！我刚才说恐龙化石是几千万年老，因为它们埋在几千万年老的地层，现在我说因为恐龙是几千万年老，所以埋它的地层也是几千万年老。我想我头昏了！恐龙化石的年龄是根据地层的年龄，地层的年龄若根据化石的年龄，这不是在兜圈子吗？原来恐龙化石的年龄不是根据地层的年龄，而是进化论说恐龙是几千万年前绝种了，所以是先定了化石的年龄。这怎么是事实呢？没人见过猴子进化成为人，谁能相信进化论的事实呢？”

“圣经说：上帝造万物各从其类。人是人类，猴是猴类，各从其类；人只会生人，猴只会生猴。这是事实吗？”

“当然了，爸爸妈妈是人，我也是人；祖父祖母是人，生的当然是人。曾祖父母是人，一直推到第一个人。”

“妈妈在实验室养细菌，每20分钟生一代。过去100年，很多科学家们养大肠杆菌，你想100年生了多少代？”

“20分钟一代，一小时3代，一天 $3\times24$ 是72代，一年365天是 $72\times365=26280$ 代。100年就是2,628,000代。不只是200万代！”

“不只200万代，但是，大肠杆菌还是大肠杆菌！没有进化！”

“圣经说的才对，各从其类；进化论说的和事实不合。哗，过了200万代还是跟着它本来的类！”

“以后你可能读到其他计算年代的方法，但是只要你用头脑，问问题,你会发现那些方法都有不可靠的假设。真正可以计算年龄的方法只有一个,你想是用什么方法?"

"看日历。"

"对了,只有真正计算,有人从头开始计算,那才是可靠的。有没有人从第一个人开始算年数呢?"

"亚当、夏娃可以从开始算起,他们的儿女可以继续算下去,如果每代都跟着算,我们就可以知道一共多少年了。我们可以看圣经吗?"

"创世记第 5 章:当上帝造人的日子,是照着自己的样式造的,并且造男造女……亚当活到 130 岁生了塞特;塞特活到 105 岁生了以挪士……"

"我知道了,让我把这些年数加起来:130 + 105 + 90 + 70 + 65 + 162 + 65 + 187 + 182 + 500 = 1556 年。那么到洪水的时候应是 1556 年。"

"如果我们看创世记 11 章,还可以继续算,一直算到亚伯拉罕。之后,犹太人就有他们的历史记载了。"

"……只有几千年,没有几百万年啊!"

"中国人的历史,埃及人的历史,或任何人的历史,是千年或是百万年?"

"都是千年的。我知道了,是进化论学者的意见,说人类几百万年前开始进化,其实人类从开头就是人类,各从其类,我们不是动物。而且,从上帝造人到现在,只有几千年,不是几百万年。我想我相信上帝的话比相信某些人的意见更合理,上帝从开始就在那里。"

"那么恐龙呢? 恐龙是几千万年前绝种?"

"恐龙?"

"恐龙是爬虫,就是爬在地上的生物(中文圣经创世记 1 章 25 节译为昆虫,但创世记 1 章 30 节译为走兽是正确的翻译)。上帝什么时候造爬在地上的生物?"

"第六天,和造人同一天。那么,亚当、夏娃应该见到恐龙。"

“创世记 7 章写明：挪亚他们和百兽，各从其类；一切牲畜，各从其类；爬在地上的昆虫，各从其类；一切禽鸟，各从其类，都进入方舟。”

“所以，挪亚一家也必定见过恐龙。人写的书和人制作的电视节目只是人的意见。我要相信上帝的话。魔鬼要我信人的意见，我不上当。”

“是的，魔鬼引诱夏娃的第一句话就是：上帝岂是真说。但是上帝回答约伯的第一句话是：谁用无知的言语，使我的旨意暗昧不明……我立大地根基时，你在哪里？”

## 恐龙有进方舟吗？

当孩子问我们问题时，我们尽量不直接给他们答案，而是引导他们的思想，让他们自己发现答案。这样，一方面亲子之间就有沟通，另一方面帮助孩子思想，不致容易迷信。

“恐龙为什么没有上方舟？”孩子问。

“恐龙有没有上方舟？”我回答——以问题回答。

“我想恐龙没有上方舟。”孩子说。

“你一定有什么理由，才这样想，对吗？你的理由是什么呢？”

“方舟虽然很大，我们算过：有 450 尺长，但是我想，方舟只有 45 尺高，而且分三层，每层只有 15 尺高，那一定放不下恐龙，因为博物馆的恐龙好高大呀！”

“你想得很周到，博物馆的恐龙有的很高大，不只 15 尺高。但是，博物馆有没有小恐龙？”

“对了，有些恐龙是很小的，最小的那些一定可以上方舟了。那么，大恐龙就上不去了。它们一定就被洪水淹死了，所以现在就再也没有大恐龙了。”孩子说。

“现在是没有人见到很大的恐龙。不过，到底大型的恐龙有没有上方舟呢？可以让我们再读读历史，当时写下的历史。”

“那就是圣经了。”

“创世记 6 章 19 节：凡有血肉的活物，每样两个，一公一母，你要带进方舟，好在你那里保存生命。飞鸟各从其类，牲畜各从其类，地上的昆虫（爬行的动物）各从其类，每样两个，要到你那里保全生命。7 章 8 节：洁净的畜类，和不洁净的畜类，飞鸟并地上一切的昆虫（各种在地上爬行的动物。新译本与原文同意），都是一对一对的，有公有母，到挪亚那里进入方舟，正如上帝吩咐挪亚的。”

“照着上帝的话，一定是各种恐龙都上了方舟，但是恐龙那么大，真可以都上去吗？”孩子问。

“恐龙到底有多大呢？比如，我们用常见的生物来讲吧。马有多大？长颈鹿有多大？老虎有多大？多大才是人呢？”

“我知道了！爸爸那么高，是人；我现在这么小，也是人。进挪亚方舟的恐龙不一定要长到最大时才进去，年幼的恐龙一定不太大，但是，那也是恐龙。所以，进方舟的动物可以是年幼的，还没有长到最大的时候。这样，方舟就不会太挤了！”

“你提出很重要的一点，为什么上帝要挪亚每样生物带两个，一公一母呢？”

“因为要保全生命。”

“是的，但是为什么是一公一母？”

“这样才可以保全小动物。”

“对了，请看第 7 章 3 节：可以留种，活在全地上。所以上帝是要每类都留种，不但在方舟上的可以保全生命，还要这些动物以后生小动物，活在全地上。你想，生孩子的妈妈是不是都是老人家？”

“哈哈，不是的，是像妈妈这么年轻的！”

“谢谢。是的，要留种的话是应该带年轻的比较合理。年轻的恐龙多大呢？”

“那一定不会太大了。我知道了，进方舟的恐龙都是年轻的，不会太大，方舟放得下他们的。”

“乖乖,妈问你一个问题:挪亚方舟跟新年有什么关系?”

“挪亚方舟跟新年有关系?”

“去哪里找答案呢?”

“当然是圣经了!”

“请读创世记 8 章 13 节。”

“到挪亚六百零一岁,正月初一日,地上的水都干了。挪亚撤去方舟的盖观看,便见地面上干了。”

“看见没有?”

“呀!他们一定很高兴了!新年第一天,地上的水都干了。那新年真是个新的开始啊!”

“你想想有什么是新的?”

“新的地,新的天,新的植物。”

“怎么样新法呢?”

“新的地,因为是被水淹过的地,不过大概都是泥巴了。新的天,空气以上的水大概都掉下来了。新的植物,大概才开始长出来而已。”

“还有什么不同呢?”

“坏人都不在了,强暴人都不在了。那时的新环境一定很平安很平静。只有挪亚一家八个人。”

“他们会不会吵架?”

“我希望他们不要吵架,全家和好,彼此照顾。他们要合作才可以。不过,我想他们一定不会吵架的,因为他们知道洪水灭掉的人就是那些强暴的人。他们罪恶很大,终日所思想的尽都是恶。我想挪亚一家人不会吵架。”

“你想挪亚的儿子和媳妇生的孩子会不会吵架?”

“希望不会。希望他们的爸爸妈妈告诉他们洪水的事情,教他们彼此相爱。”

“现在世界上的人,谁是挪亚的子孙呢?”

“……呀,所有的人都是挪亚的子孙啊!”

"是的,我们都是挪亚的子孙。现在活在世界上的人都是挪亚的子孙。请问,现在的人吵不吵架?"

"不但吵架,还要打架,还有恐怖分子杀人。"

"为什么?"——是的,为什么世人不彼此相爱?

## 好人上天堂吗?(一)

小儿子最近负责教一班少年,他说没有办法照着预定的进展教,因为少年们有很多的问题,而且这些问题都很重要。他说,他告诉少年们,现在只能很简单地回答,以后有多点时间的话再仔细回答。但是,就算最简短的回答也回答不完。我鼓励他说,少年们问他那么多问题是个很好的现象,表示他们信得过他,喜欢和他讲话。可能是因为他也是年青人,又是在北美生长的华裔,有共同的背景和文化。我建议他请孩子们把问题写下来,才不致忘掉。怎知他已做了,而且告诉孩子们可以寄电邮给他。昨天,他就看到一大堆问题,其中一个是:"好人是不是都上天堂?"不要小看这些十来岁的青少年,他们真有思想。好人是否都上天堂?你有答案吗?

记不记得在回答问题之前要先知道一些字的定义?这里有两个名词需先有定义:"好人"和"天堂"。

先从天堂讲起吧。什么是天堂?有没有天堂?天堂是否只存在我们的幻想中?天堂是谁管的?

谁能够给我们回答呢?是地球上这些微小的人吗?当然不是。能够回答的,是那位从永远到永远,永恒的创造者。"那创造天和天上之物,地和地上之物,海和海中之物,直活到永永远远的"(启10)。这是为什么我们一直以追求真理的态度来讨论教养儿女的题目,因为只有真实的才有意思;不是真实的,只是某些人的理解,或意见或幻想,都没有用。科学的观察是我们所知道"求真理"的一个方法,但是科学家的见解和意见则不一定是真实的。因此，圣经一开始就介绍宇宙的创造者，并告诉我们他创造的原则。我们研究科学的结果，发现这些原则确实是科学的观察，而且是没有例外的。其中最明显的：一是“各从其类”。凡生物都有范围，在自己的范围(类之意)里可能有不同的表达，但是走不出自己的范围。二是开始都是好的，后来变坏了。从好到坏，如水由高处往低处流。这是我们每天观察到的事实，是无论如何强辩也改不了的事实。我们知道圣经所介绍的主宰真是创造者，之后，就可以问他，天堂是什么。

圣经常常用“天国”、“天上”、“上帝的国”这些名称来叫那永恒的领域。那里“不再饥，不再渴，日头和炎热也必不伤害他们。因为宝座中的羔羊必牧养他们，领他们到生命水的泉源。上帝也必擦去他们一切的眼泪”(启 7)；“世上的国，成了我主和主基督的国，他要作王，直到永永远远”(启 11)；“我又看见一个新天新地，因为先前的天地已经过去了，海也不再有了。我又看见圣城新耶路撒冷由上帝那里从天而降……我听见有大声音从宝座出来说，看哪，上帝的帐幕在人间，他要与人同住，他们要作他的子民，上帝要亲自与他们同在，作他们的上帝。上帝要擦去他们一切的眼泪，不再有死亡，也不再有悲哀，哭号，疼痛，因为以前的事都过去了。坐宝座的说，看哪，我将一切都更新了……得胜的，必承受这些为业……城中有上帝的荣耀，城的光辉如同极贵的宝石，好像碧玉，明如水晶。……墙是碧玉，城是精金的，如同明净的玻璃。城墙的根基是用各样宝石修饰的……十二个门是十二颗珍珠。”(启 21)这是属耶稣基督的人永恒的家一部分的描写。可能你会说：“那真是天堂了。”

那是上帝的国度，是衪管理的。因为创造者是昔在今在以后永在的全能者，在衪没有转动的影儿，衪也永不改变，衪是信实公义的，所以衪告诉我们的是真实的。我们知道一般人所谓的“天堂”，其实是创造者上帝的境界，而世上的哲学家所告诉我们的并非事实，只是幻想。那么，我们就要问天国的主人：“谁能进你的国?"

"凡接待他的,就是信他名的人,他就赐他们权柄,作上帝的儿女"(约1)。上帝的儿女当然可以住在上帝的家中,在上帝的国度里。但是,接待谁?信谁呢?就是接待和信从那位"道成了肉身,住在我们中间,充充满满的有恩典有真理,我们也见过他的荣光,正是父独生子的荣光",祂是上帝降世为人的耶稣基督,"道就是上帝","万物是借着他造的……生命在他里面"。因此,"谁能进上帝的国呢?"只有得赐予权柄,作上帝儿女的人,才能进上帝的国。当然,接待耶稣基督和信祂的人,也是遵行上帝旨意的人,"接待"和"信"不是口头的接待,口头的信,也不是思想上的接待和信,乃是在事实上,有行动支持他心中和思想上的接待和信。耶稣自己说:"凡称呼我主啊,主啊的人,不能都进天国,惟独遵行我天父旨意的人,才能进去。"(太7)

现在,我们就很容易了解"好人"的定义了。"好人"的定义也是上帝定的,只有上帝说是好的才是好的。你我以为的"好人",不一定上帝也认为是"好人"。因此一个不犯法,做很多慈善行动,不杀人放火,不奸淫偷盗,又捐很多钱周济穷人,但却不(或没有)接待和信从耶稣基督的人,根据上帝的定义,并不是"好人"。因为根据上帝的定义,"好"就是百分之一百达到上帝的标准。世上没有这种人。"我们已经证明,犹太人和希利尼人都在罪恶之下……没有义人,连一个也没有。没有明白的,没有寻求上帝的。都是偏离正路,一同变为无用。没有行善的,连一个也没有……平安的路,他们未曾知道,他们眼中不怕上帝……凡有血气的,没有一个因行律法,能在上帝面前称义。因为律法本是叫人知罪。"(罗3)比如,上帝的律法说:"不可奸淫",所以我们知道奸淫是罪。上帝是无所不知的,因此,心中的淫念也是奸淫。我们只好承认,没有一个人是心思意念完全合乎上帝标准的!幸亏,爱我们的上帝给了我们一个方法,叫每一个人都可能进他的天国。

## 好人上天堂吗？（二）

当我们让孩子问问题的时候，我们会发现，孩子们很有思想，他们的问题很有深度，我们不应该随便回答，也不要以为各人所用的字眼，都有同样的意思。

“好人是不是都上天堂?”我们已经谈了一些。只有宇宙的创造者才有一切的智慧，才知道宇宙一切的事实。不是创造者则都是被造的。

被造的，无论是动物、是人、是灵界的存在者，都是有限的，都不能告诉我们宇宙的事实。因此，要知道“天堂”的事实，必须请教创造主。创造主确实有告诉我们祂的国、祂的家是无灾无难、无病无死、永远充满喜乐、歌声、光明、公义、慈爱的天家。祂的国是永不朽坏，完全美丽的，因为那里没有任何引致朽坏的因素。创造者是完全的真善美，祂的国度也是完全的真善美，只有遵照祂的方法，才能达到祂的标准，才可以到祂的国度里去。

有人问我同类的问题：“好人也要信耶稣吗？难道上帝那么不公平？一个好人，只因他不信耶稣，就不能上天堂；一个坏人，只因他信耶稣，就可以上天堂?”如果天堂是我的家，我可以规定谁可以进去；可惜，天堂不是我的。天堂，或天国，是创造主的。因此，祂才有权柄规定进去的资格。我们已经讨论过，用上帝的标准量一量，世上没有一个人及格。因为你我以为“好”，并非上帝的“好”。“我做过很多好事，捐钱给穷人，帮助病人，铺桥造路，捐血捐髓，帮助新移民，又从来不做坏事；我孝顺父母，不杀人，连动物昆虫也不杀，不吃肉，不奸淫（甚至不娶不嫁），不偷盗，也不贪心，而且诚诚实实，从来不撒谎。我想我应该是好人了。如果上帝不让我这好人进天国，那实在太不合理了！”

不合理？原来我们不了解什么是“好”。“好”，必须是100分，完完全全，没有丝毫差错。为什么呢？因为有一点点不完全就不能永不朽坏。所以，永恒的天国不可以有一点点的不完全，要不然就不是十全十美、永不朽坏的天国了。

上帝知道我们是无法十全十美的，因此祂给我们一个办法，让我们可以及格。上面那位自以为是好人者，只要和上帝十全十美的标准比一比，就知道是相差太远了。比如“人若知道行善，却不去行，这就是他的罪了”(雅 4)。有没有哪一件善事他没有行？只要有一件善事他没有行，那就不及格了。因为上帝是用 100 分为准，不是善行多过恶行，就及格的。又比如：“无知的、背约的、无亲情的、不怜悯人的，他们虽知道上帝制定，行这样事的人是当死的，然而他们不但自己去行，还喜欢别人去行”(罗 1)。“无知”也是当死的？是的，就像小孩无知，以手指插进电插孔，就触电而死。电有电的规矩，无知而犯了规矩，一样死亡，对吗？

创造主定下的规矩，无论是物质方面或是人际方面的规矩(律法)，都不能违背，只要有一次违背了一样，就必死亡。“啊！”你说，“这太残忍了！”

今天，世界和星球之所以有规矩地运作，就是因为上帝的律法是持恒的。这不是祂的残忍，而是祂的爱和保护，叫我们可以生存。祂的爱，更为我们预备了人人可得的救法。祂的爱，更把主权交给我们，让我们自己决定要不要祂的救恩。祂的方法，是成为肉身，降卑自己，为我们的罪而死。罪，就是“不理想”，“未达到标准”。当耶稣基督从天上降生地上，无罪的取代了有罪的，义的代替了不义的，祂就成全了救恩。这救恩要白白地给每一位要的人。只要我真诚地向祂要，祂就给我。当我承认我“自我中心，自作主张”的罪时，祂就赦免我。当然，因为我诚心认罪，也就是立志要悔改，转换方向。以前跟着自己或他人走，现在跟从耶稣，不再自作主张了。因为耶稣洁净我，我也就及格进入祂的天国了。

那位自以为是“好人”的，如果不自作主张，照着上帝的办法，得到洁净，他也及格进天国了。这种人信了耶稣之后比他人容易过基督徒的生活，因为他已经有很好的习惯了。一个常为非作歹的人，如果他也相信耶稣，悔改前非，跟从耶稣，他也是一样得救，只是他要改很多坏习惯。要建立新的好习惯，殊不容易，要用很多工夫精神意志，要与以前的坏习惯斗争。但是，感谢主，只要他不妥协，完全抓住耶稣基督，依靠祂，顺从祂，仍然是有希望的。

因为上帝的标准极高——100 分——因此世人和社会认为的"好人"和"坏人"，用上帝标准量一量，可能就是 1 分和 0.001 分之别。"好人"比"坏人"好了一千倍，但是，与上帝 100 分的标准相差太远了！要达到上帝 100 分的标准，唯一的办法是承认自己的有限，承认自己的无知无能，照着祂为我们预备的救法，请耶稣基督管理我们的一生，赦免我们的罪，一生顺从耶稣基督。这就是"信他的名，接待他"，祂就照祂的应许，赐给我们权柄，做上帝的儿女。

"你们得救是本乎恩（免费的礼物），也因着信（我意志选择要信耶稣），这并不是出于自己，乃是上帝所赐的。也不是出于行为，免得有人自夸（不是因我的行善叫我得救）"。得救与行善无关，不能因行善得救，但是得救之后，却是应该行善："我们原是他的工作（艺术品），在基督耶稣里造成的，为要叫我们行善，就是上帝预备叫我们行的"（弗 2）。

现在，当你的孩子问你："好人都上天堂吗？"你是否知道如何回答？

## 如何面对恐怖时代

突然间，平静的生活被恐怖的气氛笼罩了。一向安全的环境，突然间一点不安全了！孩子无可回避的，也被这恐怖时刻影响了。我们不能保护儿女完全避开这时代的恐怖事件。我们也不应该把他们蒙在鼓里，因为这样是对不起他们，没有教导他们面对这恐怖的时代。

如果我们的时代不是这么恐怖的话，我们真想让儿女更多享受童真,无忧无虑地长大。但是,我们已经没有那选择了,我们要面对儿女的惶恐、不安和疑问。

这次世贸大厦被恐怖分子劫机炸毁事件所带来的危机,也是我们教养儿女的好机会。一方面我们要了解孩子的恐惶不安,为自己的安全,为家人的安全而不安;另一方面我们要把握这机会,使孩子得到"出人意外的平安"。一方面让孩子看到罪恶的可怕及可憎,另一方面又让孩子看到上帝虽然恨罪恶,但爱罪人。一方面看见真理叫我们得到自由,另一方面看到极端的宗教也能叫人不但失去自由,而且可以失去生命,害己害人。

恐惶不安,孩子在电视上看到飞机竟然瞄准大厦直撞,大厦着火倒塌,几百救火员瞬间葬身废墟。几千人死亡,多少家庭悲痛欲绝,多少孩子即刻成为孤儿。家里、路上、学校,到处都蒙上了悲哀的气氛,这一定也叫孩子心里不安。孩子的安全感在他的父母,所以父母要多花时间与孩子沟通,安慰孩子,叫他在你身上看到平安,我们让孩子把心中的混乱不安告诉我们,我们也承认和同情他的感受,也承认这世界不安全的情况是事实。但是,我们是有盼望的,因为宇宙之主已经把平安赐给我们。"我留下平安给你们,我将我的平安赐给你们。我所赐的,不像世人所赐的。你们心里不要忧愁,也不要胆怯"(约 14);"我将这些事告诉你们,是要叫你们在我里面有平安。在世上你们有苦难,但你们可以放心,我已经胜了世界"(约 16);"你们要将一切的忧虑卸给上帝,因为他顾念你们"(彼前 5);"你们要靠主常常喜乐,我再说,你们要喜乐,当叫众人知道你们谦让的心。主已经近了,应当一无挂虑,只要凡事借着祷告祈求和感谢,将你们所要的告诉上帝。上帝所赐出人意外的平安,必在基督耶稣里,保守你们的心怀意念"(腓 4)。

人的话是空洞的,因为我们连自己也顾不了。世贸大厦的倒塌清楚地阐明了这事实。所以,如果我们只用自己的话,自己的力量,自己的爱,来保证孩子可以平安,那是没有用的,因为我们自己并不可靠。如果我们说:"不要怕,爸爸在这里,没有恐怖分子能够害你。”那真是骗孩子。就在美国航空公司587航机坠落的几个小时之前，我也乘坐在另一架同样的航机上，谁能保证安全呢？

在世上我们有苦难，但主耶稣已经胜了这世界，因此可以保证我们有平安。恐怖分子把自己的生命孤注一掷，害死多少无辜，但自己也是死了。相反的，耶稣基督却是胜过死亡。祂是生命，祂是复活。“信我的人，虽然死了，也必复活”（约11）。耶稣胜过世人不能胜过的死亡。“没有人夺我的生命，是我自己舍的。我有权柄舍了，也有权柄取回来”（约10）。唯有耶稣，以自己的生、死、复活、升天证明祂的权柄，证明祂是生命之主，证明祂是宇宙之主。祂的保证才有用，祂的话才有力量，祂的话才能带给孩子平安喜乐。因此，我们可以教导孩子凡事借着祷告祈求和感谢，将一切的事告诉上帝，祂必将出乎人意料之外的平安赐给我们。但是，有一个先决条件，孩子（或我们自己）要“是我的羊”。耶稣说：“我的羊听我的声音，我也认识他们，他们也跟着我。我又赐他们永生，他们永不灭亡，谁也不能从我手里把他们夺去。我父把羊赐给我，他比万有都大，谁也不能从我父手里把他们夺去。”（约10）这是个很好的机会，让孩子（或我们自己）审查，是否确知自己是主的羊，要一生跟从我们的大牧人。弄清这一点，孩子就有把握已拥有永恒的生命，我们自己也有把握已拥有永恒生命，“你们的生命与基督一同藏在上帝里面”（西3）。担保安全，永远安全。我们可以告诉孩子，我们一定可以永远在一起，永远在上帝美满理想的国度里。今生无论长短，都是短暂的，永恒才是最重要。有了永恒的生命，也就是耶稣基督所赐祂自己的生命——理想的生命——今生所作所为才有意义。如果没有永生，人生也就没有意义了，因为人生的终结就是死亡。但是，如今耶稣以自己从死里复活证实了死亡不是终结，“凡在坟墓里的，都要听见祂的声音，就出来。行善的复活得生，作恶的复活定罪”（约5）。

因为这次的恐怖行动叫孩子和我们确定自己已经照着上帝的方法有了永生的把握，那是多么重要的事。同时，也帮助我们教导孩子如何用永恒来决定现在的取舍：什么是有永恒价值，什么是没有永恒价值。

# 第八章　孩子的性教育

上帝按照自己的形像创造男女

接纳自己的性别

孩子的性教育

人的配偶

婚姻的建立

二人成为一体

二人和两家

教训和警戒

恋慕和管辖

忍耐又有恩慈

谦卑与认错

不作害羞的事

不同宗教可以谈恋爱吗？

交益友

生命的计划

爱的颂歌

配偶的条件

## 上帝按照自己的形像创造男女

最近，可能因为社会名人的一些绯闻，有不少父母特别关心小孩子的性教育，比如，其中有一位问：

“对性的教育，该在孩子多大的时候告诉他？名词用语该如何表达才算正确？”

这类的问题好像是把对性的教育，分开成为单独一门学问。但是事实上，对“性”方面的教育应该是教养儿女过程中的正常课程，不是特别一课，乃是经常性的教导。不是说：“今天我们来上一课‘性教育’，这是男女的性器官，性交是怎样进行，什么情形下会怀孕，如何避免性病。”而是教导整套的婚姻家庭观念。不是自己造一套出来，而是听创造者怎样告诉我们。不是在某个时间教导，乃是随时教导：“我今日所吩咐你的话，都要记在心上，也要殷勤教训你的儿女，无论你坐在家里，行在路上，躺下、起来，都要谈论”（申6）。

因此，我不敢自造大纲，就让我们一起来看上帝的话。当然，要仔细讲的话，本文的篇幅就不够了，只好以“走马观花”式来看，我们都人手一册圣经，可以继续从这本唯一的“人生手册”得到指示。

“上帝就照着自己的形像造人，乃是照着他的形像造男造女”（创1）。

当创造者以祂无限的能力（上帝，就是大能者），创造了宇宙和其中万物之后，祂造了人。就如人一样，为人父母者在孩子还未生下来之前就预备了一切，孩子需要的衣食住行都预备好了，连玩具也有了。上帝造人是特别的，是照着自己的形像，就是“副本”，或以现代的话，叫“拷贝”（copy），这是祂对人的爱的表达。也因此，我们人有上帝的内涵，认得出是祂的形像，就如你的照片像你。但是，人又不是上帝；就如你的照片又不是你。祂给人是何等的价值和尊严！祂如此地造男造女，统称为“人”。

因此，男女有同样的价值，同样的尊严，都是照着上帝荣耀的形像被造的。当我们先肯定了男女的特别而平等，才能继续学习。我们要以创造者的眼光来看祂的创造，而不是以人的眼光来看上帝的创造。上帝原来的创造是美好的。祂造男造女，是为了赐福给他们："上帝就赐福给他们，又对他们说，要生养众多，遍满地面，治理这地，也要管理海里的鱼，空中的鸟和地上各样行动的活物。"上帝的计划，也是祂的祝福，是要人生养众多。这一点，我们中华民族的文化有传下来，犹太民族的文化也有传下来。华人与犹太人有很多相似的文化，特别是在家庭观念方面，可能就是这两个文化代代传递上帝给的命令，犹太人知道是上帝的命令和祝福，华人可能只剩下祖先遗传的观念。无论如何，一直到近代，多子多孙在中华文化中仍然被认为是有福气。所以，造男造女是为了生养，这是对的观念。

如果我们照着圣经的吩咐"殷勤教训……谈论"，每天全家一起读圣经，我们自然会谈到创世记第一章，自然可以教导儿女上面所讲的，上帝的创造和祝福。女儿男儿都是好的。

"上帝看着一切所造的都甚好。"

男女都是好的（中文的"好"字真好，有女有子就是好，男女是好的）。不但"谈论"，也要实行。不但口说女儿男儿一样好，也要在日常生活中行出这真理。这是"性教育"的第一步。如果你的女儿在社会上被贬低，你要帮助她回到上帝面前，以上帝给她的价值来看自己，不要被社会错误的观念影响，一方面也赦免人家的无知，知道唯有把上帝的福音传给世人，他们才有可能有正确的看法。所谓"自我形像"、"自我肯定"、"自信心"等，都不能建立在空洞虚无的根基上，不是自己骗自己，不是"称赞你的孩子，无论何事都称赞他，他就有自信心"，而是建立在实在的根基上；这不是空中楼阁，而是创造的真理。

当你的全家一起读创世记第一章的时候，你就可以帮助你的孩子认识创造的真理。什么时候开始教呢？愈小愈好，现在就开始吧！

用什么字眼呢？用孩子听得懂的字眼。什么时间谈论呢？随时随地。每天和孩子生活的时候，就谈论上帝创造的奇妙。叫孩子从小就以尊贵、圣洁看上帝所造的他。

## 接纳自己的性别

一位以前在教会“相当活跃”的女人，最近动了手术，换了性别，她还说自己仍然是基督徒，因为圣经没有说不可以换性别！真可怜。“妇女不可穿戴男子所穿戴的，男子也不可穿戴妇女的衣服，因为这样行都是耶和华你上帝所憎恶的”（申 22）。连服装都不可扮成另外的性别，何况在身上动手术，扮成另一性别！这是因为今天的社会是非不明，各人任意而行。“祭司的嘴里，当存知识，人也当由他口中寻求律法，因为他是万军之耶和华的使者”（玛 2）。今天我们蒙恩得救，“被拣选的族类，有君尊的祭司”的人，是否世人当从我们口中得到上帝的律法呢？本来，为君王治理百姓的，要“将祭司利未人面前的律法为自己抄录一本，存在他那里，要平生诵读，好学习敬畏耶和华他的上帝，谨守遵行这律法上的一切言语和这些律例”（申 17）。但今天，治理百姓者是否照做？本来，为人父母的要把上帝一切的话记在心中而教训子女，今天，我们是否照做？上帝照着自己的形像造人，乃是照着他的形像造男造女。不接纳自己的性别，就是不接纳上帝的创造，不服上帝的标准，要立自己的标准。要与至上者同等，或甚至高举自己超过至高者，只怕结果是“坠落阴间，到坑中极深之处”（赛 14）。

我们为人父母者，曾否有意无意之间，给了儿女错误的观念呢？

## 孩子的性教育

“耶和华上帝在东方的伊甸立了一个园子，把所造的人安置在那里”(创 2)。“伊甸”是喜悦之意。“安置”这字有定位之意。

“耶和华上帝将那人安置在伊甸园,使他修理看守”(创2)。这是另一“安置”,这字有安息、安定、安慰(参看“挪亚”之名的意思,创世记 5 章)等意思。

男人得到这特别的使命,这是我们教养儿女特别要强调的。

上帝很仔细地为第一位男人预备了这喜悦之园,给了他在“治理这地”的命令中更突出的一个家园。这家园是他可以得安息、安定、定位、得安慰及给安慰的地方。你看过小婴儿在强壮的大男人(爸爸)的怀中得安息的情景吗?一个好的爸爸,带给孩子的是多大的安定感!要教你的孩子健康的性教育吗?由爸爸做起,父亲应带给家庭安息安全安定安慰,让你的儿子从你身上学习。可惜今天有多少不负责任的男人,带给家人不是安慰和安全感,而是不安和恐惧。一个母亲说:“我四岁的儿子又丢东西又咒骂,因为他父亲就是这样。”一位母亲说:“我十六岁的女儿恨我为什么不和她父亲离婚,叫她在家中受苦。”一位妻子说:“我丈夫不在,我们就快活一点;他在,我的心脏就疼。”让我们教导男孩子温柔和安慰人的习惯。男人不是要“粗线条”、“流血不流泪”。正常的丈夫是特别负起安慰的责任,带给家人安定。小男孩从小要得安慰,才懂得安慰人;得到安定可安息的家居生活,才懂得带给自己的家庭安定和安息。现代社会另一常见的情况是:父亲常常不在,父亲没有定位在家。这必不是创造者的设计,极端的就遗弃家庭不顾。今天的家庭,有多少是单亲的,其中绝大多数是只有母亲,而且绝大多数不是因父亲死亡或外来因素。

今天社会一般不了解男人定位在家的重要性,男人自己也不了解,以为“男主外,女主内”是真理。所以有很多工作要求男人常不在家,这是需要我们重新思考,以创造者的计划为标准,重整我们的生活。

“修理”一词则是服事之意,亚当要服事上帝安置他在的家园,他看见什么地方有需要就要自动地去服事。今天有多少男人不知道这道理，以为他是被服事的。所以常常有妻子埋怨丈夫一点家事都不做，回家只有看电视、看报纸，等妻子服事他。妻子忙得都没有力气了，他还怪妻子性冷淡，不能满足他。可怜他不懂得夫妻的性爱是多么的高尚，只把自己贬值成为动物。

"看守"是看顾保护，提防危险临到自己的家。看守者必须要警醒，不要昏昏迷迷，分不清敌友，看不出诡诈。

丈夫是一家之主，他要为家庭负起看守的责任，因为家庭的问题，责任是他的。看守者是预防危险，所以要知道什么是危险，才能预防。有一位父亲，十五岁的孩子加入了帮派，和人家打架，被警察捉去了，还"一头雾水"，蒙在鼓里。另一位父亲，孩子吸毒两年了，他还不晓得。一位丈夫，常常在外工作，妻子和旧情人生了孩子，还以为是自己的。今天，危险到处存在，因为我们的仇敌魔鬼，"如同吼叫的狮子，遍地游行，寻找可吞吃的人"(彼前 5)。做丈夫做父亲的，要知道这些危险，我们一不小心，就被仇敌吞吃了，因为魔鬼一点不懒惰，他在遍地寻找，看守者怎么可以不谨守警醒呢？危险就在你四周，报纸杂志、电影、电视、录像带、收音机、唱片、书本，还有你家房间里的计算机，谁在影响你的家人？看守者是否尽责？让我们特别教导儿子们做聪明尽责的看守者，学校里教的什么是对的，什么是错的，都要以创造者的话为准。当你每天和儿子读圣经的时候，总会读到创世记第 2 章，你就会很自然地教导他。同时，以身作则，让他看见爸爸在家里安置、修理、看守，负起一家的责任，不是在那里发施号令，等人服事，还要埋怨家人服事得不适，叫家中鸡犬不宁，人人提心吊胆。

"耶和华上帝说：那人独居不好，我要为他造一个配偶帮助他"。创世记第 2 章继续讲到女人。"配偶帮助他"或作"与他相当、相配、同位、同等、与他对应的帮助者"，帮助者必须够强壮，才能帮助人。我们教养女儿，不是做一个无能的依靠者，"女孩子，不需要读什么书了，将来找个好老公就是了"；"女孩子，读什么书，浪费钱，将来还不是嫁人"；"女子无才便是德"；"不要读太多书了，将来嫁不出去”。在我们的讲座中，也曾经有人问：“你女儿这么聪明，嫁不嫁得出去？”这些都是无知，不知道上帝的美意和设计。第一个错误的观念就是“嫁出去”，女儿不是嫁出去，女儿是结婚，二人成为一体（以后还会谈这点），建立一个新单位，在这新单位中，她是帮助者，因为另一位独居不好，需要一位帮助者。帮助者不是次等的意思，那是第二个错误的观念。“上帝啊，你是帮助我的”（诗 70），“他是我们的帮助”（诗 33），所以，我们看清，帮助人的不是低点的地位，也不是次要的，而是有多一层的责任。女人要帮助丈夫，“才德的妇人，谁能得着呢，她的价值远胜过珍珠，她丈夫心里倚靠她，必不缺少利益，她一生使丈夫有益无损……她开口就发智慧，她舌上有仁慈的法则”（箴 31）。所以给予女儿的性教育，不是教她怎样打扮得花枝招展，怎样“缠住”男人的心；甚至怎样缝衣做菜也不是最重要或必要的，而是有智慧仁慈，可依靠，能帮助人的。“艳丽是虚假的，美容是虚浮的，惟敬畏耶和华的妇女，必得称赞”，敬畏耶和华就是以创造者耶和华为主，完全顺从祂，不敢有一点自作主张。

## 人的配偶

今天一般的性教育，教来教去还是无法减少“艾滋病”和其他性病；也无法减少婚外情，婚前怀孕，单亲（因遗弃或离婚）家庭，甚至性强暴、性伤害等社会问题，因为有一个基本的错误——自作主张。以人的思想和办法为标准，而不是根据造物主的蓝图。

当造物主说了要为第一位男人，造一位与他相配的帮助者之后，造物主并没有立刻造这帮助者，乃是要亚当去做一件事——给生物起名字，乍看起来，好像两件事不相干，但请看圣经怎样说：“那人便给一切牲畜和空中飞鸟、野地走兽都起了名。只是那人没有遇见配偶帮助他。”原来在遵行这第一件差事的时候，亚当不但见到各生物都有配偶，而且很明了所有这些生物都不是他的配偶。

这一点是今天很多学校里，性教育失败的最主要因素。

人不是动物，也不是高等动物。造物主称人为人，其他的叫走兽、飞鸟、牲畜、爬在地上的或大鱼和水中所滋生有生命的动物。人与动物是质的分别，不单是量的分别。我们不是"最高等"的动物，我们是完全不同的，是照着上帝的形像被造的。所以，人类的性生活不可以用研究动物的性生活为蓝图，人类的社交生活不可以用研究动物的社交生活为蓝图；人际关系不可以从动物的"关系"去取得知识；人的"心理"也不可以用动物为蓝图。你的孩子所看的节目，所用的课本，是否都在告诉他，他与动物有共同祖宗？

人的身体保留很多我们树上居住的祖先从进化得来的特点，我们研究其他灵长类，可以学到很多有关我们自己和我们与环境的关系。这类的话是每一页课本常见的。当今，"生物社会学"、"生物道德学"在影响我们与儿女的思想，不知不觉间，社会的道德、价值、法律都被进化的假说影响了。同一本大学用的课本，告诉我们：既然黑猩猩和人在结构和生理上有这么多相似，当然在感情、行为和智力上也是相似的，动物用打架或示威来在性生活上占上风，人也是一样！真可怜！上帝给我们极高尚的地位，但是，人为什么要被魔鬼所骗，自甘堕落呢？要知道课本上常用的"科学"一词，已经不是我们以为的"事实"了，已经变成"意见"了。

亚当不像现代人那么傻，"只是那人没有遇见配偶帮助他"！亚当没有托着下巴说："那黑猩猩跟我好像啊，可能是我的配偶吧？"或是，"可能是长臂猿，或是那大猩猩？"没有，亚当没有那么傻！我们和我们的儿女必须完完全全明白进化的假设（未有资格称为理论，因为未有一次进化的观察）只是讲故事，是某些自甘放弃崇高地位的人的意见，人的性功能是全能的创造者美丽的设计（有关这方面的证据可参看愚著《创造或进化——事实或意见》）。

## 婚姻的建立

“耶和华上帝使他沉睡，他就睡了，于是取下他的一条肋骨（一边），又把肉合起来”。男与女都是上帝造的，男人在女人的被造过程中是“沉睡”，他没有做什么，没有参加意见。

“耶和华就用那人身上所取的肋骨（一边），造成一个女人，领她到那人跟前”。从孩子小的时候就让他们知道，婚姻的对象是要上帝领来的，不是“看见人的女子美貌，就随意挑选”（创 6）。自作主张，是人类基本的问题。在两性之间的关系也是一样，不要自作主张。

一位母亲，为了儿女在北美的居留，和一位男人建立了彼此利用的婚姻，结果不但自己痛苦，儿女也痛苦。一位母亲，见到女儿重履自己痛苦的道路，十分心痛。女儿却不听劝，说：“这是我自己的事”。但愿我们和儿女都知道婚姻不是“自己的事，照自己的意思”，美满的婚姻必须是照上帝的心意，才是“骨中的骨，肉中的肉”，多么亲密！

因此，“人要离开父母，与妻子连合，二人成为一体”，这三句话是多么的重要！记得我们孩子还小的时候，我们就告诉他们说：“将来你们长大了，可以独立了，那就可以结婚。结婚之后爸爸妈妈不会和你们一起住，你们要离开爸妈。”他们都说：“我不要离开爸爸妈妈。”虽然那时候他们不能了解，也不要接受，但是，真理还是真理，我们要告诉他们，在他们还没有兴趣交异性朋友之前，就要教他们上帝的真理，正确的观念要先入为主，不要让错误的观念先进去。

婚姻——创造者所设立的，创造者也下了定义——不是照我的喜好而定义的，在创造者的定义中，我们看见：

1. 婚姻是二人，不是三人或多人。

2. 婚姻是一女一男，不是四女一男或一女二男；也不是同性的。

3. 婚姻是建立新的单位，不是延伸本来的单位，所以要离开，才连合。

让我借用我丈夫的比喻：就像我们每一个人，当你开始是你的时候，是你父亲的染色体（遗传基因）要先分开，你母亲的染色体，也先分开，然后父母的染色体才能连合成为你。如果不先分开的话，就不能连合，有时候没有完全分开，人的二十三对染色体中有一对没有分开，结果生下来的孩子就不健全。其中最常见的是第二十一对染色体没有分开，这就是高龄（三十五岁以上）产妇所担心的“唐氏综合征”。

所以，如果创造者设计婚姻是“人要离开父母”，那么，我们不要自作聪明，如果我们照着上帝的设计教导孩子，我们就会帮助他成长，预备离开独立。不但要用功读书，可以有工作能力，将来经济上可以独立；也要情感成熟，不必依赖父母，能够独立作上帝看为好的决定。常有父母对我说，他们十多岁的孩子交异性朋友，荒废学业。应该做的是预先教导孩子进入婚姻要先“离开”的真理，就可预防他荒废学业的问题了。

“人要离开父母，与妻子连合，二人成为一体。”

有一位男子，当被问到为什么要结婚时，他说：“要得到肉体的欢乐”。当时把在场的女子都吓坏了！

所以，性教育如果只是教孩子怎样满足性欲，那就注定要失败。因为，性的功能，必须在创造者整体的计划设计里面进行，才能得到原来“好”的结果。既然性的功能必须在婚姻的范围里面发挥，性教育就必须教孩子如何预备建立正常的婚姻。什么是正常的婚姻？不是我的意见，也不是我们历史悠久的民族的意见，乃是创造者的旨意。我没有权说“这不好，我不同意”，创造者没有问我的意见，祂告诉我们祂的设计，要我们听从以得福。不听从的话，就是违反了祂的设计，当然惹祸，而且后果自负。

（一）离开

我们照着圣经的教导，预备孩子有一天要离开父母，能够独立，才能谈到结婚。这样，孩子知道自己的责任，不会太早交异性朋友;也不会交些使他荒废学业的朋友。他知道他要进入婚姻之前,先要能够经济独立,感情独立,思想上也能作合乎上帝标准的决定,他会往这独立的方向进步。我们为父母的,也会往建立他能够独立的方向训练他,我们不会说:“真麻烦,要等到什么时候他才长大!”我们会说:“时间过得太快了,只怕不够时间教导他,训练他,让他能够独立。”我们不会说:“找个托儿所,让他学习独立,我才能做我喜欢做的。”我们会说:“感谢上帝,孩子这么喜欢和我在一起,我才有机会以上帝的标准教导他。”

孩子小的时候,不要把他推开,要照着上帝的计划训练他成为虔诚的后裔。孩子大的时候,要放手让他离开,组织新的家庭单位。这些观念,我们一面讲一面实行,也就是在训练孩子,不但自己照做,将来也传给他的孩子:“你在许多见证人面前听见我所教训的,也要交托那忠心能教导别人的人”(提后 2)。

我们传给孩子的真道,要训练他们到一个程度,叫他们不但能够守住,还要教导下一代,这样我们才是完成责任。“你从我听那纯正话语的规模,要用在基督耶稣里的信心和爱心,常常守着”(提后 1);“使将要生的后代子孙,可以晓得,他们也要起来告诉他们的子孙,好叫他们仰望上帝,不忘记上帝的作为,惟要守他的命令”(诗 78)。

(二) 连合

婚姻的建立,不但先要离开,也要连合,与妻子连合,要连合就必须是可以也能够连合的对象。“你们和不信的原不相配,不要同负一轭;义和不义有什么相交呢? 光明和黑暗有什么相通呢? 基督和彼列(撒但的别名,无价值之意)有什么相和呢? 信的和不信的有什么相干呢? 上帝的殿和偶像有什么相同呢? 因为我们是永生上帝的殿。”(林后 6)要连合,必须要相配,同负一轭,相交、相通、相和、相干、相同。教导孩子,婚姻是从灵、而魂、而体的连合。

灵命方面要相配,常常看到姊妹或弟兄,虽然是和“信主的”结婚,但是因为灵命的程度不相配而不理想。灵命的操练和程度,对真理的认识和实践，要相近相配，才容易连合。请上帝（我们为孩子祷告，也教导孩子自己祷告）为他预备一位和他一样，完全信任上帝的话，喜爱上帝的话，照着祂的话来生活，以基督耶稣的心为心的配偶。千万要小心，不要找自作主张、骄傲自专、自以为是的人。这种人虽然自称是信主的，其实还未明白信主的意义。

魂方面要相配，性情、背景（特别是家庭背景，父母如何教导对方，家人的沟通方式等）、教育、思想方式、兴趣等，越多共同点（当然是符合真理的）越好，越容易连合。其中必须有共同的看法，包括对钱财的看法，对教养儿女的看法和对双方父母孝敬的看法。我特别提这三样，是因为我的经验中，夫妻有问题，常常是在这三样上有不同看法，几乎都是在婚前没有先处理这些方面，以致婚后带来很多不理想。

（三）一体

二人成为一体，当然也是指性的关系，“身子不是为淫乱，乃是为主”，“岂不知你的身子是基督的肢体吗？我可以将基督的肢体作为娼妓的肢体吗？断乎不可！岂不知与娼妓联合的，便是与她成为一体吗?”因为主说“二人要成为一体”，“你们要逃避淫行，人所犯的，无论什么罪，都在身子以外，惟有行淫的，是得罪自己的身子，岂不知你的身子就是圣灵的殿吗？……因为你们是重价买来的，所以要在你们的身上荣耀上帝”（林前 6）。

身子的圣洁是上帝看为多么重要的事！这也是为什么魔鬼特别攻击我们这方面，要教导我们的孩子，魔鬼是多厉害，多狡猾。上帝的话是不能打折扣的，祂说“不可奸淫”就是不可奸淫，没有所谓“新潮流”，“时代不同了”，“总有例外吧”，“情不自禁”等借口。有一次，在一本基督教刊物上，读到一篇回答一位读者“什么情况下未婚可以有性行为?”的文章，编者回答说：“必须要彼此真正相爱。”我觉得又伤心又失望！就好像有人问说：“什么情况下可以由摩天大楼顶楼跳下去?”回答说：“必须要真正赶时间。”上帝的律不可以有例外的。物质上的律如此，属灵的律也如此。

常常听见有基督徒说:“不要那么紧张啦,某某姊妹不是和未信者结婚,你看她丈夫现在不但信了主,而且热心爱主呢!”这像什么呢?“不要那么紧张啦,某某人不是从三层楼跳下来吗,你看他不但没有死,连腿也没有断呢!”把上帝的怜悯和恩典当作放纵违背上帝命令的理由!

听到这类的话时,要分析给孩子听,叫他了解上帝的命令是要保护我们,叫我们得福得生命,不可以违反,不可以打折扣,不能说“这情形特别”或“这个人特别”,如果我们违反上帝的命令,就如违反上帝所造物质上的律一样,从三层楼跳下来,后果自负。

## 二人成为一体

孩子未届青春期,就应帮助他们了解婚姻是“二人成为一体”。而“二人成为一体”又是什么意思呢?

一位临产期快到的妻子告诉我们:“我知道怀孕期间心情应该愉快,但是我一直都不愉快。我丈夫以为生产没什么大事,到时间我可以自己开车去医院。我觉得他不关心我。”

如果那位丈夫了解“二人成为一体”的真理,他就会关心妻子,两人一同面对将要来临的大喜事,和妻子一同愉快地等待,关心妻子的心情和身体的健康。

一位孕妇说:“有时候我觉得腰疼,我只是稍为讲一讲我腰疼,并不是什么都不做,但是丈夫还骂我虚弱,说他妈妈生了好几个孩子,也没什么埋怨。”

有一位妻子说:“结婚之前我以为丈夫疼爱我,但是结婚之后只有开头一点时间我感到爱。后来,丈夫把钱抓得紧紧的。他说,钱是他赚的,所以要由他来管。他每个月给我的仅够家用,我没有银行账户,没有支票,也没有信用卡。我现在只想赶快学懂英文,去找工作赚钱。”

另一位说:“丈夫要我节省家用,我连他的收入多少也不知道,怎样知道如何节省呢？家里的经济情况我全不知道。现在我决定把孩子放在托儿所，去打工了。”

“二人成为一体”最明显和容易了解的，就是物质方面。就像每一个人，是一个个体，一个单位。虽然每一个人都是一半爸爸一半妈妈的遗传基因组合的，但是你不是你爸也不是你妈，你是另一个个体，另一个单位。爸妈各一份的基因已经成为一体了。既是一体就痛痒相关，不再分彼此了。你的东西也是他的，他的也是你的。一起建立这个新单位、这个家。钱，无论经谁的手带进这个家，都是属于这单位的。碗，无论经谁的手洗的，都是服事这个家。有的时候，二人分工合作，做不同的事情。外面的钱经过其中一人进入这个家，但是仍然是属于这个家的。有的时候，为了财务上的方便，夫妻用不同的银行账户。但是，他们仍然要了解，所有的物质都是共同属于这成为一体的二人的。今天的社会，看钱等于权。在家里也是一样，有收入就有权：“你听我的，不然不给你钱。”因此，有多少家庭因为钱被破坏，有多少应该留在父母身旁的小孩子，因为钱被牺牲！

孩子的性教育，一定要包括正确的观念——二人成为一体。我们一方面要解释，一方面要实行。如果你自己无法实行，你也要把正确的观念教给孩子。从正面的例子，他可以学到榜样，从负面的例子，他可以学到警戒。让孩子在没进入婚姻之前就知道什么是正确的婚姻观。如果连最简单明显的物质都不是“二人成为一体”，那其他比较抽象的，如心灵、心理、感受、思想、感情，就更谈不到“二人成为一体”了！

“丈夫也当照样（基督的榜样）爱妻子，如同爱自己的身子，爱妻子，便是爱自己了。从来没有人恨恶自己的身子，总是保养顾惜，正像基督待教会一样，因我们是他身上的肢体。为这个缘故，人要离开父母，与妻子连合，二人成为一体。……你们各人都当爱妻子，如同爱自己一样，妻子也当敬重她的丈夫。”（弗 5）

只有这样照着创造者的计划，才能有美满的家庭，美满的性关系。性行为本身，如果不在上帝的计划里，并不能带来美满，只会带来失望、挫折、利用和被利用的感觉。不少夫妻的性关系不美满，不是身体的问题，而是心灵的问题。身体的性关系，像其他世上的事物一样，都要过去。“这世界，和其上的情欲，都正在过去，惟独遵行上帝旨意的，是永远长存”(约壹 2)。但是，爱，却是永不止息的。

“二人成为一体”，在教养儿女的事情上也是必要的。进入婚姻之前，要先晓得教养儿女的原则。简单来讲，一方面要按真理来爱儿女(林前 13)，一方面又要不惹儿女的气，只照着主的教训和警戒养育儿女(弗 6)。跟夫妻关系有共同点，也是所有人际关系的中心法则——不是自作主张，乃是“照着主”。作儿女的是“在主里”听从父母；作父亲的是“照着主”的教训和警戒；作丈夫的是“正如基督”爱教会，为她舍己；做妻子的视自己的丈夫“如同主”。人际关系的最主要原则：“存敬畏基督的心，彼此顺服。”要是父母要求儿女听“我”，丈夫要求妻子听“我”，主人要求仆人听“我”，我们就大错特错了。把“我”看为标准，则是人类的基本问题——把自己当作创造者，自作主张，“便如上帝能知道善恶”——小心，这是魔鬼的话(创 3)。

不久之前有一位妈妈说：“我们要孩子顺从上帝，就要训练他顺从父母；顺从父母的权威，才能顺从上帝的权威。”乍听起来，好像是对的，其实是错的。我们应听从的只有上帝，不是人。父母要小心传说上帝的真理，所以儿女听从的是上帝，不是人。因为上帝不会错，人会错。那位妈妈说：“但是，圣经没有告诉我们日常生活的细节应怎样做。”其实，圣经有告诉我们哪些是我应知道而遵从的：“惟有明显的事是永远属我们和我们子孙的，好叫我们遵行这律法上的一切话。”(申 29)

所以我说：“请你举一个例子。”她说，“比如孩子要去参加一个派对，我不要他去。所以要他学习顺从我，以后才能顺从上帝。”圣经虽然没有提到这个(派对)，但圣经有告诉我们交朋友的原则。

我们可以借这种机会，训练孩子如何应用圣经的原则。在合乎真理原则的情况下，还教他时间的处理，以达到“良善”和“忠心”的标准。我们虽是照着上帝的形像被造的，但我们是被造的，我们不是上帝，不是创造万物者。这观念要很清楚，也要传递得清楚。要不然，差之毫厘，谬以千里！

## 二人和两家

婚姻不但是二人的事，也是两个家庭的事。

教导孩子有关性的问题，必须教导他，性的功能，只能用在婚姻里头，因为这是造“性”的主宰设定的。就像汽车用汽油，但汽油本身虽是没错，是好的，还是必须照着造车者所设定的，放在油缸里头，才不致把车子烧掉。因此，我们也必须教导孩子什么是正常的婚姻——造婚姻的主宰所设定的。一方面，虽然“人要离开父母”才能与妻子连合，二人成为一体。但是，同一位主宰也要人孝敬父母，而得特别的福气。因此，这两方面是没有冲突的。只是某些文化中的孝敬是不可离开的意思，所以认为这两方面有冲突。其实，孝敬是看父母为有价值的意思。但不是当父母是上帝，唯命是从。选择对象时也要考虑对方的家庭，是否两家可以愉快地成为姻亲。信主的家庭与信主的家庭，应有较多的共同点。

我们都是个人家庭的产品。你会发现，很多的夫妻问题是因为个人的家庭背景太不同而造成的。我们的儿女需要知道这些事实，才不会以为家庭背景不重要，只要二人感觉“彼此相爱”就可以结婚。这方面父母可以让他们了解，上帝设立父母，是要保护他们；他们要认真考虑父母的意见，重视父母因经验所得到的智慧。儿女要留意，才不致以为父母已经落伍了，不了解这新时代。所以，原则上儿女的婚姻要经过父母的许可和同意。

“二人成为一体”，也包括接纳彼此的父母和孝敬彼此的父母。当然，不是从小在一起的话，不会有同样的亲情。所以，为父母的，不必要求媳妇和女婿与自己,有儿女与自己同样的亲情。但是,起码理智上是接纳和孝敬对方的父母。新的家庭单位,对双方的父母亲,要同样地表达孝敬。如果经济许可或有需要的话,也要同样地供应双方家长。所以,“人要离开父母”并不是不孝敬的意思,而是经过“离开”、“连合”和“成为一体”,才可以真正地一同孝敬父母。

当我们帮助儿女了解婚姻的真义,婚姻的复杂和婚姻的严肃性时,儿女才会郑重其事,不把性关系当儿戏,不敢违反创造者的设计而害己害人。性关系不能随便,不像买东西,不满意可以拿回去换;不像事业,没兴趣再转另一行。所以,鼓励儿女为婚姻祷告,“因为这上帝永永远远为我们的上帝,他必作我们引路的,直到死时”(诗48)。

“谁敬畏耶和华,耶和华必指示他当选择的道路。耶和华与敬畏他的人亲密,他必将自己的约指示他们。”(诗25)

“耶和华啊,我仍旧倚靠你,我说,你是我的上帝。我终身的事在你手中。”(诗31)

“当时夫妻二人,赤身露体,并不羞耻。”(创2)

上帝原来设立的婚姻,是二人坦然无忌。因为是二人成为一体,不怕对方会对自己不利,所以可以坦诚相见,无须隐藏遮掩,心身灵合一。夫妻是最知己的朋友。

## 教训和警戒

圣经中不但有教训,也有警戒,要我们小心,不要上当。所以,给孩子的性教育,也要加上帝的警戒。今天的性关系为何混乱?家庭为何不美满?夫妻为何反目?都是因为人不听从创造者的话。为什么不听呢?因为不小心,不负责任,或不知道。

在当初那愉快舒服的伊甸园中,狡猾的蛇(那古蛇,又叫魔鬼,也叫撒但——与上帝作对者),放了一个问号在人思想中。对创造者的“爱”和“话”有了一个问号。

“上帝岂是真说。”

“你们不一定死。”

“你们便如上帝。”

上帝的警戒要我们留意祂的话，不要增减，不要修改。魔鬼选择夏娃下手，夏娃被引诱，对上帝的爱先有了疑问，再对上帝的话有了疑问，于是就上当了。魔鬼还是用这古老的办法，因为还很“有效”，人类还是上当。我们必须警戒儿女，不要上当。

今天还有很多人说：“要是上帝爱我，为什么这事情会发生在我身上？”

上帝的话，我们可能不了解，但千万不要自作聪明。不要以为小事情不重要，可以用自己的“学问”来解释。比如说：创世记第一章创造的记载，上帝的话说祂六日造成。

“上帝看着一切所造的都甚好，有晚上，有早晨，是第六日。”我们可能不了解上帝怎样六日可以造天地万物，但是我们千万不要自作聪明说：

“六日是六个时期吧。”或是：

“是六千年吧，上帝看千年如一日，一日如千年。”或是：

“科学证明宇宙已有几十亿年历史，六日一定不对了。”

要晓得，是上帝知道还是我们知道？是上帝聪明还是我们聪明？宇宙之始是上帝在场还是我们在场？科学只能研究现在发生的事情，却无法知道过去，更谈不到证明时间过了多久。

“约拿在大鱼肚子内可能也不是三天吧？”

“耶稣是真的死后三天复活吗？”

魔鬼就是用这方法，叫我们怀疑上帝的话。由看起来好像无伤大雅的事情开始。

“现在科学昌明，我们知道有些人，生来是同性恋的，他们也都是很好的人。”是这样吗？上帝的话说：

“人若与男人苟合，像与女人一样，他们二人行了可憎的事，总

要把他们治死，罪要归到他们身上。”（利 20）

“……变为逆性的用处……欲火攻心，彼此贪恋，男和男行可羞耻的事，就在自己身上受这妄为当得的报应。”（罗 1）

请我们不要替上帝大方，这些警戒都要教导儿女。夏娃的问题是自作主张，以为可以如上帝，自己规定善恶的标准。结果上了魔鬼今天还在用的诡计：

“好作食物，悦人眼目，使人有智慧”——肉体的情欲，眼目的情欲，今生的骄傲。

亚当的问题也是自作主张，上帝告诉他“只是分别善恶树上的果子，你不可吃，因为你吃的日子必定死”。

但他不以为那么严重。上帝给他的责任之一是要看守他的家，但他任凭魔鬼引诱他的妻子，没有照上帝的吩咐，当机立断，服事看守他的家。

今天，多少做丈夫的也像亚当，没有看守他的妻子！可能，连危险进来也不知道。多少人也像夏娃，和魔鬼聊聊天无所谓吧！

“耶和华啊，你的话安定在天，直到永远。”

“你的命令常存在我心里，使我比仇敌有智慧。”

“我将你的话藏在心里，免得我得罪你。”

“少年人用什么洁净他的行为呢，是要遵行你的话。”（诗 119）

## 恋慕和管辖

创造者原来所设立的美满的夫妻关系，现在为什么有这么多问题呢？孩子在年青未开始交异性朋友之前，若先知道其原因，则可以避免问题的发生。

（一）恋慕丈夫

本来应该是和谐——二人成为一体，坦诚相对——的关系，因为人的自作主张、自我中心和自定标准而成为不和谐。圣经告诉我们，这种不和谐的表达，妻子变成“恋慕”丈夫，丈夫变成“管辖”

妻子。“恋慕”一词,乍看起来,好像是好的,但是,这词和创世记4章“罪就伏在门前,他必恋慕你”是同一词,我们就知道这是不好的。妻子现在变成用尽办法缠着丈夫,丈夫变成管辖妻子。这是否我们常见的现象呢？所以,这种现象是不理想的,是“病态”。“不理想”,圣经的用词是“罪”——没达到标准。因为罪,和谐美丽的关系破坏了:夫妻关系变成缠住和管辖,生养的祝福变成苦楚,治理这地的祝福变成终身劳苦。女人更是有额外的伤害,因为魔鬼和女人彼此为仇。这些不理想的现象我们每天都见到。女人特别被伤害。原来特别计划给丈夫疼爱的,现在常被丈夫虐待。在我们这时代,加上进化论的物竞天择,弱肉强食,更有“理由”欺负女人了。可怜这些欺负女人的,其实是被魔鬼所利用而已！

更可怕的是,上帝的话句句都必应验,必定死就必定死！

但是,感谢主！就在上帝宣布审判的同时,上帝也宣布了救赎的计划:女人的后裔必压碎魔鬼的头。但是女人的后裔也要付上代价,因为魔鬼要压碎他的脚跟。今天,正常的基督徒家庭,不必要生活在病态中,而是可以得到救赎,重新有希望在主耶稣的救赎里,活出上帝原来的心意。这也是为什么给孩子的性教育必须教他,上帝原来的设计是怎么样的,他才能往那对的方向去进步。

当你的家庭继续每天和孩子一起读圣经的时候,你就继续有机会用婚姻的真理教导孩子了。圣经也有好多例子,有些是正面的,有些是负面的,尽量提醒孩子这些真理。比如:

挪亚是负责任的丈夫和父亲,因他使自己与上帝同行,照上帝的标准:“挪亚就这样行,凡上帝所吩咐的,他都照样行了”(创6)。但是,挪亚的生平也带给我们警戒。因为,当他生活安定之后,他就放松了——醉酒(创9)。

有“信心之父”之称的亚伯拉罕,竟也被当时文化影响而娶了埃及人夏甲,带来这四千年来中东的战争和仇恨(创16)。

罗得“渐渐挪移帐棚,直到所多玛。所多玛人在耶和华面前罪大恶极”(创13)。近墨者黑,带来家破人亡。

以撒的妻子利百加是谦卑慈祥的女子(创 24)。但后来因偏爱雅各,不信任上帝,自作主张而与爱子长别(创 27)。

既然女人缠住丈夫是不正常,是犯罪之后病态的关系,我们教导女儿有关衣着和化妆也有方向了。一方面不是把自己弄得难看或是不修边幅,另一方面也不是花枝招展,故意惹人注意,或是奇装异服,招摇过市。衣着和打扮都是在告诉人家你是怎样的人,换句话说,是一种"告示"。你要人家认识你是怎样的人?我们要人家认为我是正经的人,我的衣着打扮就应是正经的。我要人家以我为怪人,那我就穿得怪里怪气的。我要人家看我是放荡的人,就穿放荡的衣着。这其中,当然有时代和文化的因素,但这些因素还是在上帝的范围里头来实行的。

既然身子是圣灵的殿,这殿是要圣洁的,所以衣着要避免惹人起淫念,而是要有正经正统的表现。不过,因时代和文化不同,所谓的正统可能有些不同,这一方面则不必固执。比如说,今天有些文化认为穿长裙子是很合适的,有些认为裙子要盖膝盖才可以,有些认为短一点也可以,有些认为穿长裤了才正经,有些认为穿长裤子不正统大方……圣经没有指定的"规矩",所以在"凡我行的,都是为福音的缘故,为要与人同得这福音"的大前提之下,可以照上帝给我们的智慧和当代的接纳,在衣着和打扮上给人家看出我们是圣洁属上帝的人。

孩子对上帝的信任和正确的自我形象,自然在上帝造他们的外表上显出美丽的光彩。因为,上帝造的本来就是美好的。加上,外表的美比不上内心的美。"不要看他的外貌,和他身材高大,我不拣选他,因为耶和华不像人看人,人是看外貌,耶和华是看内心"(撒上 16);"你们不要以外面的辫头发,戴金饰,穿美衣,为妆饰,只要以里面存着长久温柔安静的心为妆饰,这在上帝面前是极宝贵的"(彼前 3)。

(二) 管辖妻子

丈夫管辖妻子也是罪的后果,不是上帝原来的心意,所以也是病态。因此，我们教导儿子，要尊重女性，要爱护比他柔弱的。他如果身体健康，肌肉发达，并不是用来逞强的，不是用来挥拳捋袖，乃是以谦卑的心向创造之主感恩，并以祂所赐的遵行祂的旨意，帮助他人。男孩子温文有礼，关怀他人，柔和谦卑，是正常的。整天要打人要骂人，要其他孩子怕他，要管辖他人，那才是不正常的。一位女孩，交了一位中学同学。那男同学是足球健将，生得高大强壮，肌肉发达。婚后，丈夫常借酒打人，打得妻子遍体鳞伤。酒醒后又后悔，请求妻子饶恕，如此反复多次。妻子每次不但饶恕他，而且认为一定是自己不好，才会被打。

另一位妻子："我们是公证结婚的，应该填好了结婚证书寄给政府。但是，丈夫说他去办，结果他没有寄去，他说撕掉了。我现在没有证书，也没有身份。当然也没有银行账户。我们买房子的时候丈夫说他签名就可以了，我坚持我也要签，不过我签了什么，我也不清楚，这些文件在何处我也不知道。我丈夫管理一切。虽然我实在不懂得那么多，但是什么都是他管，我什么都不知道，又觉得好像不大对。"

是的，这些都是不正常的，是病态。因为，爱不是拥有对方，缠着对方，也不是管辖对方。"爱是不求自己的益处，爱是不加害与人的。凡事都不可亏欠人，要常以为亏欠"（林前13，罗13）；"爱里没有惧怕，爱既完全，就把惧怕除去"（约壹4）。

## 忍耐又有恩慈

真实的爱是稳定可靠的，是不自私的，是依从创造者的真理的。

我们熟悉的一段经文，可以帮助儿女审核，他认为的爱是否真实的爱。我们的儿女要自己操练真实的爱，从家里做起。以后交朋友，也知道对方是否实行真实的爱，才不致以假乱真，婚后才发现那只是一种感觉，不是真实的爱。

感觉可能一时觉得愉快，但感觉不能持久。如果要的是终身的幸福，就必须有真实的爱。爱是恒久忍耐又有恩慈——有忍耐，不发火，不急性，不要随便反应，不要好像人身体的反射作用：用小锤子敲敲膝盖，脚就向前踢。爱是可以忍受刺激的，不是刺激一来就有反射作用。不能忍受刺激就是不成熟，也不是爱的表现。

一个不能忍耐的人是十分难相处的。这种人，不论他有多少其他可取的个性或成就，也只可以"相见好"，因为"同住难"。爱，不但要忍耐，还要加上有恩慈。恩慈不但是温和愉快，更是有用的，合用的。是积极的，不是消极的忍受，乃是积极的对人有用，合用，有帮助的。

一位丈夫说：我醒来的时候，好像听见妻子说她下午四点要去某处，我就问她："你刚才是否说，你下午四点要去某处？"

"没有啊！我没有说，是你自己胡说八道，真冤枉人。"

"我只是问一问你，你就这么生气，还要骂人，是不是心里有鬼？"

就这样，又吵了起来！爱，无法表达出来。让我们来分析一下。

1. 丈夫的一句问话可能带给妻子某种刺激。她如果只是温柔地回答说，"我没有说"，就停止了，可能就不会带来以下的不愉快。回答的话是否有建造性，是否对人有用、有帮助呢？如果不是，也就不要说了。

2. 妻子回答之后，也带给丈夫刺激，他是否可以忍耐，不做以上的反应，或说"对不起，可能是我在做梦吧！"这样也息事宁人。因为是忍耐加上恩慈。

3. 第三句之后，场面更加紧张，火药味甚强。如果妻子温柔地靠近丈夫，带着笑容亲亲他，说"四点我不用出去，但是三点时我得去接孩子回家"。爱就传递了。忍耐又有恩慈。

很多时候，我们说："我才不要吃亏，他逞强吗？我比他更强，我们就拼一拼，看谁强！"可惜啊，结果是两败俱伤，只有魔鬼在旁边拍手叫好，火上浇油！你的孩子见到夫妻关系是怎么样的呢？我们是否以身作则，给他们正常的爱的表达。我们自己的夫妻关系，就是以行动表达的"性教育"。其实夫妻真正所要的是爱，而爱的行动，是在被冤枉或损害时，有刺激或疼痛时，以忍耐和恩慈回应。伸冤在神，放心交给祂，顺服祂的话。

如果我们的孩子长大了之后，要结婚的话，他/她必须了解，和另外一个人生活在一起，一定有刺激。比如说，一个人自己住，随便他什么时候睡觉，什么时候起来，都无所谓。我自己一个人住的时候，有时喜欢晚上夜深做事情，因为比较容易专心。但是，如果一有另一个人在家，则我要想想会不会吵到他，要不然，就会带给他不必要的刺激。如果我喜欢早上迟起床，天将亮之前才是睡得最甜，而另一位则一大早起来做事情，也一定会带来刺激。又比如，吃东西的习惯：你喜欢清淡的食物，他喜欢多油又咸又甜又辣的食物。他觉得照你喜欢的，对他来讲是淡而无味，难以下咽。对你来讲，他喜欢的根本吃不下去。这些似乎是日常生活中无关重要的小事，但是，如果不习惯先恒久忍耐，然后加上恩慈，就会活不出爱来。孩子看见父母每天的相处，自然就养成了习惯。每天的日常生活中，多多少少会有刺激，父母亲如何处理这些刺激，就直接教导了儿女如何处理。

我在排长龙，等待过境的时候，旁边的长龙有一位母亲，带着她的孩子，看来大概六七岁吧。母亲告诉孩子，等一下过了境要他做某事，孩子问"什么是境？""不要讲那么多话！"母亲责备他。孩子不讲话了。我心里很难过，孩子问的问题是十分合理的，但是母亲觉得是一种刺激，就不耐烦地责备他。我真想过去给孩子解释一下什么是"境"！这个孩子学到的就是不耐烦。不耐烦时就以不好听的声调和语气说话。母亲无疑是爱孩子的，但如此这般的教导，无意中教了孩子以同样不耐烦来对待他所爱的人。多少夫妻不懂得谈情说爱，因为他们从来没有见到父母亲谈情说爱。他们看到的只有电影中未婚男女谈情说爱，而且，那种爱又常是不正常、自私、情欲的“爱”。

让我们求耶稣基督教导我们真实的爱。

圣灵所结的果子以“爱”开始，只要我们顺服圣灵，我们就可以学习了。让孩子们见到正常的夫妻生活，是在爱中恒久忍耐，又有恩慈。

## 谦卑与认错

“怎么两个孩子给你管，管成这个样子！”

“我一个人要处理那么多事情，北美的孩子又难管，不听话，每次你来了，只会骂我们，你自己不来管管看。”

“你想我没事做吗？难道不是为了你们，让你们在北美过舒适的生活，我一个人孤孤单单，赚钱给你们享用，只叫你好好管两个孩子念书，你连这也做不到，还要怪我！”

“呜……呜……”

我们发现夫妻之间常有彼此责怪的情况，这会带来夫妻双方面的痛苦，也会带来婚姻的不满和破裂。我们当研究一下原因何在，才知道怎样教导儿女，让他们将来的夫妻关系正常化。美满的性关系是建立在美满的夫妻关系上的。有一对夫妻，要我们帮助他们，解决十六七岁儿子的问题。他们的儿子最近交了一个女朋友，是他们夫妻二人都不赞同的，希望我们叫他们的儿子不要与那女子来往。当我和这位母亲交谈的时候，我发现问题不单是儿子交友而已，而是全家人沟通的问题。当我们继续交谈的时候，她告诉我，不但夫妻之间的性关系不和谐，她根本就不要和丈夫在一起，她十分厌恶丈夫亲近她，一想起就想吐。这种反应和描写我听过不少，我猜想可能是有原因的。

“你丈夫做了对不起你的事吗?”我问。

她开始哭了。

常常，因为夫妻之间有问题，儿女感觉到家中没有爱。虽然父母都爱儿女，但是，因为夫妻之间的问题没有解决，不知不觉间，传递给儿女的是怨、是恨、是苦毒、是不满。儿女在家中得不到爱，就会往外面去找爱。但是，因为没有见到正常的爱情，所以也常常进入不理想的情爱关系。

怎么办呢？夫妻有彼此对不起的事情发生了，要懂得谦卑，要承认自己的错误，不要责怪对方。比如，丈夫对不起妻子，则要单纯地承认自己的错，不要找借口："是因为你怎么样，所以我才这样"。这种态度不是谦卑的态度，也不是真诚的认错。对方觉得丈夫不是真诚的谦卑和认错，也不愿意赦免和原谅，结果是把怨恨藏在心里。但是，怨恨是藏不住的，它会在各种情况下抬头，家里的气氛就不是爱，而是恨了。

要帮助儿女将来建立正常的婚姻关系，则要从小教导他们谦卑和认错。世人谁无错？圣经说："没有义人，连一个也没有，没有明白的，没有寻求神的，都是偏离正路，一同变为无用，没有行善的，连一个也没有。"（罗 3）你、我、我们的儿女们，也包括在内，都会犯错，所以都要学习谦卑和认错。从小学习，就有机会建立谦卑的态度和真诚认错的习惯。

爱是不自夸，不张狂。自夸的意思是自己夸大。

只有一点点，却将它夸大了。只有一点点对，却将这一点夸大了。把错的地方都挤出去了，自己只有看见自己对的那一点点。张狂是连一点也没有，凭空夸大了。孩子小的时候很容易教，他有错了，我们要慢慢解释，什么错了，错在哪里，为什么错。（要记得，错的定义不是我们决定的，而是创造者定的，创造者告诉我们什么是错的，那就是错的。不是单单孩子不可做，大人同样不可以做。）当孩子了解了之后，我们还要引导他谦卑认错。要引导他谦卑认错最好的方法，就是以身作则，自己有错的时候，谦卑地向孩子认错，然后和孩子商量弥补或改进的步骤。

我的长子在大学进修物理的时候（那时他大概十到十一岁左右），有一天，我清扫房子，他回来之后发现我把他的物理实验结果丢掉了。

“你放在哪里?”我问。

“在进门处,门口的茶几上。”

“喔,是不是一堆乱乱的纸条?”

那堆乱乱的纸条原来是他的物理实验,我实在没想到。我一面抱着他道歉,一面想补救的办法,然后和他商量怎么样可以避免类似的事情发生。就是这样,我家开始有了一个步骤。以后我要清理房子之前一天,我会宣布给全家人,明天要清理房子,请他们自己负责把要的东西收到自己的房间里去,放在桌上或床上。

这个例子,为什么我认错呢?因为我宁愿给孩子占点便宜,当作他信任我,把东西交给我看守(虽然他没有明说,但是当作他以为放在家里就是信托了我),我却把东西弄不见了,所以我有责任赔还。“人若将驴或牛、或羊、或别的牲畜,交付邻舍看守……牲畜若从看守的那里被偷去,他就要赔还本主”(出22)。虽然不完全是我错,但是因为没有预先讲清楚,所以我先谦卑认错。不过,这事发生了之后,我们就有了步骤,以后责任就清楚了。

回到我们前面的第一个例子。儿女有问题的时候,先不要彼此责怪,彼此埋怨、指责。这不是谦卑的态度。谦卑的态度,是先想到自己有什么亏欠,有什么自己做错了的地方,先认自己的错:

“让你一个人在北美,人生地不熟,不但要教养两个孩子,还要处理家里大大小小的事。我没在你身旁,一同教养这两个孩子,实在对不起,我每次想起就觉得过意不去。”他说。

“实在是我英文程度不够,对北美的社会又不熟习,总觉得不知道要怎样教孩子。孩子在中西文化的冲击下,也是很不容易适应。”她说。

“我不能在你身旁教养儿女,把责任全放在你身上,总觉得爱莫能助。”

“在这里找不到工作,我们只好暂时分开,也是我们这代华人特有的问题,实在不得已。让我们想想什么方法,帮助我们在这情况下教养儿女。或者让我们请教一些过来人。”

…… ……

这类的对话，才是有建设性的，存着谦卑的心态，才能看见自己的问题，才能彼此帮助，彼此支持。孩子看见父母彼此支持，彼此鼓励，他们也学到如何相处。

耶稣基督，宇宙的创造者，竟然“反倒虚己，取了奴仆的形象，成为人的样式，既有人的样子，就自己卑微，存心顺服，以至于死，且死在十字架上”(腓 2)。但是，我们本来就是被造的，不过是人，却常常不肯谦卑，真奇怪！难怪我们生活不安宁。主耶稣说：“凡劳苦担重担的人，可以到我这里来，我就使你们得安息。我心里柔和谦卑，你们当负我的轭，学我的样式，这样，你们心里就必得享安息”；而且，主给我们的不是难的事，因为“我的轭是容易的，我的担子是轻省的”(太 11)。

让我们用柔和谦卑的态度，以长久忍耐的心，教导儿女从小事情做起，学习谦卑与认错的习惯，也教导他们选择谦卑而能认错的朋友。

## 不作害羞的事

一位无忧无虑的少女，一向有好多朋友，过着欢乐的生活。日常生活中最大的“问题”，就是父母不喜欢她电话用不停，花很多时间在计算机上写电讯，晚上出去太多，特别是周末和朋友出去玩，太迟回家，常常因为几点要回家和爸妈吵。

突然间，有一天，她发现自己怀孕了！这就如一道闪电，全身触电了。生活全乱了，不能再无忧无虑地过活了。千头万绪，突然不知如何处理，不知何去何从。很多少女就把这孩子杀死了，她或者以为堕胎不是谋杀。这孩子如果不是自然流产，自然死亡，而是有人故意使他死亡，那就是谋杀了！不论世上的法律是否定她的罪，她还是有罪。因为，最高的审判者明明说这是杀人的罪。这位少女的一生，是否从此被这可怕的阴影笼罩着呢？

试想，一个母亲，把自己学前年龄的儿子杀死了，她的一生，是否逃不出这罪行的后果呢？就算世上的法庭判她是神经病，不要她服刑，她能真正逃避良心的责备和后悔吗？以堕胎杀死无辜的婴儿，流无辜人的血，以求解决未婚怀孕的问题，真能逃避问题吗？为什么有这么大的问题呢？原因常是因为做了害羞的事。

什么是害羞的事呢？中华民族一向有一个理想，就是："真、善、美"。圣经说："凡是真实的，公义的，清洁的，可爱的，有美名的，若有什么德行，若有什么称赞，这些事你们都要思念。"（腓 4）爱情和爱情的结晶——怀孕，本来是美善的，但是如果不是遵从真理，就变成又丑恶又可怕又可怜。未婚怀孕的少女，常常以为她们爱对方，对方也爱她们。她们以为未婚时的性行为是爱的表达，她们以为这样行可以担保彼此的爱。但事实上，刚刚相反。不遵从创造者所定爱的定义，不但不能表达爱，而且带来的只是害。

今天的社会，无论所看所闻，都充满了色情。电影故事常常把婚外情和婚前性行为宣扬为伟大的爱，这是上了魔鬼的当。要知道"魔鬼"就是"反对者"，"抵挡者"。反对谁，抵挡谁呢？反对抵挡宇宙之主，你我的创造者。所以，魔鬼一心一意要破坏上帝美善的设计。上帝创造的中心是人，而给我们最美善的第一项关系，就是男女的爱情和结合。魔鬼则刻意地要破坏这美善，而带来痛苦、丑恶和死亡。我们为父母的，要耐心地叫儿女明白天父的美意和魔鬼的恶谋："肉体的情欲，眼目的情欲，今生的骄傲"（约壹 2）。从孩子小的时候开始，清楚地教导、帮助他们画界线，以防止魔鬼随时的攻击和试探诱惑。不是做糊涂人，乃要知道现今的世代邪恶，魔鬼知道自己的时间不多，尽其力量要引诱更多人和他一同沉沦。我们不但要谈论，而且是殷勤地谈论，我们自己也要小心，"所以自己以为站得稳的，须要谨慎，免得跌倒"（林前 10）。

孤男寡女的相处是十分危险的事情，请耐心温柔地教导儿女。不是单单教导女儿，儿子也是一样。因为，上帝的律法（设计者所规定的)是给男也给女的。违反上帝的律法,必定死。不是因为女的会怀孕,所以带来严重的结果。男的不能怀孕,但是违反了上帝“不可奸淫”的律法,同样是死的罪。我们的社会把责任推在女性身上,其实男女同样要负责。无论女儿或儿子,都要教导他们不做害羞的事。

夫妻之外,有亲密的行动,引起肌肤进深接触的情绪,甚至引起性的欲望,都是属于害羞的事。不能见天日,不能叫你在父母面前,觉得荣耀的事;或是在将来与你结婚的人面前,不叫你光荣的事,都属于害羞的事。“身子不是为淫乱,乃是为主,……岂不知你们的身子是基督的肢体吗,我可以将基督的肢体作为娼妓的肢体吗?断乎不可!……你们要逃避淫行。人所犯的,无论什么罪,都在身子以外,惟有行淫的,是得罪自己的身子。岂不知你们的身子就是圣灵的殿吗?这圣灵是从上帝而来,住在你们里头的,并且你们不是自己的人,因为你们是重价买来的,所以要在你们的身子上荣耀上帝。”(林前 6)不荣耀上帝的事,就是害羞的事。

告诉我们的儿女,如果有人以爱为借口,要做害羞的事,那人根本不知道爱是什么,不知道爱的行动是什么。因为:“爱不作害羞的事”(林前 13)。如果女孩子遇到这类情况,要立刻离开,不要听他的“理由”和甜言蜜语。他根本不懂何为爱,与他在一起只会被伤害。真正的快乐是一生真正的爱,一生恩爱的夫妻生活才是真正的快乐。真正的爱是从爱的源头来的,上帝就是爱。当祂说“爱不作害羞的事”时,祂给了我们分辨真爱与假爱的标准,给了我们分辨的知识。

最近有一项可悲可怕的新闻,一个男人和第一任夫人结了婚生了孩子,又“爱”上另一个女人。这女人也是有夫之妇,她也“爱”上那有妇之夫。结果第一任夫人被杀害,男人得了人寿保险公司的保险金,他的新欢也与丈夫离婚,和那男人结婚。现在,男人把第二任夫人和孩子都杀死,然后自杀,遗书说他这样做是因为“爱”妻儿!这整件事当然是悲剧,但我不能不问,那第二任夫人是否自讨苦吃呢？有妇之夫与她（有夫之妇）有私，两人都做了害羞的事。第一任夫人被谁杀害，还糊里糊涂，怎能不有戒心？常常，有人以为只要这个人对自己好就可以了，他对其他的人怎么样，没有关系。其实，这是十分错误的。一个真正爱你的人，是一个遵从上帝爱的标准的人。“因为爱是从上帝来的，凡有爱心都是由上帝而生，并且认识上帝，没有爱心的就不认识上帝，因为上帝就是爱”（约壹 4）。

亲爱的父母，让我们引导儿女与爱的源头连上，好像与电源接上了，就有能力的供应；我们的儿女与爱之源接上，就有爱的供应。不但知道何为爱，不但有爱之知识，更有爱的行动。有智慧行出爱来，也有能力实行那永不止息的爱。“上帝就是爱，上帝差祂独生子到世间来，使我们借着祂得生，上帝爱我们的心，在此就显明了。不是我们爱上帝，乃是上帝爱我们，差祂的儿子，为我们的罪作了挽回祭，这就是爱了”（约壹 4）。

你的孩子是否已经借着耶稣基督得生？有了生命才能够爱。

## 不同宗教可以谈恋爱吗？

一位妈妈说：“我很希望儿子和孙子到我们的教会来，但是，儿子是和一位天主教的女子结婚，他们婚前约定，彼此尊重对方的宗教，互不干涉，现在她带了儿女去她的教堂，儿子只好也跟了去。”

很可惜，这位妈妈所了解的，只是宗教。你知道吗？圣经从头到尾没有介绍宗教，没有要我们信教，没有叫我们传教，也没有称信耶稣的人为教徒。“基督教”这名称是世人发明的，不是圣经用的名称。为什么呢？

圣经所介绍的是“起初上帝创造天地”。圣经所介绍的是“创造天地”的上帝。因为祂是创造者，所以祂也是立法者——宇宙的法律，无论是物质，是人际，或是属灵的律，都是祂立的。因为祂是创造者和立法者，所以也只有祂才有可能是救赎者。当人违反了祂所立的法律，只有祂才有能力和权柄救赎人。祂为人预备的救法，也才是有效的救法。因为祂也是真正的审判者，只有祂有权柄决定我们是否“及格”。因此，圣经所介绍的是创造者。

中文和合本的“神”或“上帝”，是“大能者”的意思，不是满天神佛的神，也不是“封神”，不是人封的神，不是把以前一些伟大的人物封成神。这位大能者也就是唯一的创造者。为什么动物、植物、微生物都有共同的设计，共同的蛋白质单位，共同的核酸单位？进化论说这是因为“单一次”碰巧(singularity)，碰出了第一个细胞，只有一次，所以万物都从这第一个细胞演化而成。但是，你有没有想过，可能不是这样，可能是只有一位设计者，他的创造有统一的设计。因他统一的设计我们才有食物，因为其他生物与我们有共同的蛋白质单位等，我们才可能吃了对我们身体有用。这位大能者自己介绍为“耶和华”，自有永有者，他就是生命的源头，没有另一位造他的，他既是创造天地万物的，所以他也是万物的主宰。因此，也就划分了人类成为两类：一类是承认他为主宰，一类是不承认他为主宰。信耶稣的人就是承认他为主宰的人。既承认他为主宰，就一生以他为主，跟从他，遵从他的一切命令。“太初有道，道与神(上帝)同在，道就是神(上帝)；万物是借着他造的，凡被造的，没有一样不是借着他造的”；“凡接待他，就是信他名的人，他就赐他们权柄，作上帝的儿女，这等人……乃是从上帝生的”，“道成了肉身，住在我们中间，充充满满的有恩典有真理，我们也见过他的荣光，正是父独生子的荣光”(约1)。接待祂，信祂名——请祂住在生命中作主，信从祂。

既然信耶稣就是接待祂和信从祂，而“恩典和真理都是由耶稣基督来的”(约1)。我们就看清楚，信耶稣的人是信从真理，不信耶稣的人，就不信真理。所以，世上只有两类人：信从真理与不信从真理的。现在我们就能够回答我们开头时发出的问题了。信从真理的人，必须和信从真理的人结婚，因为真理不能妥协；能够妥协的就不是真理了，因此，“信与不信原不相配，不可同负一轭；义和不义有什么相交呢，光明和黑暗有什么相通呢，基督和彼列（彼列是撒但的别名）有什么相和呢，信的和不信的有什么相干呢，上帝的殿和偶像有什么相同呢？因为我们是永生上帝的殿，就如上帝曾说：我要在他们中间居住，在他们中间来往，我要作他们的上帝，他们要作我的子民。又说：你们务要从他们中间出来，与他们分别，不要沾不洁净的物，我就收纳你们，我要作你们的父，你们要作我的儿女，这是全能的主说的”（林后 6）。

上帝，宇宙之主和人类之主，用这么多描写，来告诉我们信祂和不信祂的人有多大的分别。你能想象吗？比如，义和不义能联合成为一体吗？光明和黑暗能联合成为一体吗？当然你说：那是不可能的事！现在我们明白了，一生跟从主耶稣基督的人是不可能和不跟从主耶稣的人成为一体的。但是，上帝的话明明告诉我们婚姻是“人要离开父母，与妻子连合，二人成为一体”（创 2）。

你可能会说，只是交交朋友，谈谈恋爱，彼此享受一下，好玩么，又有什么关系呢？要谈到结婚的话就不会和不信者结婚了。但是，曾几何时，两人的感情带来了一连串的借口。“他人这么好啊，有一天一定会信的”；“他陪我去作礼拜，一定会信的了”；“我对他的爱会感动他信的”；“不需要那么固执了，他快要信了”；“教会里的男孩子没有一个有他这么好的条件，我又不年轻了”。请听上帝的话：“所以你们要照耶和华你们上帝所吩咐的谨守遵行，不可偏离左右，耶和华你们上帝所吩咐你们行的，你们都要去行，使你们可以存活得福，并使你们的日子，在所要承受的地上，得以长久”（申 5）。上帝不是要苦待我们，他所吩咐的是真理，因为只有创造宇宙者才有所有的真理，“你们若常常（长久不断）遵守我的道”，耶稣说，“就真是我的门徒，你们必晓得真理，真理必叫你们得以自由”。上帝是要我们得福，所以要我们遵从真理而真得到自由。因此，我们要耐心地解释给儿女，上帝的爱和真理，他们明白了就会愿意遵从上帝，不致在一知半解的情形下一失足成千古恨。

“某人和不信者结婚，结果不但他后来信了，而且热心事奉主”，不能作为可以违反上帝律法的前例理由。那只是上帝的恩典。故意违反上帝律法是试探上帝。经历不能取代真理。因为不听工厂的纪律而把机器弄坏了，责任是自己的，不能怪工厂。

话讲回来：不同宗教可以谈恋爱吗？当然可以！宗教只是人的哲学，人制造出来的，不是宇宙创造者的真理。既然都不是真理，都可以改变和妥协。甲的宗教和哲学如果不是宇宙的真理，而乙的宗教和哲学也不是宇宙的真理，那么，它们是可能相交和相通的。但是，多么可惜！多么希望他们都顺从那位他们都应该敬拜的。

很多有宗教者都是出于好意，就如保罗在雅典所见到的：“我看到你们凡事很敬畏鬼神，我游行的时候，观看你们所敬拜的，遇见一座坛，上面写着未识之神，你们所不认识而敬拜的，我现在告诉你们，创造宇宙和其中万物的神，既是天地的主，就不住人手所造的殿，也不用人手服事，好像缺少什么，自己倒将生命气息、万物赐给万人，他从一本（血脉）造出万族的人，住在全地上，并且预先定准他们的年限，和所住的疆界，要叫他们寻求上帝，或者可以揣摩而得，其实他离我们各人不远，我们生活、动作、存留，都在乎他，……我们也是他所生的，世人蒙昧无知的时候，上帝并不监察，如今却吩咐各处的人都要悔改。因为他已经定了日子，要借着他所设立的人按公义审判天下，并且叫他从死里复活，给万人作可信的凭据。”（徒 17）

然而，信了耶稣的儿女，已经和未信者谈恋爱，怎么办？

前面我们分析了为什么不同宗教也许可以结合，但是信耶稣者与不信耶稣者不可能连合成为一体，因为信从耶稣基督的人不是信宗教，而是顺从宇宙创造主的真理，而只有创造者才有所有的真理。宗教可能有部分的真理，但是，只有部分，一知半解是会害了我们的。你不要去找“差不多的医生”，对吗？但是，如果儿女的恋爱对象是未信者，而儿女是基督徒，怎么办？

我建议，先和自称是基督徒的儿女谈，让他们了解上帝的爱和律法真理，可能他的信是不大清楚，不了解他所信的是宇宙的主宰，不了解上帝的爱，不了解上帝给我们真理的律法是因为爱我们，不想我们受苦；可能他的信是因为经历，而只停留在经历上，没有进到真正认识耶稣基督是宇宙的创造者。因此，也是宇宙的主，世界的主，历史的主，和他个人的主。如果儿女的信是糊里糊涂的，这会是一个好机会，帮助他清楚地信靠耶稣。你可以带他和耶稣交谈，正式请耶稣为救主和生命之主。你的祷告，包括承认耶稣的神性和所完成的救恩，个人的决定，信和悔改，也可以加上圣经的应许和特别的祈求。下面是一个供你参考的祷告文：

"亲爱的天父，我赞美您，主耶稣基督我感谢您，您是创造宇宙的真神，降世为人，因为您爱我，为我的罪死在十字架上，流宝血洗净我一切的不义；从死里复活，给我新生命，我诚恳地请求您，请主耶稣基督住在我心中，做我的救主，管理我的一生。过去我自作主张，没有遵从您的话，求您赦免。从今以后，我要遵从您的话。请您给我永生，就是永远的生命。赐我圣灵，引导我进入真理。赐我您的平安，让您的爱充满我的心。祝福我的家，叫我全家信靠您，享受您的爱，带领我的前途，叫您美好的计划，成就在我身上。我这样祷告，是奉主耶稣基督圣名求。阿们(真实的意思)。"

当你的儿女清楚了耶稣基督为主宰之后，你可以再解释我们前面所谈论的，为何信与不信不相配，不能连合成为一体。同时提议传福音给他的朋友，因为那朋友可能没有机会真正听过福音，可能未有机会问问题，可能他的问题未有机会得到合理的回答，你可以解释给儿女："耶稣既是你一生的主人，你一生的道路是跟从主耶稣，那么和你结婚的人，也必须是跟从主耶稣的，才能同心同行。既然主耶稣对你的一生这么重要，是你最关心的事，你的朋友要是真的爱你，真的关心你，他也会关心你所关心的事。我们给他一个机会，认识耶稣，如果他真像你以为的那么好，他一定会很愿意听关于耶稣的事，也一定会认真地思考，我们可以找适合他思想步骤的人和他谈，直到他明白真道，然后选择是否愿意接受耶稣为主。如果他不肯听，不要听，也没有兴趣知道耶稣的话，那么，他也不是真的爱你，因为他并不关心你所关心的事。如果在这么重要的事上，他不关心，那么，其他你所关心的，他也不会关心。这样，他并不是好的伴侣，还是早日放弃，免得浪费时间和带来将来的失望和伤心。我们爱你，真的希望你有幸福的婚姻，只有诚心跟从耶稣的人，才配得你，才能与你同心同行，才有耶稣所赐真理的爱，不会见异思迁。建立在主耶稣永恒的爱上面的爱情，才是永不止息，永不褪色，无论环境如何，是贫是富，是健康是疾病，都不改变。你老了，外貌体力衰残，他照样爱你，一生同心，因为你们两人都可以耶稣基督的心为心。”

你可以请儿女去问他的朋友，愿不愿意思考这人生最重要的题目。如果他愿意，你可以找适合他的弟兄姊妹(不一定是牧师，而是同他思想方向相似，了解他的思路的兄姊)和他交谈，介绍创造主，道成肉身的真理(不是传宗教，不是谈信仰)，介绍耶稣为唯一的道路、真理、生命。如果他愿意请耶稣为救主，则可以立刻带他祷告决志，再和他约时间进一步认识耶稣，直到他口服心服，愿意一生顺服主耶稣，那时也可以因顺从主而照主的吩咐而受洗归三位一体真神名下。之后，他们的感情可以继续。如果儿女的朋友听了之后，还有很多问题，那么，要再约时间和他交流，有很多问题是应该回答的，有很多是有答案的，但有一些是未有或没有答案的，我们可以谦卑地承认人的有限，继续寻求。“只要心里尊主基督为圣，有人问你们心中盼望的缘由，就要常作准备，以温柔敬畏的心回答各人”(彼前 3)。他如果是真诚寻求真理的话，我们要继续给他时间，在这时间里，他和你儿女的感情要暂时搁置，不要继续发展，直等到他真的信靠顺服耶稣，受洗归主名下。

如果那朋友根本不要听，或不以为是重要，虽然你的儿女让他知道信耶稣对你的儿女是多么重要的事，是人生的道路，是生命的实质，是价值观的标准，是每天生活的依归，但是他还是不以为重要，还是说："我们彼此尊重对方的宗教"，"我不会反对他去做礼拜"，或"有孩子的话，我也不会禁止孩子去礼拜堂"这类的话，你就要忠告你的儿女，为着他的幸福，你劝他把这份感情暂时搁置，专心去读上帝的话，与上帝交谈，上帝会把最好的给爱祂、遵祂命令的人。

## 交益友

常常有父母亲问我："孩子太内向，怎么办？"他们希望孩子外向，但是，他们心目中的外向常常是交多些朋友，讲多些话。我们到底是否真的要儿女多交朋友，多讲话？其实，你会发现，这并不是你真正想要的，你真正想要的应该是希望你的儿女交益友，讲对的话，是不是？

因此，从孩子还小的时候，我们就要向这真正的目标进行。什么是益友呢？当然就是对孩子有益处的人。但是问题又发生了，什么才是有益处？"好"的标准是什么？亲爱的读者朋友，你们记得何谓好？何谓善吗？是的，创造者的标准就是好，就是善了！所以，对你儿女有好处的益友，就是那些照着创造者的标准为人，也帮助你的儿女遵从创造者标准的人。想想看，在你认识的人中，有哪一位或几位是益友？有哪些是会帮助你的儿女遵从创造者标准的？你希望你的儿女在学校多交朋友吗？这些同学是否益友？

你希望孩子多讲话吗？不，你希望孩子在该讲话的时候讲对的话，但是，同样的问题，什么是该讲话的时候？什么是对的话？答案也是同样的："合乎创造主的标准。"因此，我们必须长期用功读圣经这本"人生手册"，也必须长期与儿女一同读圣经，更进一步帮助儿女养成长期读圣经的习惯。让我们举一些例子来看看圣经怎样帮助我们交益友：

1. 滥交朋友的，自取败坏(箴 18)。怎样的朋友是不好的呢？

贪恋财利的，不择手段得利的，虽然对你很好，"你与我们大家同分，我们共享一个囊袋"，也不要随他去，因为这"贪恋之心，乃夺去得财者之命”(箴 1)。

不喜爱敬畏耶和华，不听上帝的劝诫，藐视上帝一切的责备。多少时候，我见到教会里的年轻人，在教会敬拜的时间，他们各做自己的事情，有的写字条传来传去，捂着口作会心的微笑；他们不耐烦地坐在殿中，对敬拜天地的主宰不但没有兴趣，而且是态度轻慢(箴 1)。

2. 欢喜作恶，说乖谬话，油嘴滑舌(箴 2)。上帝造我们是要我们彼此尊重，同学之间彼此尊重。因为我们都是照着上帝的形像被造的，但是，在今天的学校里，同学之间常常取笑，取笑那些与众不同的，取笑那些较胖、较瘦、较矮、较黑、较静、较用功、较聪明的人，这是乖谬的、反常的、逆性的，因为和上帝的计划背道而驰。孩子常被取笑，如果我们不是加倍地以真理来教导的话，他们就会不喜欢自己，盼望像那些通俗、流行、爱众望的同学。在这情况和心理状况之下，如果有某些人称赞他，油嘴滑舌地游说，他很容易不辨真假善恶，就跟了那些人去了。

最近，有人告诉我，他的孩子到另一城市读大学去了。他们做了预备的工作，从小带他在教会，也和他去大学城，安排他在某教会。但是，放假时孩子回家，告诉父母，他没有去某教会，而是去另一间教会。为什么？因为这教会的人很热情，又送他礼物。如果孩子作决定是用热情和送礼物为准绳的话，那就太不安全了。多少的异端团体就是以这些外在的因素来吸引人的。我不知道这两间教会是否都是完全遵照圣经的真理，我只是以此为例，提醒大家要多多殷勤地教导儿女，以圣经的真理为选择的第一因素。当然，热情接待是好的，也是每一教会的弟兄姊妹应作的。但是，如果考虑的因素是把热情招待排在重点，则太危险了。就似交朋友一样，把人家对你的热情，或是称赞，或是叫你心花怒放的话，看得比“那人是否敬畏上帝，是否遵行上帝的标准”更重要，那就太危险了！

3. 有一朋友，比弟兄更亲密(箴 18)。什么样的朋友是好的呢？

“敬畏耶和华是知识的开端”,“听你父亲的训诲,不可离弃你母亲的法则”(当然,父母的训诲和法则是以敬畏耶和华为大前提的)。某人与他父母的关系是非常重要的,正常的孩子是听父母在主里的训诲和法则,对父母有礼貌,有尊重,是孝敬父母的。不少的少年男女,交朋友是以“臭味相投”为交朋友的第一要素。“我妈真讨厌,一定要我去作礼拜,其实我一点兴趣也没有。”“我妈也是一样呀,我也觉得很讨厌。”“那太好了,我们都不喜欢作礼拜。”“我有个好建议,下礼拜我带桥牌来,作礼拜时我们坐在楼上后排一起玩,好吗?”两位天真的妈妈都很高兴:“奇怪,以前礼拜天不肯起来,这礼拜自动起来了,还不用我叫就预备好了。”

我们要训练孩子选择敬畏耶和华的朋友,拣选在主里听从父母的朋友。某人对你很好,但是对自己父母不好,那不会是健康的关系,将来建立的家庭也不会是健康的。一位敬畏耶和华的人,他与父母的关系是健康的,他应是更懂得爱父母和孝敬父母的。一位好的婚姻对象,一定是有正常的家庭观念的。正常的家庭观念也就是创造者造家庭的时候所定下的正常家庭关系。包括与父母的关系,选择朋友时也要观察他的家庭关系,他对父母的态度如何。

现在,我们继续用一些例子来示范,如何帮助儿女交益友,他们结婚的对象,必须是益友。曾经有人问:“甲君对我很好啊,他对其他人不好又怎样,我只需他对我好就够了。”

天真的年青人不知道这种“好”不是真的好,因为是有目的的好。当他的目的达不到的时候,就“不好”了。我们的儿女所需要的“好”是要真好,因为,有目的而表现出来的“好”只是做戏而已。我们要找机会,很自然地和孩子们谈论一些“好”和“不好”的例子,这种例子,常常在新闻上可以得到。

例一:北美洲一位足球健将C,被控主谋杀害他的前任女友A,他交了三百万美元的保释金,潜逃田纳西州,但被警察找到他躲藏在一辆汽车的后箱里,他的女友从他受孕六个半月,医生在她未死之前紧急剖腹,希望小婴儿可保留生命。我们可以从中学到什么教训呢？例如：

1. 在未结婚之前发生了性关系，这本身是上帝眼中看为恶的，是奸淫，不是爱。

2. 不论为何原因，是为了小婴儿带来对他的不方便？是为了吵架？是为了A缠着不放？无论何故，谋杀人都是上帝眼中看为恶的事。

3. 他们交友的过程中，一定有A觉得C对他好的时候，但那不是真的好，因为C心中竟有杀人的恶念。

4. 为什么A喜欢C？是否因为他是足球健将，拥趸者很多，很多女孩追求他呢？A得到C为男友，喜出望外，也不管什么是奸淫。

以上的例子在新闻中是常见的，所以有人说："爱之深，恨之切"。从爱变成恨，那是可能的吗？其实，那种"爱"不是爱，那只是自我中心的欲望。因为爱是不求自己的益处，爱不作害羞的事，爱不被激怒(发怒的行动是毁坏，所以你可能常常见到人发怒的时候就毁坏东西，毁坏人，以言语伤害人等)，爱不计算人的恶，就算对方作了一些恶的事，也不计算，爱是不加害与人。

例二：G小姐和高薪的B先生同在一间华人教会，他们也有共同的服事，同一团契，有说有笑，也一同在带领一些少年，带他们唱诗，带他们查经。G开始对B有兴趣，常常借故接近，于是彼此都有来往约会。但是，后来B觉得他们的背景很不同，不是理想的配偶，希望G不要以为B认为她不好，不相配不等于不好，希望G仍然是朋友，仍然一起服事。但是G十分生气，不但不理不睬，而且不要和B在同一个团契，也不要和B一同带领那班少年。

以上的例二是否常见的事？甚至在称为基督徒之中，也有类似的情况，为什么呢？因为不了解什么是爱。这种所谓的爱是自私的，是自我中心，是要达到自己的目的，这种自我中心的"爱"，可称为"欲"。G有一个欲望，要"爱"B，就像其他的欲望一样，是为自己，不是为对方。G可能自以为是为了对方的好处，但其实不是。

如果是真爱，则会是为了对方的好处。在这个例子，对方的好处是什么呢？就是对方有一位与他相配的配偶（配偶二字真是美丽：一方面是配得来，配合；一方面是伴偶）。如果对方不认为自己是与他配得来的话，那么，为了对方的好处，祝福对方有一天找到那位理想的人儿。如果你是B的话，你要为自己庆幸，没有继续发展与G的感情，要不然，结婚之后就不堪设想了！因为，G还有其他的欲望，那么B则必须满足她，要不然就家无宁日了！

父母亲和儿女可以常常谈论，帮助他们在还没有开始交异性朋友之前，就有所知道，也就得到智慧。事实上，不是单单年轻人需要真理所带来的智慧，成年人也一样需要。所以，与儿女交谈的时候，父母自己也有温习的机会。

有一位几近五十岁的男人D，在计算机的网络上结识了一位女人P，竟然由谈心而有感情。D就去了P的国家，和她结婚。婚后十分痛苦，D说，一回家就被P骂。这两位都自称是基督徒，我们可以猜想，D一定是没有应用他的基督徒"特权"，向宇宙的创造者求智慧。比如说，如果他读箴言，他会知道"我儿，你若为朋友作保，替外人击掌，你就被口中的话语缠住，被嘴里的言语捉住"（箴6）；"我儿，要谨守你父亲的诫命，不可离弃你母亲的法则……他必保守你，你睡你醒，他必与你谈论，因为诫命是灯，法则是光，训诲的责备是生命的道，能保你远离恶妇，远离外女谄媚的舌头"（箴6）；"为外人作保的，必受亏损"（箴11）；"才德的妇人，是丈夫的冠冕，贻羞的妇人，如同朽烂在她丈夫的骨中"（箴12）；"愚蒙人是话都信，通达人步步谨慎"（箴14）；"不轻易发怒的，大有聪明，性情暴躁的，大显愚妄"（箴14）；"宁可住在旷野，不与争吵使气的妇人同住"（箴21）。

你看，上帝的话满有智慧，如果D照着这些话去行，他怎会和一位"外人"结婚，连作保都不可以了，怎么会与她连合，二人成为一体呢？D自己身为父亲（单亲），如果经常和儿女谈到上帝的话，他一定会告诉儿女说："在网络上不要和素不相识的人通信，我们根本不知道这是怎么样的人，不知道他写的是真是假，没有旁证，那是十分危险的。”这样，不但可以帮助儿女有智慧拣选益友，连自己也不会弄得叫苦连天。D现在得到什么呢？除了得到每个月供应P的花销（这可能就是P的目的）之外，就是每天工作之后，不想回到没有爱的“家”。

## 生命的计划

我们已经用了不少篇幅，讨论子女的性教育，相信各位心中有了一些头绪。这篇我们就来作个总结，把上帝在每个人身上的生命计划，温习一下。

上帝给每个人生命的计划：

1. 祂不愿有一人沉沦，乃愿人人都悔改（彼后3）。这是我们身为父母的第一要紧的责任，以言教身教，殷勤爱心的教导，叫儿女人人悔改。同时也把这第一要紧的事情深刻在儿女心中，他们也因此确定他们婚姻的对象必须是悔改归上帝的。

2. 上帝要每一个人都行公义，好怜悯，存谦卑的心，与上帝同行。“世人哪，耶和华已指示你何为善，他向你所要的是什么呢？只要你行公义，好怜悯，存谦卑的心，与你的上帝同行”（弥6）。我们训练儿女：

行公义：上帝善的标准，不是世人善的标准。

好怜悯：不但有好心肠，更是真正帮助人，真正的帮助是介绍救主耶稣给他，解决他生命的问题，因为只有耶稣基督才是宇宙的创造者，只有祂能够使我们因信祂而脱离永远的死亡，不至灭亡，反得永生。

存谦卑的心：知道自己的微小，离了基督，什么都不能做，但又惊叹上帝的恩典：“人算什么，你竟顾念他，世人算什么，你竟眷顾他……并赐他荣耀尊贵为冠冕”（诗8）。所以儿女也会寻找（和吸引）那些有健康自我形象的人为婚姻对象。

与上帝同行:儿女就不会跟错了,他们也会坚持只有“与上帝同行”的人才能作为婚姻的对象,才能同心同行。

3. 敬畏上帝,谨守祂的诫命。“这些事都已听见了,总意就是敬畏上帝,谨守他的诫命,这是人所当尽的本分,因为人所作的事,连一切隐藏的事,无论是善是恶,上帝都必审问”(传12)。

在计划交友时,儿女不但自己是敬畏上帝,以上帝为主,遵从上帝的吩咐,而且交同样的朋友为婚姻对象,不但自己谨守上帝的命令,也同样来要求婚姻对象。

4. 彼此相爱。“亲爱的弟兄啊,我们应当彼此相爱,因为爱是从上帝来的,凡有爱心的,都是由上帝而出,并且认识上帝。没有爱心的,就不认识上帝,因为上帝就是爱。上帝差他独生子到世间来,使我们借着他得生,上帝爱我们的心,在此就显明了,不是我们爱上帝,乃是上帝爱我们,差他儿子,为我们的罪作了挽回祭,这就是爱了”(约壹4)。

上帝要我们彼此相爱。

真爱是从爱的源头、创造者而来,只凭感觉的所谓的“爱”,不是爱,因为没有真生命,就是永不死亡的生命。真爱是永不止息的。

上帝主动爱我们,要给我们生命,我们的责任是接受祂的爱和生命。

我们必须接受上帝的儿子耶稣基督所完成的救恩,祂成为我们的挽回祭,叫我们得医治。

## 爱的颂歌

1. “爱人不可虚假”,自己要做一个不虚假的人,表里一致,不是做戏,也要小心选择同样的人为配偶。

2. “爱是恒久忍耐,又有恩慈”,能够恒久承受刺激,又能正面地对人有帮助,有用。

3. “爱是不嫉妒，不自夸，不张狂”，不拥有对方，不把自己夸大，有错能认。

4. “不作害羞的事，不求自己的益处”，自己不作一些见不了天日的事，也不羞辱他人，事事为了对方，不求为自己。

5. “不轻易发怒，不计算人的恶”，能控制自己的情绪，为他人设想，能饶恕人家。

6. “不喜欢不义，只喜欢真理”，这是最基本的，爱必须只照创造者的真理来行事为人，要不然就不是爱，恐怕反而会害了人。圣经就是人生真理的手册，必须要读而遵从之。（上帝没有要求我们了解祂给我们的手册的每一句话，我们也不可能全部了解，祂只要我们遵行。“隐秘的事，是属耶和华我们上帝的，惟有明显的事，是永远属我们和我们子孙的，好叫我们遵行这律法上的一切话”，可见上帝讲明显的事，是要我们遵行的。）

7. “凡事包容，凡事相信，凡事盼望，凡事忍耐”，在真理的大前提之下彼此接纳，彼此信任，永不绝望，凡事有耐力，在压力之下仍可以彼此支持，这是永不止息的爱，不会褪色，不会死亡，不会失败的爱，因为是建立在爱的源头上。

但愿我们的儿女，自小从父母的身上，学到这真爱，养成美好的习惯，也与共同实行真爱的人建立关系。

## 配偶的条件

1. 灵——敬畏上帝、爱上帝，有正常的灵修生活，每天与上帝有约会，过正常的教会生活，可以一起事奉，在教会与团契中有配搭事奉。对上帝的话完全接纳，不是自作主张，不是随己意解经。一般来讲，一同在查经班学习，就能够知道他对上帝的话的态度是否敬畏，解释的时候是否以经解经，完全信任上帝的话，不会有“这段我不同意”或“上帝要求得太过分了吧”的态度。如果他“心里尊主基督耶稣为圣，常作准备，以温柔敬畏的心回答各人”（彼前 3），那是可喜爱的。

2. 魂——人的性格、习惯、教育背景、思想形态、人生价值观，对钱、社会、儿女教育方法、双方父母的孝敬，是否与你相配。一个人与他创造者的关系，直接地管理了他整个人的生命。常常有人问："信与不信不能同负一轭，这是否指基督徒不能与非基督徒结婚？这是上帝的命令还是上帝的警告？"请看圣经的话："你们和不信的原不相配，不要同负一轭……你们务要从他们中间出来，与他们分别"（林后 6），这是命令，也是警告。上帝的命令，如果我们不听从，是自找麻烦，结婚必须要"配"，不配则不能为配偶。帮助我们的儿女与他的创造者建立正常的关系——祂是儿女的主宰，也殷勤地教导儿女上帝的命令和爱。

3. 体——身体是圣灵的殿，我们是主耶稣基督重价买来的，所以要在我们的身体上荣耀上帝（林前 6），千万不要有任何淫乱的事情，任何婚姻以外的性行为都是淫乱。要殷勤地教导儿女，洁身自守，逃避淫行，好像逃避要杀害他的人一样！如果对方要求婚前性行为，请立刻逃避，因为他不是真的爱你。"爱不作害羞的事"（林前 3）。

身体方面也有其他要考虑的地方，如健康，有什么遗传病没有，家人或近亲有否精神病，双方年龄是否相差太远，以至将来一位可能已老化，另一位正是壮年。

"耶稣说，这话不是人都能领受的，惟独赐给谁，谁才能领受，因为有生来是阉人，也有被人阉的，并有为天国的缘故自阉的，这话谁能领受，就可以领受"（太 19）。上帝在许多人身上的旨意是要他们进入婚姻，但也有些人，上帝使他们领受单身。一位没有结婚的人，仍然是完全的人，他不是半个人。为父母的，可能都希望儿女结婚，但也要教导他们独身也是上帝可能的安排，不要因为希望儿女结婚而随便选对象。独身有独身的好处和自由，可以减少苦难，可以不为世事挂虑（林前 7）。让儿女知道，照着上帝的旨意乃是最好，上帝要你结婚，感谢祂，要你守独身，也感谢祂。“耶和华说，我知道我向你们所怀的意念，是赐平安的意念，不是降灾祸的意念，要叫你们末后有指望。”（耶 29）

# 第九章　快乐而有意义的人生

胆小又怕黑

孩子怕生

爸爸，你错了

好成绩

优秀长子？

有玩有吃就好了

你永远是对的

如何教儿女献身？

如何活得圣洁？

做个快乐的母亲

爸爸，我爱你

## 胆小又怕黑

孩子胆小又怕黑，怎么办？怕黑，是很正常的表现，孩子怕黑，并不奇怪。但是如果过分怕黑，甚至晚上睡得不平静，那就不对了，大人应该研究一下。正常的怕黑，是健康的，因为这是帮助我们小心，不要发生危险。

为什么怕黑呢？因为天黑了，看不清楚，路上是否有石头绊脚，是否有树枝缠脚，是否有蛇咬人，是否有个大洞会掉下去，是否有一个人迎头跑来，撞个正中，是否有桌子、椅子？等等。看不清，应该小心，这是正常的。解决的办法很简单：用灯、手电筒等，叫我们可以看得清楚，那就不怕了。所以，孩子晚上睡觉的地方和厕所走廊，应该有灯。我曾经住在一处，睡房在楼上，厕所在楼下，中间是道有空隙的楼梯（一级和一级之间是空洞）。起初，我没有开灯，因为只有天花板一盏灯，还有暗暗的小灯，我想，整个晚上开着，有点浪费。但是，因为只有一个开关，是在楼下，所以，我第一次晚上从楼上下去上厕所的时候，在暗中摸索，每一步都怕踩错了地方就会滚下去。楼梯又是转了几个弯，我实在很怕，所以走得很慢，这是正常的怕。要是我不怕，就像白天一样拾级而下，恐怕一失足就掉了下来，不但自己受伤，而且也吵醒其他的人。所以，我回睡房时就把灯开着到天亮。

当孩子怕黑的时候，我们要先研究，如果是正常的怕，就没有关系，我们就加几盏灯，叫他的环境不那么黑，可以看得见周围，不会碰到东西，不会跌倒。但是，如果孩子的惧怕是超乎正常的惧怕，那么我们应该研究一下，他怕什么。有些孩子怕黑暗中有鬼怪出现，有的只是怕黑暗中看不见妈妈。

如果孩子只是怕黑暗中看不见妈妈，那么也不奇怪，因为妈妈是他的倚靠和安全（爸爸也应该是一样）。他饿了，妈妈给他吃，他孤单，妈妈安慰他，所以，只要妈妈在，他就有安全感。现在，黑暗叫他看不见妈妈，他当然是没有了安全感。那么，只要对症下药，让他看见妈妈就好了。一个很好的做法，就是在孩子睡觉之前，有一段全家团聚沟通的时刻。孩子很小的时候，就讲圣经记载的事给孩子听——不要叫做"圣经故事"，因为恐怕给孩子一个错误的观念，以为圣经所记载的真事，是和"青蛙变王子"这类故事同等，只是故事而已，不是真人真事——圣经记载的史实，不但事情本身情节奇妙，而且记载这些事情都是有目的的，我们可以随着孩子成长的阶段不断进深，父母每天和孩子在睡前有一段轻松温馨的时间，读和谈上帝的话，一同祷告。譬如："亲爱的天父，现在宝宝要睡了，感谢你爱我，看顾我，和我同在，奉主耶稣的名，阿们"。如果孩子希望你在旁边，你就留在他房间继续读圣经，或是把灯关暗，继续祷告。慢慢的，他信任你，有安全感，你可以告诉他，你在隔壁房间读书。不要认为与孩子在一起是很浪费时间，你要爱惜这段时间。孩子小的时间很短，他要你在他身旁的时间很短。我们的孩子现在都长大了，我真想念他们小的时候，全家堆在床上，读圣经祷告，(有时太累了，在祷告中睡着了！)多么甜美！偶然有机会再和儿女重温旧梦，可是机会不多。希望聪明的你，不要赶着要推开孩子。可以拥抱的时间，尽量利用，可以在一起的时间，尽量享受。

但是，有的孩子怕黑是因为怕黑夜里有鬼怪出现。那我们就要研究，他们对鬼怪的"知识"从何而来？他们对鬼怪的"知识"是否正确？他们看什么电视？谁跟他们讲鬼怪的故事？这些接触是否健全？我们应该如何保护他们，才不致学到不正确的东西。这是一个很好的机会，让我们帮助他们选择电视节目，选择朋友，选择书本。你知道吗？有些老师介绍给孩子看的"好书"，"得奖"的书，竟是谈鬼怪的书。现在的世界是邪恶的，你的孩子，请你负全责，你要留意自己的小羊，不要被牵引而走迷了路。因此，如果孩子怕黑，不要只是要他大胆："怎么胆子这么小，你看你的堂弟，年龄比你小，他都不怕"，"怕什么，男孩子不怕的，不要那么胆小，真像女孩子"，"有什么好怕，拍拍胸膛，不怕！"我们要保持与儿女沟通谈话，每天的生活我们都要注意，他们看什么书？书上有没有鬼怪故事？如果有的话，这是一个很好的机会帮助他们认识真的鬼怪。世上有没有鬼怪？当然是有的，但鬼怪是什么呢？是不是人死了就会变成鬼呢？宇宙的创造者告诉我们，祂不但造了我们这些物质的人，也造了灵界的存在者。这些灵界的存在者称为天使。创造者给天使也有选择的自由，可以选择听从创造者或不听从。那些不听从的天使，选择与创造者作对，要抵挡、反对创造者。反对者、抵挡者称为魔鬼，他们的目的就是与创造者作对。这些鬼能力很大，因为他们原是有大能力的天使，要服事承受救恩的人（来 1）。他们选择要抵挡、反对创造者，但是创造者上帝并没有将他们的力量取消。魔鬼仍然能够以光明天使的形象出现，迷惑人心，也能够模仿人或其他生物的形态出现。如模仿已去世的人的形态声音出现，欺骗我们。魔鬼知道很多事情，但不是无所不知。因此有些算命的人会讲得相当准确，叫人容易相信，特别是讲到过去的事，魔鬼将他看见的告诉算命的人，当然很准。被算命的人就信服了。其实魔鬼对于未来不一定知道，我们的生活，动作存留不在乎魔鬼，乃在乎创造我们的上帝（徒 17）。因此上帝严严地禁止我们算命交鬼："那些国民所行可憎恶的事，你们不可学着行，你们中间不可有人使儿女经火（献人祭），也不可有占卜的，观兆的，用法术的，行邪术的，用迷术的，交鬼的，行巫术的，过阴的。凡行这些事的，都为耶和华所憎恶。"（申 18）

当孩子怕黑胆小的时候，我们就趁机会和他们讲话，了解他们为什么怕黑，如果是看了什么鬼怪的电视，书籍，或是有谁跟他们谈鬼怪的事情，我们就趁机会把真情解释给他们，也趁机会解释主耶稣是创造者，魔鬼只是被造的。在主耶稣保护之中，魔鬼不可能伤害我们，耶稣也给了信祂属祂的人有权柄，可以奉主耶稣基督的名吩咐鬼离去。所以不用怕魔鬼。如果孩子不确定是已经信了耶稣，我们也趁这机会再一次带他作决志信主耶稣基督为他个人救主的祷告，承认耶稣为创造宇宙的真神，独一的主宰，为他死而复活，承认自己自作主张的罪，就是没有遵从耶稣的话，请祂赦免，从此要遵从耶稣的话。这样，我们就正面地帮助了孩子。

## 孩子怕生

“我十岁大的孩子，很怕面对一些陌生的事，像是产生一定的压力。她的记忆力很好，学校成绩也好，但总是没信心。”

怕生本身并不是不好的事情，但是怕面对某些陌生的事情，觉得有压力，没信心，倒是值得研究。她怕的事情是不是该怕的？或是凡是陌生的事都怕？

有些事当怕。比如：不会游泳的孩子该怕跳到水里去。如果他不怕，那才麻烦，因为他可能会做了对他不安全的事。又比如，不知来历的陌生人也当怕，因为恐怕这陌生人对他不利。所以，父母要教的是什么该怕，什么不该怕，而不是什么都不要怕。

在大学里，常常看见一些学生，只选修他有把握的科目，避重就轻，比较难的科目不选。这种学生，常常是因为父母对他的要求是要有十分好的成绩，重分数而不重学问。有好看的成绩表才能叫父母欢心，如果成绩不理想，就产生畏惧，产生压力，因此，也自己要求必须有好成绩，给自己压力。如果父母了解学习是为了学问而非学位，那么，压力自然会减少。我们活在一个不理想的世界里，我们本身的生命也不理想。所以，不必要在这不理想的世界中要求凡事理想。如果为父母的自己面对这事实，也让儿女了解，父母对他们的要求不会是科科都是甲等。父母希望的是，他们负责任，做忠心的人，尽自己的本分。

为什么这世界是不理想的呢？什么是理想呢？如果你买了一台钢琴，运到家里，发现有一个琴键弹下去没有声音，你会说，这钢琴不理想，因为造钢琴者的原意是每个琴键都发声的，现在有一个琴键无声出来，与造琴者的理想不符合，所以我们认为这不理想。因此，我们说这世界不理想，因为与原来造世界者的理想不符合。造世界者的原意是“甚好”，“神看着一切所造的都甚好”（创1）。然而,这十分好的世界,在总经理的手里,变成不理想了,因为这总经理自作主张,没有遵从设计者的话。世界越趋败坏,到后来"神观看世界见是败坏了,凡有血气的人,在地上都败坏了行为"(创 6)。创造者不得不把败坏的除灭,给人类再生的机会。挪亚时代洪水所留下的岩石和化石,可以做我们的警戒。历史上被毁灭的文化——敬拜人手所造的偶像,不敬拜造人的上帝;献人祭,不尊重照上帝形像被造的人;淫乱、同性恋,不遵从圣洁的上帝过圣洁的生活——在在提醒我们,上帝是轻慢不得的。但是,上帝也是满有慈悲的,他一而再地给人再生机会,一而再地动手术,切除败坏,给人类再一次的机会。世界的不理想,起因既是人的自作主张。医治的方法,也就须对症下药——不要自作主张,乃要遵从上帝的话。因此,孩子怕陌生,我们要问:上帝怎么说?如果他所怕的是陌生的食物,原则上是:"惟有几件事是不可少的,就是禁戒祭偶像的物和血,并勒死的牲畜,和奸淫"(徒 15)。除此之外,没有什么食物不可吃。但是,有些是无益的,有些是会辖制我们的,这些我们也要告诉儿女,帮助他们分辨:"凡事我都可行,但不都有益处,凡事我都可行,但是无论哪一件,我总不受他的辖制"(林前 6)。在这些大前提之下,我们可以让孩子试试不同地方的食物。如果我们一方面不勉强儿女,一方面自己很喜欢品尝不同风味的食物,欣赏不同民族的食物,他们的煮法,他们的文化,孩子也会比较容易不怕陌生的食物。有些食物有强烈的味道气味,我们也不需要勉强孩子去吃。比如,热带的水果如榴莲,我们可以鼓励孩子试一试,不用勉强他;西方的奶酪,也可以同样鼓励而不勉强。到不同地方去玩的时候,也可以学习欣赏当地的文化、食物等。孩子容易被父母影响,父母自己对陌生的食物是怎样的态度,孩子也容易有同样的态度。

如何面对孩子怕陌生的环境,圣经的原则是:"我无论在什么景况,都可以知足,这是我已经学会了。我知道怎样处卑贱,也知道怎样处丰富。或饱足、或饥饿、或有余、或缺乏,随事随在,我都得了秘诀。我靠着那加给我力量的(主基督耶稣),凡事都能作”(腓4)。人家可以住的地方,我们也可以住;人家可以生活的地方,我们也可以生活。当然,各人的体质不同,对不同地方细菌的抵抗力也不同。在“无论在怎么景况,都可以知足”的大前提之下,我们要有智慧地作准备,预防疾病及危险。

有的时候,孩子怕的陌生环境只是到不同的房子,比如,朋友的家,新的学校,旅馆的床,从来没见过的沙滩等。原则还是一样的:不要勉强他,给他时间研究新环境。我们选择的新环境,应是对他无害的。给他时间研究察看,从身旁开始,当他信任了新环境的时候,他就不怕了。所以,不要把他“丢”在新环境中。他信任的是自己的父母。父母应在他身旁,直到他信任新环境。

回到我们开头所提到的压力,特别是学习方面的压力。对陌生的学科惧怕,可能是对自己要求要有好的成绩,但又没把握,所以怕。为什么父母不应要求儿女的成绩十全十美呢?因为无论是课本、是老师、是教法、是打分数,都是出于人的。出于人的就不理想,因为人是有限的,学生无能力管理这些。所以,要求学生在成绩上十全十美的表现是不合理的。合理的教导是照着十全十美的创造者所教的:“良善又忠心的仆人”(太25)。“良善”——上帝善的标准,不是人的标准。“忠心”——向上帝忠心。上帝所给的才能、天分和机会,我们要忠心负责。“仆人”——不要自作主张,不是要上帝照我的意思,而是我要照上帝的意思。因祂是全能,无所不能,又是爱我们的,祂的意思当然是最好最完全的。“耶和华说,我知道我向你们所怀的意念,是赐平安的意念,不是降灾祸的意念,要叫你们末后有指望”(耶29)。因此,当我们教导儿女照着上帝的标准来行的时候,我们就不是照人不理想的标准了。这样,儿女就没有压力了,因为上帝的标准是人人都做得到的。而“成绩”也不是不理想的人给的,而是十全十美的创造者所给的。只要是“又良善又忠心的仆人”,上帝给的分数就是“好”!“主人说:‘好,你这又良善又忠心的仆人,你在不多的事上有忠心,我要把许多事

派你管理。可以进来享受你主人的快乐。'"(太 25)

## 爸爸,你错了

"爸爸,你错了!"一进门,听见一位小孩,一本正经地告诉他父亲。

"我怎么错了呢?我没做错事呀?"爸爸很有耐心地解释。

"你错了,我不跟你玩了!"这位五六岁的孩子说。爸爸"错"在哪里呢?

"你没有听我的话,我要把这个放在这里,你没有听我的话,你错了,我不跟你玩了!"

这段对话真有意思,它的主题是:"你没有听我的话,就是错了。"这孩子从什么地方学到这"错"的定义呢?

几位妈妈,约我吃饭,一边吃,一边谈话。

"孩子回家,袜子到处丢,家里乱七八糟,我喜欢整齐,也希望孩子有整齐的习惯。怎么叫他收拾整齐呢?"一位问。

"为什么家里要整齐?什么叫做整齐?袜子当放在哪里?"我问。

"圣经说袜子要放在哪里?"我再问。

她们都笑了,因为没有人想得到圣经说袜子要放在哪里。

"既然圣经没有说,那就不是那么重要的事情了,"我说,"不要为了不重要的事情伤亲情。"

"我就不理了,那天我从沙发垫下找到孩子的袜子,我还跟他开玩笑。这种事,笑笑就好了。"另一位说。

"为什么孩子小的时候还比较听话,大了反而不听话?"又一位说。

这些谈话,引起了一些题目:孩子听话,听谁的话?错,何谓错?家里的规矩,什么规矩?谁的规矩?

我们做父母的,要不断地提醒自己,孩子不是要听我的话,而是要听爱他的天父的话，我也是要听天父的话。因为，只有造天地的父才是十全十美，在祂没有错误的。“错”，是什么？是达不到天父“对”的标准。不是不听我的话。如果孩子说：“爸爸，你错了，你没有听我的话。”这就给我一个机会来审察自己，教得对不对，教得有没有效果？有没有不经意讲错话了，有没有叫孩子误会了？什么是对与错的标准？给我们一个机会再次解释对与错的标准不在人，而在造人的主宰。

家里的规矩，什么规矩，谁的规矩？原来，不是人的规矩，而是天父的规矩，才是我们要遵从的。我们在日常生活中是不是持久地被这观念充满我们的头脑？如果是的话，我们的言语和行为自然就会跟从这观念。如果我们发现自己有时候忘记了，表达出来的是自我中心：“你不听我的话就是错了”。那么，我们要谦卑认错，请孩子帮助和鼓励我们学习，渐渐养成尊天地的主为主的新习惯。

回到丢袜子的问题，我们可以和孩子商量，脏袜子放在什么地方最顺手最方便。常常，最顺手最方便的地方，就是进房子脱鞋脱袜子的地方。就算有时候孩子忘记了，随手乱放，也不是一件大事，不必为这种事骂人，叫家里的气氛失去甜蜜。如果以前为了这种事而伤害家里的安宁，你现在可以跟孩子谈谈，告诉他们以前自己不懂，现在知道家里的规矩要服从天地的主宰，请孩子与你合作，一同学习。如果孩子较大了，还是乱丢袜子，怎么办呢？试试先和他商量，问他有什么好建议。比如，“家里有些地方是大家公用的，这些地方大家有责任保持干净整齐，衣服鞋袜好不好不要乱放。如果忘记的话，我会把这些东西放在某个地方，如果你看见这类东西在公用的地方，也可以照办”；或是，“如果你忘记了，我就把你的衣物放在你的房间，好吗？”圣经（天地之主的话）说：我们“要治理这地”（创 1），帮助儿女明白这观念：“我们是经理，要向老板负责任，让我们从小学习治理这地。”这个观念也延伸到治理地球上其他东西，这个地球是天父创造给我们居住的，就如自己的家一样。

妈妈带了她两岁半的孩子来到餐馆吃饭，忽然间，孩子把食物拿来丢，妈妈应该怎样做？一个妈妈说："我就打他的手；但是，他也打我的手。"这显然不是好办法。我建议，抱他离开桌子，到没有人的地方去（起码到少人或没有他认识的人的地方去），告诉他："食物是天父给我们吃的，不可以浪费。还有，东西不可以丢，因为会丢到人，伤害到人。我们要彼此相爱、相敬，不可以伤害人。天父爱我们，所以不要我们彼此伤害，你刚才丢食物是错的。妈妈爱你，不愿意你做错事，伤害人，伤害自己。以后不要再丢东西了，知道吗？"

把他带离开现场，是因为"爱不作害羞的事"（林前13），不要在他人（特别是他认得的人）面前说他的错处。如果过了一阵子，他再丢一次，又立刻抱开他，再讲一次，传递上帝的爱和因为爱而设的规矩。传递你的爱和因爱而教他上帝的规矩。在这过程中，请注意不要有任何态度或行动或话语，叫孩子误会你的爱或上帝的爱，也不要叫孩子以为"错"的定义是你的，所以千万不要生气。要是几次之后孩子还是"不记得"，你可以和他商量用另一个办法帮助他记得，其中可用的办法之一是打，但是，仍然是不可以生气，仍然是要沟通出你的爱和上帝的爱，仍然是沟通出"错"的定义是没有达到天父"对"的标准。这样，我们自己在学习"对"与"错"的定义，孩子也在学习，大家一齐进步。

## 好成绩

"孩子成绩这么差，你还不骂他，你太纵容他了！"父说。

"孩子又没什么不良习惯，有时玩玩电子游戏，减压而已。成绩过得去就好了，为什么要骂他？"母亲说。

两口子，为了爱子读书成绩而不开心。两个人都认为自己的见解是对的。很多时候，分歧是因为彼此的背景不同。如果了解自己的背景，分析自己的背景，知道为什么自己有这见解，就比较容易达到共识。自己家境困难，好不容易得到读书机会的父母，常常会觉得今日孩子有这么好的机会读书，怎么不尽力用功呢？自己很用功，才有今天的地位、职业的父母，也常常觉得孩子一定要全心全力地读书。还有，自己小时不用功，大了觉得当时浪费时间的父母，也常常很紧张孩子要用功读书，以免重蹈覆辙。自己家境富裕，读书机会容易得到的父母，常常比较不在乎孩子成绩一定要十分好。自己读书读得舒服，成绩也可以的父母，常常也觉得何必要逼孩子那么用功呢。除了读书之外，还有其他人生中重要的学习和经历。孩子不要单单读书，也要玩玩，眼界才能开放。因此，如果父与母的背景有很大的差异，彼此的看法也就不同，各自以为自己才对，无法达到共识，也常常因此叫家庭失去了温馨和安宁。

如果了解一下彼此的背景，谈谈为什么自己有这种看法，分析一下自己的家庭背景和时代背景；再分析一下孩子的家庭背景和时代背景，就会比较客观，不会固执己见。让我们了解，孩子是人，是另一个人，不是我。他的家庭背景，他的时代背景都与我不同。他的学习方法与我的学习方法可能也不同。我可能要整天捧着书本，手不释卷地苦读，他可能读了一次就了解了，再读也没什么用。如果为父母的能客观分析，分析自己也分析孩子，看看哪里可以鼓励，哪里可以帮助，才发表意见，采取行动，一定会比较满意。

再者，孩子的成绩不一定是自己可以控制的。某学生曾经作文成绩全班最低，根本不及格，因为老师认为他解错了题目的意思。另一学生作文成绩总是很好，因为老师喜欢他的表达方式。一般来讲，文科的成绩比较主观，看合不合老师心意。每一个老师喜欢的又不大一样。理科则比较客观。考试制度也不一定是公平的。有些人适合考选择题，有些人不适合。有些人会猜，有些人不会猜。有些人长篇大论适合他，有些人不适合。所以，考试的成绩也不一定代表他用功或不用功。

考试，是为了鼓励和督责学生读书，考试的成绩是一种衡量。

但是，读书是为了得到学问。有学问是为了生活的质量。父母希望儿女成绩好，其实是希望儿女有好的生活。其实，父母希望儿女有快乐的人生。当目的清楚了之后，就可以有方向，不再是漫无目的只要求成绩好。多少在读书时期只顾读书，成绩好的人，因为忽略了其他更重要的因素，成为孤独高傲的人，让自己和周围的人都不快乐。

怎么叫孩子过一个快乐的人生，不但丰衣足食，而且心情愉快，无忧无虑，生活美满又成功呢？

圣经有这么一段，可以给我们得到智慧。“一个人不能事奉两个主，不是恶这个爱那个，就是重这个轻那个，你们不能又事奉（事奉之意是让接受事奉者使用，为他而活）上帝，又事奉财利。所以，我告诉你们，不要为生命忧虑吃什么，喝什么，为身体忧虑穿什么。生命不胜于饮食吗？身体不胜于衣裳吗？你们看那天上的飞鸟，也不种，也不收，也不积蓄在仓里。你们的天父尚且养活它；你们不比飞鸟贵重得多吗？你们哪一个能用思虑，使寿数多加一刻呢？何必为衣裳忧虑呢？你想野地里的百合花，怎么长起来，它也不劳苦，也不纺线，然而，我告诉你们，就是所罗门极荣华的时候，他所穿戴的，还不如这花一朵呢！你们这小信的人哪，野地里的草，今天还在，明天就丢在炉里。上帝还给它这样的妆饰，何况你们呢。所以不要忧虑，说吃什么、喝什么、穿什么，这都是外邦人所求的。你们需用的这一切东西，你们的天父是知道的。你们要先求他的国和他的义，这些东西都要加给你们了”（太6）。

这是主耶稣基督，创造世界万物之主说的。祂有能力、有信用，一定会照祂的应许成就。所以，我们要教儿女的，是先求上帝的国和义。就是祂的管理和祂的标准。儿女活在上帝的管理中，照着上帝的标准，自然不会行为差错，不会有不良习惯，而会爱惜光阴，会做忠心的学生，负自己的责任。该读的书会去读，该做的功课会去做，该上的课会去上。

如果你温柔地问他：“功课做完没有？”他也不会觉得烦。因为你教他的是先求上帝的国和上帝的义。他读书不是为成绩，而是为了活在上帝的管理中，向上帝负责任，作个忠心的学生。但是，他的成绩也一定是满意的，因为不是跟班上的同学比较，而是向上帝作个忠心的人。如果学习上有困难，也可以和他商量有什么方法帮助他。

家庭生活的重点不是用功不用功读书，而是建立与上帝正常的关系，有个人灵修（每个人自己与上帝约会的时间，读圣经、祷告、与上帝沟通、听从祂旨意），也有家庭灵修（全家一起读上帝的话，与上帝交谈，听从祂）。以上帝的话取代人的话。不再是父亲的看法或是母亲的看法，而是天地之主的话语。不再因为关心孩子而夫妻失和，而是一同以基督耶稣的心为心，是祂的爱把全家紧紧地系在一起。一同追求上帝的国与上帝的义。

## 优秀长子？

"如果第一个孩子很优秀，如何建立第二个孩子的自信？"

当我在各地分享教养儿女的真理时，常有父母问这类问题。可能是因为我们的第一个孩子十三岁就大学毕业，听众或以为这是个问题。感谢创造孩子（和我们）的上帝，给我们"人生手册"，叫我们遵从的人得智慧，不致造成兄弟姊妹之间的问题。

上面的问题，关键在"自信"两字。如果"自信"是信"自己"，那么当然有问题。因为"自己"不可信。不论是"优秀"和"不优秀"的孩子，"自己"都不可信。有些人为要鼓励孩子用功努力，常会告诉孩子说："你只要有自信，你就做得到。"这种鼓励，不是任何事情，任何情况都适合的。我们必须面对事实，知道孩子真的做得到，才可以这样鼓励；要不然，只是叫孩子更觉挫折。

大的"优秀"，可能表现在学习的速度快，第二个孩子学习的速度较慢。如果这是他们生来的不同，则不要用大的做模范。"你看哥哥学得这么快。来，你用功一点，你也可以学得那么快，只要你相信你可以,你就可以了,要有自信心”。这种鼓励并不是照着真理,所以不会有合乎真理的果效。

不单是学习功课,学习其他的技巧也是同样。上帝造人是不同的,这是事实。但是不同并不是不好。刚去了北卡州一个花园,进门处有小黄花,从墙上一串串地挂下来,很好看。我们停下来和黄花拍照,远看也好看,近看也好看。走进花园,发现花园好像一个戏院,一级一级地往下去,最下面是一个池子,池子对面是小山。各级的中间好像戏院的走道,给游客拾级而下(不过每级很阔,约有十尺阔),每两级就来一个小喷水池,池中间有一塑像,很可爱,塑像是小孩的不同表情动作。各级通道两旁各种了不同的树和花。我们到处拍照,每一个角度都美,不知道什么是最美。紫色的小花和白色的花间隔着,真美;粉红色的樱花开满树,衬着蓝色的天空,真美;深红的杜鹃在长绿树下,前面还有浅紫色的花儿,真美!不胜枚举。

看着这些花儿,欣赏创造奇工,心里赞赏上帝的智慧。这花园还有一“朵”三合土的“花”,外面的圆圈刻着“全能上帝栽种了第一个花园,是的,这是人类至纯的喜悦”——培根。培根先生是位伟大的科学家,他所描写的“科学方法”我们至今仍沿用着。他说:“有两本书在我们面前,叫我们不致走差。一本是圣经,显明上帝的心意;另一本是被造之物,表达祂的能力。”

上帝所造的都是这么美好。每一位儿女就像一朵花儿,有不同的大小,不同的颜色,不同的样子,不同的性格。需要不同的泥土,有的需酸性,有的需碱性;有的需太阳光,有的喜欢阴凉;有的要多水,有的不能多水。有的是早两周盛开,有的是迟点才盛开。

带你的孩子到美丽的花园去参观,一边介绍上帝创造的花草树木,一边介绍上帝创造的不同人儿。大的可能像樱花,老二可能像菊花,各有不同。我们的信心是建立在那永恒、全能、全智、全爱的创造者身上。老大老二都应该彼此欣赏。欣赏什么呢?欣赏上帝的创造奇工,欣赏上帝的无穷智慧。彼此鼓励,做良善又忠心的人。兄姊看见弟妹有哪一方面的天分，就鼓励他发挥；弟妹也是一样，帮助兄姊发挥上天所赐的才干。为人父母者，更要欣赏上帝所造的每一位，鼓励他们各自向造物主负责任，作忠心的人。每天与他们相处的时候，不要比较大的和小的，只要将他们的心思引向上帝，帮助他们思想上帝的话："惟喜爱耶和华的律法，昼夜思想，这人便为有福……凡他所作的，尽都顺利"（诗 1）。

如果别人有将他们二人比较的言语、行动，你要温柔地道出真理。比如，人家说："嗳呀，你们老大好优秀呀，老二是否一样优秀？"你可以回答说："上帝造的都是好的，感谢上帝。"又如，人家说："你们老大好聪明呀！"你可以说："谢谢你，上帝造的都聪明，感谢上帝。"又好比人家说："老大比老二聪明得多了。"你可以说："感谢主，祂造的都聪明，各人有各人的聪明。"又如，"听说你们老大是天才，老二呢？"你可以说："老二也是天才，古人说：天生我才必有用，感谢天父赐给我们每人有不同的才干，我们都是天才。"

## 有玩有吃就好了

在机场的餐厅吃饭，隔壁的桌子也坐了几个人：一位八岁左右的女孩，一位年轻女人，样子很像那女孩，想是她母亲吧；一位头发灰白的长者，像是孩子的祖父；此外还有二三位大人。祖父在跟女孩低声说话，只听孩子高声叫："你不要跟我说了，你说了我也不懂，只要有得吃有得玩就好了！"其他大人都愉快地笑着。

我立刻想到两处圣经："邦国啊，你的王若是孩童，你的群臣早晨宴乐，你就有祸了。邦国啊，你的王若是贵胄之子，你的群臣按时吃喝，为要补力，不为酒醉，你就有福了"（传 10）；"若死人不复活，我们就吃吃喝喝吧，因为明天要死了"（徒 15）。

我们的儿女，活着为什么？他们的人生有什么意义？我们为人父母者，有没有面对这问题？有没有教导他们思想这问题？或是孩子从我们身上所看见的只是吃吃喝喝，醉生梦死？孩子生活的中心只是有得吃有得玩就够了?

父母亲常问的问题是:“孩子只要玩,不用功学习,怎么办?”确实,孩子最看重的,好像就是玩,而父母则认为玩是浪费时间,要学习才是有用。但是,如果我们追问:“学习什么?”父母的回答:“学习学校的功课。”

到底学校的功课在教我们的孩子什么?现代的社会,无论中外,无论校内校外,都在教导我们的孩子追求吃喝玩乐。因为人生只是漫长的生命历史的一霎时,我们偶然出现又偶然消失。如果我们为父母者忽略了及时的教导,孩子们每天在学校,在电视,在网络上,在其他大众媒介中所学到的,就是追求金钱物质,及时行乐。那么,那小女孩的回答:“只要有得吃有得玩”就真是当代人生观的代表者了。

我们到了一个城市旅游,在路上,有人手中拿着一堆名片,在兜售生意,他说他是某国营旅行社的员工,我们可以明天去长城,十三陵等名胜,坐空调豪华旅游车(说时手指着停车场的大型车,确实豪华干净,看来很好。他说这是他所代表的公司的旅游车)。平时每人120元,包车费、景点门票和午餐,因为我们有四个人,所以优待我们,每人只收100元。明早五时打电话来旅社叫醒我们,一早出发。外子当时觉得不错,就定了位子。虽然我有点怀疑,也没多讲。明早我们还未五点就起来等电话,等呀等呀,等不到。过了五点半,我们只好打名片上的移动电话号码,打了好久,终于打通了,他们说一直打不进旅社,所以没有来接我们,现在立刻来。一刻钟之后,一辆六人座位的面包车出现,又旧又脏,说是大车已经出发了,现在接我们去追大车。上车后,开车的人说,因为迟到了,所以座位可能不同,不能坐在一起,他们说会尽量调动安排,我们已经不大满意。哪知到了大车停的地方,一看,这大车不同昨晚介绍给我们的那种大车。这车没有空调,又脏又旧,想想,因为没有空调,要打开窗子,车子当然满了灰尘。这么热的天气,汗流满面,岂不是全身灰尘吗?

这世代，追求什么？只要有钱，说谎又怎样？

在另一个城市，另一个国家，一位美国旅客买了一些当地的出产。进机场时，穿制服的人告诉他："你这些东西要打税。""多少？""美金150元。""不行，20元吧？""好了，好了！"那美国人排队拿登机牌的时候问我："是不是要打税？"你想，那20元进了哪一个的口袋？

记得多年前我们在负责中学生团契时，有一次我们问学生："来参加中学生团契的目的是什么？"一位女孩连忙回答："好玩，好玩，好玩！"只为着玩。

如果人生只为吃喝玩乐，当然，不择手段得到金钱，应该是对的。但是，人生是否只为吃喝玩乐呢？智者说："少年人哪，你在幼年时当快乐，在幼年的日子，使你的心欢畅，行你心所愿行的，看你眼所爱看的，却要知道，为这一切的事，上帝必审问你。所以你当从心中除掉愁烦，从肉体克去邪恶，因为一生的开端，和幼年之时，都是虚空。"（传11）

"你趁着年幼，衰败的日子尚未来到……当记念造你的主……尘土仍归于地，灵归于赐灵的上帝。""这些事都已听见了，总意就是敬畏上帝，谨守他的诫命。这是人所当尽的。因为人所作的事，连一切隐藏的事，无论是善是恶，上帝都必审问。"（传12）

爱我们的天父并不是不要我们玩乐吃喝，他要我们喜宴，吃喝享受，但不是不负责任的享受，不是害人利己的享受，而是按照天父美好的办法享受：

"我所见为善为美的，就是人在上帝赐他一生的日子吃喝，享受日光之下劳碌得来的好处，因为这是他的分。上帝赐人货财丰富，使他能以吃用，能取自己的分，在他劳碌中喜宴，这乃是上帝的恩赐。"（传5）

"你只管去欢欢喜喜吃你的饭，心中快乐喝你的酒，因为上帝已经悦纳你的作为……在你一生虚空的年日，就是上帝赐你在日光之下虚空的年日，当同你所爱的妻，快活度日，因为那是你生前，

在日光之下劳碌的事上所得的分。"(传9)

可见,天父上帝要我们快乐,不过,只有照着天父的真理才能得到真正的快乐。天父不但要赐给我们永恒的快乐,就是今生,在日光之下,他也愿意我们快乐,因此,他告诉我们如何可以享受真快乐。

## 你永远是对的

十几岁的孩子,气忿又平静地告诉妈妈:当我离家时,我会写一封信给爸爸,题目是:"你永远是对的"。

多少父母说,没有办法了解,"为什么我这么爱我的孩子,而他竟然要离家出走?为什么我牺牲一切,为了孩子,而他这么恨我?"爱,竟然带来恨,实在难以理解!但是,这却是事实!

记得我在研究院读书的时候,几位同学在讨论父母怎样教我们。一位同学说:"我妈妈什么都没有教我们,她只是一味地爱我们。"他的妈妈如何"一味地爱他们"呢?他说:"每天煮东西给我们吃,为我们洗衣服,整理房间,兄弟姊妹多,她没时间多管我们,就只是疼爱我们。"我的同学也有不听话的时候,但是他们并没有恨父母亲,他们可能觉得父母无知,不合理,骂错了,但我当时没有听到年青人恨父母。他们是半世纪前出生的!

现今的时代,常常听到"爱儿女"的父母伤心欲绝地告诉我,孩子如何反叛,如何对他们无礼,如何以怨报恩。这些父母,也是像上一代他们的父母一样"一味地爱"儿女们。不但煮东西给他们吃,衣食住行都给与最好的,还加上积极教孩子,叫他们学各样文艺:中文、英文、钢琴、小提琴、游泳、踢球、心算、绘画……人有我有。这么"爱"儿女,怎么儿女不了解?

实在是时代不同了,你的孩子接触的东西不同了,他们的反应也不同了。过去,孩子不听话,父母打孩子,"天地公道";现在,你打孩子,他告你虐待儿童。过去,父母骂孩子,孩子闷在心里,敢怒不敢言；现在，不但敢怒敢言，而且反叛作对。难怪有人说："以前是孝顺父母，现在是孝顺儿女！"

现代父母，如何是好？有何办法，以不变应万变？其实，时代不同，儿女接触不同的信息，但基本的问题和解决的办法还是一样的——自我中心是基本的问题，自作主张是自我中心的表现。

前面所提那位十几岁孩子所讲的讽刺话是真正的问题："你永远是对的！"不同的是现代信息传递速度，不只百倍，而是千倍万倍过去的速度。年青人互相传递"敢怒不敢言"的讯息，彼此互动。加之上一代不满父母教法的成年人煽动的信息也到处飞。这些彼此影响的结果，就变成现今"天下大乱，目无尊长；父母不知道自己错在何方，儿女也不知道自己错在何方，却只知道是对方错了"的现况。

以前的父母照自己的办法爱孩子，也是自作主张，但是以前的社会接纳"他是父母，他是爱我，可能他的方法不好，但是他还是爱我，我应该孝顺他，尊重长者。有一天我成为父母，我也可以随意而行"。现代的社会则接纳"你有主张，我也有主张；为什么我要听你的主张？人是愈来愈进化，愈来愈聪明；弱肉强食，适者生存；一代比一代进化，祖宗过去的道德观念已过时，已被新的道德观念取代"。弱肉强食，因此，不能作弱者。竞争是导致进步的途径。大鱼吃小鱼；大公司吃小生意。因此，人与人之间是彼此的敌对。夫妻之间是彼此的管辖，谁有钱谁就有权；父母与儿女也常有"只要你还住在我家里……""你住我的房子，吃我的饭，你就要听我的话"。那位十来岁的青少年就这样告诉我。我劝她考虑清楚，不必要现在就离家。她说："我一天住他们家，就一天不能做我要做的。"

我希望你的儿女还没有这么伤心的问题。因此，我盼望我们先分析，找出病因，作预防的工作。病因是什么呢？病因是"自作主张"。好心，出发点为儿女好的父母，如果以自己的聪明，自己的办法，自己认为最好的，以自己的经验，自己的背景来处理亲子关系，仍然是自作主张，以致儿女认为这是"他的家"而不是"我的家"。住"他的家"，只好听"他的话"；因此说，"你永远是对的！"

预防的工作如何做？先弄清楚谁永远是对的。谁？当然不是我！是你吗？如果你扪心自问，诚实对自己，你可能也会发现：不是你！如果你我都不是永远是对的，那么我们必须让孩子知道，我们承认自己也非全能全知全对。因此要与他们一起顺从那真正永远是对的。只有创造宇宙万物的主宰，祂才是全能全知全对的。这全能上帝的话，必须住在我们脑中，叫我们的言行照着祂的话。"我必称颂那指教我的耶和华，我的心肠在夜间也警戒我。我将耶和华常摆在我面前，因祂在我右边，我便不致摇动……你必将生命的道路指示我，在你面前有满足的喜乐，在你右手中有永远福乐。"（诗 16）

## 如何教儿女献身？

教儿女献身，这可是大事！

身为父母，是否要教儿女献身？请先别大惊小怪。什么是献身？这里要谈谈事奉的问题，事奉的对象，"事奉上帝"的人起纷争的可能性。这些问题都是因为自我、自我中心、自作主张而发生的。因此事奉的先决条件是献身，这是上帝的方法。"献身"究竟是什么呢？

我们都晓得上帝的慈悲。祂知道我们的软弱，我们的需要，祂要帮助我们，这是祂的慈悲。因此，罗马书 12 章说："所以，弟兄们，我以上帝的慈悲劝你们，将身体献上。"上帝要帮助我们和我们的儿女，我们如果要接受祂的帮助，就要听从祂的办法。祂要我们做的是"将身体献上"。

但是，这句话有"所以"这承上启下的连接词，其中先要解决的是儿女是否真知道谁是创造者，而荣耀祂，感谢祂。而且儿女是否已经照上帝的办法，请了祂独一爱子耶稣基督为个人的救主和生命之主？了解了这些之后，现在就可以承上而说“所以”。因为有了这些先决条件，所以现在要献身，这是上帝的慈悲。上帝知道我们的儿女怎样才能真正快乐，祂要帮助我们，祂的帮助办法就是我们的儿女要献身。

“所以，弟兄们”。“弟兄们”是指有同样生命的人，不是单指男性。这办法同样是给我们和我们的儿女们。“将身体献上，当作活祭”。这句的动词是反身词，意思是：“自己将自己带来献上”。每一个人要自动的，自愿的，自己把自己带到上帝面前，将自己献上。这是上帝的慈悲，是上帝的办法，为的是叫我们和我们的儿女得到喜乐，得到人生的意义。

“将自己献上，当作活祭”。圣经中有不同的祭，献上的东西不同，献上的方法也不同，各种祭的意义也不同。这里的祭是燔祭，也就是早晚常献的燔祭。在耶稣基督一次为我们献上身体为永久的祭之前，旧约以献祭来预表将来要发生的真祭就是耶稣。旧约也以献祭来提醒以色列人要如何分别为圣，如何亲近上帝。到了耶稣基督献上真祭的时候，以色列人就很容易明白。旧约有早晚常献的燔祭，这祭是要经常性地献，而且是要全祭物献上。今天，我们也被劝勉要同样作。为什么是劝勉（虽然是极力地劝勉），因为每个人要自动、自愿地献上。但是，现在献上的不再是牲畜，而是人自己；不再是死的，而是活的。

让我们教导儿女，上帝的慈悲已经为我们预备了救法，我们领受了祂的救恩之后，也了解上帝的慈悲，是要叫全人类都可得到祂的救恩；而且祂的慈悲更愿意我们都有喜乐又有意义的人生。这一切都是上帝的慈悲。当然，最合理的事是照着祂的方法，把自己献上，当作全献的燔祭，每天早晚献上自己，照上帝的意思而活。

因此，献身不是一定要全时间去当传道人，而是要照上帝的意思而活。如果上帝的意思不是要他现在放下学业或其他工作，全时间去当传道人，那他千万不要这样去当传道人！那是自作主张了！

献身是要把自己献上，说："主啊，你是我的主人，我在这里，我今天的生命气息和一切都要照着你的意思来活。你今天要我做个好学生，学习今天老师教的功课，我就照你的意思做个好学生。"

"主啊，你是我的主人，我在这里。你今天要我做什么？你告诉我，我就去做。我不会说'但是'，我不会和你顶嘴，因为你是我的主人，我把自己全部献上给你。我现在读你的话，我要照着你的话而活。"

"主啊，我今天读到你的话，'将身体献上，当作活祭，是圣洁的'。主，求你洁净我，叫我的心思意念圣洁，叫我今天的生活分别为圣，我在学校里，在办公室里，带着基督的香气，有圣洁。污秽的话一句不可出口，也不可在我的思想里。我靠自己无能力，但是我靠你就能做得到，求你洁净我，我要过圣洁的生活。"

"主啊，我的老板，我在晚上来到你的面前，献上自己。我今天的性命，献在你面前，求你洁净，愿你接纳我所献上的。你的话是我脚前的灯，路上的光，我现在要读你的话，求你光照我，叫我行走在你的光中。求你鉴察我，知道我的心思，试炼我，知道我的意念，看在我里面有什么恶行没有，引导我走永生的道路。"

"主啊，我今天要去教会敬拜你，我知道你爱我，我感谢你，给我自由敬拜的机会，我要照你的方法敬拜你。用心灵和照着你的真理来敬拜你，不是照着我的意思，不是凭着我的感觉。我要专心一意地敬拜你。我在敬拜你的时候不要用我的嘴巴和朋友谈天。"

我们多少时候说"有心无力"。但是，是不是真的无力呢？上帝的应许"我靠着那加给我力量的，凡事都能作"(腓 4)。那么，我们应该可以作所有上帝要我们作的事，因为既是祂要我们作的，我们就可以求祂加力量。因此，上帝要的不但是有心，也要有身体。要不然就不是真心了，身体就是行动，没有行动，只有所谓"心"，就没有什么意思了。就像有时候，我们讲笑话："在礼拜堂要小心，看见没人坐的椅子座位，要小心，不要随便坐下，因为可能有些人有'心'来作崇拜，但'身'却没有来！"(一笑)

信了耶稣，如果没有献身，没有每天早晚献上自己的身体当作活祭，则没有办法过正常的基督徒生活。所以，我不厌其烦地一再请求各位父母，每天早晚灵修，教导儿女每天灵修，亲近上帝，听从上帝的话，是不可少的。我在世界各地都见到伤心失望的父母，他们自己信主，也带孩子到主日学。但是，却没有献身，孩子也没有献身，结果，有很多的失望和不必要的伤心。

但愿读者中不会有任何失望或伤心的父母，让我们彼此勉励，天天献身，就像以色列人遵从耶和华的吩咐，天天早晚献祭。不过我们献的是活祭。照着主的心意。“现在活着的，不再是我，乃是基督在我里面活着”(加 2)。

## 如何活得圣洁？

女儿被邀请向一群职业青年讲论“婚前性行为”。她告诉我，现代青年对婚前性行为已经不当作一件事了，甚至自称为基督徒的青年也不清不楚。

我在某城市，来与我交谈的年青女子，有不少确是如此，她们已经被社会的观念，弄得糊里糊涂。有些是出身于基督徒的父母，小时候也参加了主日学和青年团契。这些年青女子中，不但已有婚前性关系，而且也有堕过胎的！我在十分悲痛之余，思考“为什么”？

五十年前，社会上多数的人认为婚前性行为是不好的，是羞耻的，不可想象的。堕胎更是不可思议，是杀人。那么，过去五十年是什么原因，叫今天社会上多数的人不再重视这些“道德”观念呢？

其中一个很重要的因素，就是“根基不稳固”。大约十年前，我在读一本刊物，是很多教会推荐的刊物，特别注重年青人的辅导，其中有一些辅导的个案。有一封信问：在什么情况下一对男女可以有性关系。回答是：在双方真诚委身的情况下就可以有性关系。我心里立刻问：这是上帝在圣经里给我们的回答吗？

还记得下面的对话吗？

"上帝岂是真说，不许你们吃园中所有树上的果子吗？"

"园中树上的果子我们可以吃，惟有园当中那棵树上的果子，上帝曾说，你们不可吃，也不可摸，免得你们死。"

"你们不一定死。"

要是你的话，你怎么回答魔鬼呢？

请对照圣经的记载："耶和华上帝吩咐他说，园中各样树上的果子，你可以随意吃，只是分别善恶树上的果子，你不可吃，因为你吃的日子必定死。"

魔鬼说："上帝岂是真说。"

夏娃说："上帝曾说。"

圣经说："上帝吩咐他说。"

魔鬼用的方法是叫人"软化"上帝的话，上帝不但曾说，且是吩咐（命令之意）。

夏娃说："免得你们死。"

魔鬼说："你们不一定死。"

圣经说："必定死。"

夏娃把上帝的话"软化"了，魔鬼不是说"一定不死"，而是说"不一定死"。

魔鬼说："你们吃的日子，眼睛就明亮了，你们便如上帝，能知道善恶。"

圣经记载："他们二人的眼睛就明亮了，才知道自己是赤身露体，便拿无花果树的叶子，为自己编作裙子。"魔鬼的话对了一半，他们果然眼睛明亮了，但是并非"便如上帝"，而是"赤身露体"，上帝的荣耀离开了！本来"当时夫妻二人，赤身露体，并不羞耻"，但是现在，"我就害怕，因为我赤身露体，我便藏了"。不是全对就是错了。错了一点就是错。"汽油"和"汽水"有一半是一样的，两个词都有"汽"字，对了一半！但是喝汽油当然与喝汽水完全不同了！

当我们温习创世记第2、第3章的记载时，我们就看见问题何在。今天的问题和当初的问题是同样的：我们不信任上帝的话，我们给上帝的话打了折扣，我们“软化”了上帝的命令。我们失去了“绝对”。我们上了魔鬼的当。我们“容让”那些上帝不容让的：“然而有一件事我要责备你，就是你容让那自称是先知的妇人耶洗别教导我的仆人，引诱他们行奸淫，吃祭偶像之物”(启2)。

可能是我们不愿意人家说我们心胸太窄，或是说我们太古老，太呆板，不够追上时代，所以不少父母亲自己的根基摇动，不知何去何从，不知是否宇宙间有绝对的真理。但是，事实上，世界与宇宙是否有绝对的真理呢？地心引力是否“不一定”有呢？从摩天大厦跳下去是否“不一定”会掉下去呢？白日黑夜是否“不一定”按时轮转呢？行星的轨道是否“不一定”呢？潮水涨退有规律，日月行星有规律，银河星座有规律，蒸发凝结有规律，细胞分裂有规律，遗传基因有规律……

我们之所以能够有高科技，飞机能飞在空中，船能在大海航行，我能够执笔写作，食物能够变成我的肌肉、皮肤、头发，都是因为绝对的规律。世界与宇宙充满了绝对的定律，大至我们还不了解，还未能描写的太空，小至我们还不了解，还未能描写的细胞、原子、核子，都无时无刻不在绝对的定律之下。

为什么万物是这么有规律呢？“起初上帝创造天地”；“自从造天地以来，神的永能和神圣是明明可知的，虽是眼不能见，但借着所造之物，就可以晓得，叫人无可推诿”(罗1)。

今天，有某些人是故意阻挡真理，他们希望他们的世界观也成为多人的世界观，人们就不会说他们是错误的，他们也可安然任意而行。这些故意阻挡真理的人其实是少数，却很大声又大胆，因为他们说的不是真理，所以不必跟从真理，不必诚实，不必求证。可惜很多人是“好心人”，却上了当。当人家批评说：“你太固执，太排外，太绝对了。”好心人就说：“对，我不应固执、排外，不应绝对，我要容让不同看法。”

让我们做聪明的父母，不要上魔鬼的当，人的看法不一定对，但创造者的看法却是一定对的。人不应固执己见，但人不能不固执创造者的看法，因为天地万物是祂造的，人不应排除异己，但创造者的话是真理，违反祂的话只有害人害己。如果我们知道创造者的真理而不直接地告诉他人，或者我们"软化"上帝的命令，我们的"好心"却不知不觉害了人，害了自己，也害了儿女。

圣经明明说："不可奸淫"，不要说"但是"，不要说"或者"，不要说"可能"了。不可就是不可，婚姻是盟约，人的盟约都在上帝面前，上帝设立婚姻，设立圣洁的性关系，因为祂爱我们，祂定下的律例都是为了我们的好处，祂真理的定律是固定的，是绝对的，就如上面所提的一些定律一样，是固定的，是绝对的，是为了我们好，千千万万不要上魔鬼的当，以为可以"软化"，可以"不一定"。

你爱你的儿女，请牢牢记住，把上帝爱的定律以爱的行动教导你的儿女，性关系的圣洁是圣洁生活必要的成分。

## 做个快乐的母亲

母亲节，我们都记念我们的母亲。是的，我的母亲就是典型的好母亲。记得她在世的最后一个母亲节，我告诉她，我希望像她，做个好母亲。我想到我妈妈，只记得她的笑容，我妈是位快乐的妈妈。

你是否也愿意你的儿女想起你就快乐呢？你是否也盼望做个好母亲？是的话，你要做个快乐的妈妈。

快乐的妈妈怎么做呢？

第一，要知道自己是谁。

你不单是孩子的妈妈，你更是一位有价值有尊严的人，你的价值不是因为你是妈妈，也不是因为你有丈夫，更不是因为你有钱，或有势力，或有学位，或有学问，或是某人的女儿，某人的夫人，某人的母亲。你的价值不是外在的，而是内在的，与生俱来的。因为你是万王之王，宇宙之主，全能荣耀的创造者，照着祂自己荣耀的形像和样式所造的。

他人或社会以为你是否有价值，是否有尊严，都不能改变事实。事实是，你是人，你就有创造主给你的价值和尊严。没有人能够贬低你的价值！这是多大的荣幸和保障！

如果你处在一个无知的环境中，身旁的人看不起你：是你的丈夫、孩子、父母、公婆、媳妇、女婿或同事、老板吗？看不起你的人是无知。请你原谅他们，因为他们是无知，这种人也不会知道自己的价值，也不能快乐，他们贬低你的价值，因为他们觉得自己没有价值。他们可能表现得骄傲，其实他们是自卑，一个知道自己价值的人不会看不起人家，不会自高，也不会自卑。因为他知道他所有或所没有的，都不是自己的功劳。“免得你们自高自大，贵重这个，轻看那个。使你与人不同的是谁呢？你有什么不是领受的呢？若是领受的，为何自夸，仿佛不是领受的呢？”（林前 4）

上帝造你，赋予你与生俱来的人权，叫你看自己看得对。你有这么崇高的身份，你知道吗？回到你的创造主的身旁，祂是你的父亲，是你的天父。祂爱你，以永远的爱爱你！祂永不离开你，也永不撇下你。

第二，要知道自己得到什么礼物。

你是妈妈，你当然知道你得到的礼物，其中一件就是你的孩子，这是给你的特别礼物。因此不要埋怨这礼物好或不好。礼物是白白得到的，因此要为所得到的礼物感谢。也不要与他人比较，或以为人家得到的比你所得的好，或不好。赐礼物者是宇宙之主，智慧比我们高，如天之高于地，无可测度，祂为什么将这么特别的礼物赐给你，只有祂晓得。我们只有感谢着领受。存着敬畏的心，做个好经理，殷勤耕耘，好叫这孩子成为虔诚的后裔。但是同时，你也要知道，这礼物是给你享受的，不是单给你带来责任。因此，你每天应当享受你的孩子，当他快乐地成长时，也是你快乐地享受他的时光。你不要放弃这些快乐的时光，当你看着孩子长大，智慧增长，是多么的享受。“义人的父亲，必大得快乐，人生智慧的儿子，必因他欢喜”。但智慧和聪明，从何得到呢？如何叫孩子成为“义人”呢？只有一个办法：“敬畏耶和华是智慧的开端，认识至圣者便是聪明”。因此，必须从小“教养孩童，使他走当行的道，就是到老，他也不偏离”（箴 22）。正如箴言的第一段说：“要使人晓得智慧和训诲，分辨通达的言语。使人处事，领受智慧、仁义、公平、正直的训诲。使愚人灵明，使少年人有知识和谋略，使智能人听见，增长学问。使聪明人得着智谋。”（箴言 1）

要做个快乐的母亲，必须照着这方法，带孩子成为敬畏耶和华的人，从造物主的书上学习智能，走当行的道，至老不偏离。当你以圣经为座右铭，时刻以爱传递这爱的真理，你的儿女必称你为有福的，你的丈夫也称赞你，因你开口就发智慧，舌上有仁慈的法则。你也必享受操作所得的，因为敬畏耶和华的妇女，必得称赞（箴言 31）。

除了孩子之外，你也要知道你还得到什么礼物。你要好好栽培这些礼物，好好使用这些礼物。圣经提到不同的礼物，让我提几处，供你参考：罗马书 12 章“按我们所得的恩赐，各有不同”，或说预言（或作讲道），或执事（理事，办事），或教导，或劝化，或施舍，或治理，或怜悯人。林前 12 章：“恩赐原有分别，灵却是一位，职事也有分别，主却是一位，功用也有分别，上帝却是一位，在众人里面运行一切的事，圣灵显在各人身上，是叫人得益处……这一切都是这位灵所运行，随己意分给各人的”。这里提到：知识的言语、智能的言语、信心、医病、行异能、作先知、辨别诸灵、说方言、翻方言。

“帮助人的”也是一个特别的礼物。你再仔细读圣经，看看有否发现你其他的礼物。这些礼物都是为了完成上帝造我们的目的：自己成为上帝的孩子，效法上帝的儿子耶稣基督的模样，也使他人成为上帝的孩子，同样效法上帝的儿子耶稣基督的模样。

当你知道自己活在世上有何意义，知道自己是谁，有何价值，知道谁来给你评价时，你就可以快乐。因此，当你以上帝充满爱的眼光看自己，当你照着你所得的礼物去带人信主，接受主耶稣基督的救恩，成为在基督里的新人的时候，你的人生就有意义。那是永恒的意义。“若有人在基督里，他就是新造的人，旧事已过，都变成新的了。一切都是出于上帝，他借着基督使我们与他和好，又将劝人与他和好的职分赐给我们”（林后5）。将来必听到主人这么说：“好，你这又良善又忠心的仆人，你在不多的事上有忠心，我要把许多事派你管理，可以进来享受你主人的快乐”（太25）——永恒的快乐！

愿你做个快乐的妈妈！

## 爸爸，我爱你

“爸爸，我爱你！”

父亲们，你们听过你们的孩子这句话吗？你愿意听见这句话吗？

当我们庆祝父亲节的时候，作为爸爸的，你希望得到什么？

当发现你的妻子怀孕的时候，你的心情怎么样呢？是兴奋吗？是紧张吗？是无可奈何吗？是烦恼吗？是……

记得我怀我们老大时，我丈夫非常兴奋！哦，我们期盼了半年，开始有点失望了。于是，向创造生命的主宰说了我们的期望。当然，我们不敢强求；我们读过圣经中向上帝强求者的历史；我们也知道上帝的旨意高过我们的旨意，上帝的意念高过我们的意念，祂的时间表也是最好的。不过还是希望上帝赐给我们一个孩子，如果合乎上帝的旨意的话。

第一样想到的就是孩子的名字，哦，如果是男的，那很简单，既然是上帝垂听，那当然要叫撒母耳了。但是，如果是女的呢？

孩子出生了，第一次做爸爸的他，兴奋极了，医院里的护士小姐来报告:"何医生抱着小婴儿,在走廊里走来走去,不停地重复——我的儿子!我的儿子!我的儿子!全层楼都听见了!"

可能你是比较安静的人,不会这样大叫,但是,可能你还记得你兴奋的心情吧!半年前,我们的女儿生产头胎,女儿和女婿要我待在产房,我的责任是摄影。因为常常是父亲摄影,因此父亲没分在照片和录像里,所以他们要我负责这份差事,这样,他们两口子,三口子,就可以都在照片和录像的记录里。初为人父的表情,也可以留在记录里。

是的,女婿和女儿"一同"经历生产。新爸爸尽量支持,尽量帮助,尽量要减轻妻子的痛苦。陪着妻子流汗,陪着妻子用力;但有时也爱莫能助!当孩子"亮相"时,紧张、兴奋、喜乐、放心、成功……各种复杂的情绪,一下子都分不清楚了!

做爸爸,真是奇妙的事情!这是多大的福气。但是,曾几何时,婴儿的哭闹,睡眠的不足,工作的压力,时间不够用,再加上数不清的小事故,做爸爸的和自己的孩子,失去了当初的兴奋。慢慢的,可能孩子没有满足父亲的期望,或是不顺服父亲,或是举动带来父亲的不满,或是交的朋友不合父亲的意愿,穿的衣服惹父亲发怒,说的话父亲觉得没礼貌,学校里的成绩达不到父亲的要求,学习不够用功,还学了一些满不在乎的表情,父亲和他说话他也爱理不理。

爸爸也渐渐失去耐心,笑容越来越少了,埋怨越来越多了。爸爸对孩子当初的爱和欣赏,慢慢褪了色。孩子也不记得爸爸曾经抱他、喂他,给他洗澡,换尿片,跟他打球,捉迷藏,为他担心,保护他,为他辛苦,为他劳累。

提到青少年,多少为父的,脸上的笑容不见了,换上了一副无可奈何的表情。一位家长告诉我:"看到人家有了青少年,家里鸡犬不宁,谈何欢乐,只见家长提起孩子就愁眉苦脸,我真不愿意我的孩子长大。我一回家,小孩跳着来找我,紧紧抱着我不放。当我问他说:你爱爸爸吗?他总是大声说:爱!我不要他长大。”

那天晚上，我们座谈会之后，这位家长才比较放心，但还是半信半疑地问：“青少年真的不一定反叛吗？”

正常的青少年，是不反叛的，可惜今天社会上，正常的少见，见到的多是反叛的青少年，以致给人错觉，以为青少年反叛是正常的过程。其实，一位正常的青少年，是多么可爱，见他日趋成熟，办事能力与日增加，也更懂得爱他的父母，叫父母享受他们劳苦的果效。是的，要有正常的孩子，也需要有正常的家庭，需要有正常的父亲。当然，正常的家庭和父亲并非必要的条件，但是，在正常的家庭中长大的孩子，是有福气的，他成为正常人的机会也成正比。

如果你的成长背景并不正常，那么，到哪里去学习成为一位正常的父亲呢？感谢上帝，祂指示我们什么是正确的，什么是不正确的。只要你细心读祂的说明书，仔细顺从，你可以学习做个正常的父亲，享受孩子的爱。

当上帝造人的时候，祂是先造男人。这个男人要成为第一位父亲。他的家，要成为第一个合乎上帝旨意的家。有了正确的方向，就可能对照自己现在的方向，而改变现有的方向，去符合那正确的方向。

上帝造了男人之后第一句吩咐是：“园中各样树上的果子，你可以随意吃。只是分别善恶树上的果子，你不可吃，因为你吃的日子必定死。”

这是上帝给男人第一句吩咐，第一条命令，也是唯一的吩咐，唯一的命令。这也是今日上帝给人类唯一的命令。上帝给人很大的自由度，很多都可以“随意”享受，但只有一样，不要吃分别善恶树的果子。人必须在思想上认同上帝设定的标准，在行动上顺服上帝的标准；不可自己判定何为善，何为恶；不可自作主张，自定标准。

但愿每一位爸爸，能在上帝面前自我反省：自己的思想和行为,是否合乎造物主的标准。但愿每一位爸爸,成为正常的爸爸,享受上帝给你的福气,享受你的儿女的拥抱:“爸爸,我爱你!”

# 附录:一位生物化学博士的心路历程

有一位父亲说:"我希望我儿子长大后做一个科学家,所以我不要他去听耶稣,因为如果他信了耶稣,他就不能成为科学家了。"

我丈夫回答他说:"我自己是医生,我太太是生物化学博士,我们的长子九岁就考入了大学,十三岁就得了数学学士,现在是计算机博士;长女学位包括化学和遗传学硕士;次女将是医学博士和生物化学博士;次子读数学和计算机。他们都是在少年考入了大学,我们全家都是信耶稣的。"

有些人以为信耶稣的人就不能做科学家,因为他们以为信耶稣是信教,科学家不能信教,因为科学家不会迷信,信耶稣是迷信。其实这是因为他们未有机会认识科学,也未有机会知道信耶稣是什么。

## 凡事真理作主导

我自己以前也有些分不清,直到我在大学时期,因为要选择主修科目才开始思想。我问自己,我应该选修哪一系呢?我对很多科目都有兴趣,而且修过的科目也好像都还读得来,怎么办?我想:我选修的科目对我将来的生活有必然的影响,所以我要先知道将来的生活怎样才是有意义的,才能知道要选修哪一科。但是我认为怎样的生活才有意义,则是被我的思想所影响,而我的思想则是被我认为什么是真理所支配。想到这里,我发现要决定选修哪一系之前,要先知道什么是真理——不变的事实。我需要知道什么是不变的事实,就是不会因时代、文化、地域或任何因素所影响或否定的事实。如果一些理论能因时空、文化而改变,那就不是真理,这些理论今天认为是真的,明天可能不是真的。如果我做的决定是根据这种理论,岂不是愚拙吗?我做的决定,要根据那不变的事实,才不致失望。比如,要建一座桥,要根据不变的事实,就是地心吸力,根据这真理就可以计算用什么材料,怎样造才不会在地心吸力这不变的事实面前倒塌了。如果不管地心吸力这真理的话,再漂亮的桥也可能前功尽弃。有一位工程师小指头上戴了一个戒指,我好奇地问他,这有什么特别的意义?他告诉我:曾经有一组工程师,设计建造一座桥,但是桥快要完成之前,原来计算好可以承担那重量的钢铁数量不够,他们认为只差一点点,用承担力不足的钢铁来补足就好了,怎知道就因为这一点点的差别,结果桥塌了,造成了伤亡。为提醒工程师以后不可以再让这种惨案发生,所以就以那倒塌的桥的钢铁做成了戒指,叫工程师戴在小指头上。这风格就流传下来。是的,只要一点点没有达到真理的标准,就可以导致惨剧的发生!

当时我想,是的,真理是绝对重要,而且是不可或缺的,但什么是真理呢?真理要去什么地方找呢?那时我想,为什么我们开的汽车要用汽油,为什么不可以用牛奶或汽水;也不可以一天用汽油一天用牛奶,也不可以汽油加一半汽水。用汽油,对我们的车子来说是真理,那么这真理是从哪里来的呢?这很容易:这真理是根据汽车设计者的设计。设计者设计了用汽油的车子,所以我根据他的设计。他设计了这个机器,他知道这辆车子的"真理"。因此,要知道世界的真理,则要问世界的设计者。

## 真理在圣经里

但是,世界有没有设计者呢?当时我读了一点科学的课程,以为科学是万能的,科学最可靠。所以我给了自己一个题目,"用科学证明到底世界有没有设计者"。另外,有一本书,是世界历久不衰，销售量最大，被翻译成最多种语言，又是无数艺术家、音乐家、文学家，甚至科学家最常取材的，这就是圣经，它的中心思想是爱。对于大学生，最关心的事莫过于“爱”，我的同学，为爱狂欢，也为爱狂悲。每周末，同宿舍的女同学有约会的就高兴得不得了，没有的就会消沉。爱实在是年青人生活的中心，我喜欢这本书上所讲到的爱，但是偏偏它的第一句话就是我的疑问：“起初上帝（大能者）创造天地”。于是我给了自己第二个题目：“以科学证明圣经所讲的是不是真的”。如果这两个题目我能够得到答案，那么我就知道人生的真理是什么。因为，如果我们没有设计者，没有创造者，则我们是偶然碰出来的，那么人生也没有真理，怎样生活都没有关系，也没有对与错，没有所谓道德，没有好或不好的标准，更谈不到人生的意义。但是，如果世界有创造者，而圣经所介绍的创造者真是创造者的话，那么，真理就在圣经里面，圣经就是人生的手册，好像车厂给我们汽车用户的使用手册一样。我们就可以找到人生的真理，我从哪里来，要到哪里去，我在这里做什么，怎样才是有意义的生活，对与错，好与歹，道德与不道德，这一切也就有了标准。

但是，要得到我这两个问题的答案并不容易。我问了很多人，都没有得到我需要的回答，我需要的回答是“以科学证明……”。我甚至问了很多自称是基督徒的，虽然我不能说他们骗我，我也不应该说他们骗我，我想他们是诚实的，但是他们给我的回答没有“以科学证明”。他们给我的回答可以分为两类：

第一，“我们有位创造设计者，圣经所讲的是真的，因为我信了耶稣之后，很平安喜乐。”我心里的响应是，“那可能是心理作用，有个心理的寄托，自然觉得好，那岂不是自己欺骗自己。”

第二，“圣经是真实的，因为我向圣经所介绍的上帝，奉耶稣基督的名祷告，真是灵验。”我心里的响应是，“那可能是偶然吧！”

得不到答案，我只好选修化学系，理由一是那个学校的化学系最好，二是化学容易读，三是化学不能自修，因为需要实验室的设备，四是我对化学也很有兴趣，五是学化学容易找养生的工作。主修系虽然是选了，但是对真理的追寻却不能停止，因为我要对自己忠诚。没有找到人生的真理，我不知道要如何活，学系与事业还是小事，因为以后还可以选其他的，可以改行业。但是，我又怎样知道我人生的方向，怎样评论对与错？我要做个好人，但什么才是好？如果我不知道自己走哪一条路，又怎么知道谁是同路人，谁是终身伴侣呢？真理的追寻仍是当前要务。

## 科学不能证明真理

时间一年年过去，一直到进了研究院。因为多读了几年书，人也比较谦卑，才发现科学不是万能的，科学只可以研究现在发生又可以重演，可以被观察的事物。科学求知的方法，是靠观察。不能被观察的事物，都在科学的范围以外，我就发现科学的求知法相当有限。事实上，所有的历史都在科学的求知法以外。因为不能重做实验，我要以科学方法求证的题目："世界有没有设计者"，实在不在科学范围之内，因为不能重复世界的诞生，不能观察世界的开始。如果世界有设计者，我不能请他再造一次（科学要求还不只一次，还要多次），就算可以再造一次给我看，也不能证明现有的世界是被造的，只能证明新的世界是被造的；如果世界是偶然碰出来的，我也无法"用科学证明"。因此，我就合理地退一步。我想，历史不能重演，但是可以看看有没有证据。就像今天法庭上的求知法，看看科学的证据是支持世界有设计者或是没有，看看科学的证据是支持圣经或是不支持。

## 科学事实与科学家见解的分别

我发现，有些时候我混淆了"科学的事实"与"科学家的见解"。前者是大家可观察的事实，后者是个人对这些事实的意见、见解、解释和推论。事实是不变的，但见解是人们的看法，不一定是真理。

比如说：这里有一条虫，这是事实。这虫每星期长一公分，这是事实（可以观察）。根据这事实，我可以推论：一个月后它会长四公分。这是我的见解。可能错吗？事实可不可能异于我的见解？当然可能！除非我实在地观察它一个月。不然的话，可能它一个月后已不是虫，而是蝴蝶了！因此，只有观察的现象才可以叫做科学的事实。

那么，我的观察是支持圣经所提的或是不支持？世界有创造者或是没有创造者？我把圣经的“假设”和无创造者—进化论的“假设”并列，看看我观察的事实支持哪一种“假设”：

（一）生命起源

圣经的“假设”——各从其类，生命来自生命。

进化论“假设”——从无生命进化成有生命。

我的观察：生命唯有来自生命，没有例外。支持圣经。

（二）各种生物

圣经的“假设”——各从其类，一类不能变成他类（“类”是“范围”之意），生物界有不同范围，比如，狗类生的永远是狗类，人类生的永远是人类。

进化论“假设”——类与类之间没有固定的范围，单细胞可以进化成为人。

我的观察：各从其类，没有例外。支持圣经。

（三）新类的出现

圣经的“假设”——创造已经完成，又是各从其类，因此没有新类。但是，因为后来被派治理这地的人不遵从设计者的话，因此开始有败坏，有死亡，应该会有绝种。

进化论“假设”——单细胞碰出之后，又继续碰出其他种类，因此新类不断出现。

我的观察：没有新类，只有绝种。支持圣经。

（四）化石的记录

圣经的“假设”——各从其类，没有“过渡时期”的化石。

进化论“假设”——无数“过渡时期”的化石。

我的观察：没有“过渡时期”的化石。事实上，达尔文说“化石反对”他的进化论。百多年后，仍然没有一件公认的“过渡时期”化石被找到。甚至有名的进化论学者因此而发表新的进化论，认为进化是“跳跃的”，从一类突然跳到另一类，因此没有留下“过渡时期”的化石。我的观察支持圣经。

（五）突变的结果

圣经的“假设”——原来的设计是好的，无设计者干预的变化只会变坏，没有原来的好。

进化论“假设”——无设计者，自然的变化，可能变得更好。因此可能“进化”（现在新达尔文论者不信“用进废退”，而是相信基因突变可带来进化）。

我的观察：遗传基因的突变，都叫生物越变越不适合生存。癌症就是一例。我的观察支持圣经。

（六）适者生存

圣经的“假设”——原来的设计是好的，变了就没那么好，所以变化愈少愈适合生存。

进化论“假设”——突变可能变好，因此比祖宗适合生存的就可能淘汰祖宗，导致新类。

我的观察：基因的突变叫生物更不适合生存。变化愈少愈适合生存。支持圣经。

（七）人的来源

圣经的“假设”——人是人，不是禽兽的后代。人是照着创造者的形像样式被造。有价值，有尊严，有人权。

进化的“假设”——人与猿同祖宗，人只是高等动物。

我的观察：人生的永远是人，猿猴生的只是猿猴。人确实有圣经所描写创造者的形象。比如：

1. 创造性——创造者当然有创造性。人也有创造性，有音乐、艺术、工具、科技的创造。动物没有创造性。

2. 正义感——小的被大的欺负，人会觉得不应该。哪来的正义感？如果人是漫长的“弱肉强食”竞争之下适者生存的结果，大的欺负小的是合理的事；但是，如果人是照着公义的创造者的形像被造的，那么，当然像他，有正义感。

3. 爱——圣经介绍这位创造者上帝就是爱。当然，照他形像被造的人需求爱，享受爱，欣赏爱。

4. 美感——放眼观看这世界多美，创造者造的真美！人喜欢美，有美感，因为是照着创造者的形像被造的。

我的观察支持圣经。

后来我也发现在学校讲授的化石年代，都是百万、千万年，这些年代的计算法全都有假设。不单是“不准确”，而且是“不合理”。这些极长的年代只是用来解释为什么没有人观察到单细胞进化成人，或是猿类进化成人。碍于篇幅，不能详谈（笔者《创造或进化——事实或意见》一书专门讨论了这题目）。

有了这许多的科学事实支持圣经，而且是毫无例外地支持圣经，因此，我要接受圣经所介绍的创造者是理所当然的。不但如此，其他方面的研究：历史、考古和圣经预言，也叫我看见圣经实在是真理。一个追求真理的人理所当然接受真理。

从我开始问问题，到我有足够的证据做决定，约有三四年时间。感谢创造宇宙的真神，祂给我时间。其实，我一直生活在祂的爱中而不知，就像一个在母亲怀中吃奶的婴儿，怎会无知到不知道母亲的存在是显而易见的呢?！终于有一天，我知道了事实，知道了真理，知道了自己的无知和有限，我跪在床前，怀着清醒的意识，谦卑地回到全能上帝的家，回到我生命的源头，回到爱我的创造者的怀抱中，享受祂的爱，得到了永恒的生命，永恒的亲情。当我与上帝有了正常的关系之后，我也有了主观的经历，心中满有平安喜乐，也经历了上帝的同在，祂垂听我的祷告，而照祂美好的意思，赐给我最好的，超过我所求的，感谢赞美主！

但愿您也得到这福分，您可以用下面的祷告与创造您的主耶稣基督建立永恒的爱的关系：

“亲爱的天父，我赞美您，主耶稣基督，我感谢您。您是创造宇宙的真神，降世为人，因为您爱我，为我的罪死在十字架上，流宝血洗净我一切的不义，从死里复活，叫我得新生命。我诚恳地请求您，请主耶稣基督进入我心中，做我的救主，管理我的一生，请您赦免我的罪；就是我自作主张，没有遵从您的话。求您赐我永生，就是您的生命。赐我圣灵，引导我进入真理。赐我您的平安和喜乐，让您的爱充满我的心，求您看顾我的家，叫我们全家归您，享受您的爱，带领我的前途。我这样祷告，是奉主耶稣基督的名求，阿们。”

愿您一生蒙福，全家蒙福！

**图书在版编目(CIP)数据**

教养儿女的秘诀(母亲版)/苏绯云著;杨爱程编.—上海:上海三联书店,2022.5重印
ISBN 978-7-5426-3199-2

Ⅰ.①教… Ⅱ.①苏…②杨… Ⅲ.①家庭教育 Ⅳ.①G78

中国版本图书馆CIP数据核字(2009)第223795号

本书中文简体版由 Vancouver Chinese Christian Short Term Mission Training Centre 授权出版

教养儿女的秘诀(母亲版)

著　　者/苏绯云
编　　者/杨爱程
责任编辑/邱　红
装帧设计/范峤青
监　　制/姚　军
责任校对/张大伟

出版发行/上海三联书店
(200030)中国上海市漕溪北路331号A座6楼
邮购电话/021-22895540
印　　刷/山东临沂新华印刷物流集团有限责任公司

版　　次/2010年5月第1版
印　　次/2022年5月第15次印刷
开　　本/890mm×1240mm 1/32
字　　数/300千字
印　　张/10.5
书　　号/ISBN 978-7-5426-3199-2/G·1007
定　　价/48.00元